AF346574

STUD-BOOK

PERCHERON

DE FRANCE

TOME DIXIÈME

STUD-BOOK

PERCHERON

DE FRANCE

PUBLIÉ PAR LA

SOCIÉTÉ HIPPIQUE PERCHERONNE

Autorisée par le Gouvernement

SIÈGE SOCIAL

NOGENT-LE-ROTROU

(EURE-ET-LOIR)

TOME DIXIÈME

Etalons & Juments

IMPRIMERIE-LIBRAIRIE L. HAMARD

NOGENT-LE-ROTROU

1910

Nous, soussignés, constituant le Bureau de la *Société Hippique Percheronne de France,* Société composée de tous les Etalonniers et des Eleveurs du Perche, réunis en association dans le but de conserver pure la race Percheronne, race réputée à juste titre comme donnant les meilleurs chevaux de gros trait du monde ;

Nous publions dans ce dixième volume du *Stud-Book Percheron de France* les certificats d'origine des ·3.032 Etalons et 3.318 Juments que nous avons acceptés après examen minutieux et nous les déclarons corrects.

Nogent-le-Rotrou, le 1ᵉʳ Juillet 1910.

Le Président,
Ch. AVELINE,
Chevalier de la Légion d'Honneur

Les Vice-Présidents,
DURAND, — VAUX, — JAUNEAU, TAFFOREAU.

Le Maire de Nogent-le-Rotrou,
H. VILLETTE-GATÉ, ✱

Le Secrétaire,
E. LEMARIÉ.

Le Trésorier,
RENÉ.

Délégués :
BEAUCLAIR, — BOURDIN, — BOUTHRY, — DELANGE, — DESCLOS, — DESJOUIS, — Ed. DESPREZ, — D. DUCŒURJOLY, — FARDOIT Père, — FEUILLARD, — FRANÇOIS, — GASSELIN, — GAULARD, — Ch. GOURMAULT, — LIROCHON, — Louis PERRIOT, — PROVOST, — Ch. RIGOT, — A. TACHEAU, — VALLÉE.

STUD-BOOK PERCHERON

ÉTALONS

STUD-BOOK PERCHERON

ÉTALONS

NOM	N°	ROBE	Naissance	PÈRE	MÈRE
[illegible]	85704	gris	1909	Etudiant 59291	Lisette 50810
[illegible]	86173	noir	1909	Lama 68543	Gribiche 69819
[illegible]	88158	noir	1909	Piqueur 68432	Pauline 48017
[illegible]	86569	noir	1909	Buffalo 65614	Gabare 71212
[illegible]	83604	noir	1909	Colon 65462	Bichette 65999
[illegible]	87972	noir	1909	Espiègle 64024	Rigolette 62655
[illegible]	89368	noir	1909	Cratère 69004	Gigès 72485
[illegible]	83605	noir	1909	Aspirant 65078	Bijou 54123
[illegible]	87971	noir	1909	Cousin 69050	Mouvette 56482
[illegible]	89435	gris-clair	1909	Téméraire 62465	Petite 49643
[illegible]	83980	noir	1909	Boileau 59048	Scrivia 33472
[illegible]	84178	noir-zain	1909	Lafrime 67501	Rose 81761
[illegible]	85706	noir	1909	Fanfaron 66860	Bécasse 59531
[illegible]	86094	gris-foncé	1909	Epinal 65631	Henriette 66720
[illegible]	87141	noir	1909	Canadien 58355	Pelote 75058
[illegible]	88159	noir-zain	1909	Français 61885	Poulette 59995
[illegible]	86018	gris	1909	Mézarnou 66049	Brillante 55811
[illegible]	86796	gris-foncé	1909	Condé 59486	Levrette 47291
[illegible]	86826	noir	1909	Madère 58886	Almire 61544
[illegible]	86535	noir-zain	1909	Etudiant 59291	Castille 50721
[illegible]	87142	gris-clair	1909	Canadien 58355	Bichette 60203
[illegible]	84103	noir	1909	Paulus 58125	Biche 47217
[illegible]	83985	gris	1909	Ixopo 68619	Pâquerette 47109
[illegible]	84180	gris-clair	1909	Laricot 68469	Bijou 54301
[illegible]	84871	gris	1909	Dollar 62383	Dominette 66413

NOM	N°	ROBE	Naissance	PÈRE	MÈRE
Jabloir	88160	noir	1909	Français 61885	Charmante 48134
Jablonski	84690	noir	1909	Paulus 58125	Charmante 63209
Jablonski	86065	noir	1909	Pandore 68677	Gradine 70580
Jablet	85994	gris-foncé	1909	Etudiant 59291	Lancette 50607
Jablouski	84106	gris-foncé	1909	Général 66386	Cocotte 73046
Jabok	83606	noir	1909	Aspirant 65078	Poule 50232
Jabok	87970	gris bleu	1909	Espiègle 64024	Poule 53639
Jaberandi	83986	gris t. cl.	1909	Fier-à-Bras 65250	Madelon 23609
Jaberandi	84181	noir	1909	Fier-à-Bras 65250	Mignonne 65202
Jaberandi	85804	noir-zain	1909	Marindas 62414	Ludgate 44211
Jaberesa	85916	gris-foncé	1909	Sarthor 67232	Rosette 50396
Jabery	86701	noir	1909	Biberon 67515	Granule 34667
Jabet	83607	bai	1909	Colon 65462	Réséda 49880
Jabet	83672	noir	1909	Agathon 65668	Titania 62945
Jabet	83921	noir	1909	Boileau 59048	Piston 61396
Jabet	84127	noir	1909	Quinquina 68945	Finette 74989
Jabet	84214	gris-noir	1909	Salvator 62673	Pelotte 53635
Jabet	84233	noir	1909	Buffalo 65614	Briquette 67369
Jabet	84598	noir	1909	Paulus 58125	Milady 63323
Jabet	84958	gris	1909	Rupin 65256	Fauvette 65590
Jabet	85529	noir	1909	Buffalo 65614	Jacqueline 47322
Jabet	85636	noir	1909	Turbulent 68720	Etuve 63204
Jabet	86711	gris	1909	Rupin 65256	Floride 84360
Jabet	86790	noir	1909	Madère 58886	Boulotte 75032
Jabet	86797	noir	1909	Condé 59486	Navette 47267
Jabet	86842	alezan-f.	1909	Mahkarof 63877	Mouvette 50170
Jabet	86849	gris	1909	Madère 58886	Coquette 54225
Jabet	86918	noir	1909	Mahkarof 63877	Garantie 71442
Jabet	88163	noir	1909	Exploit 67202	Manille 68532
Jabet	88875	gris	1909	Néron 68346	Girafe 72794
Jabet	89068	noir	1909	Glaneur 68839	Lectrice 59391
Jabet	89412	gris foncé	1909	Cratère 69004	Gaillarde 72963
Jabet	89599	gris-foncé	1909	Hidalgo 68111	Junon 34359
Jaboteur	83644	noir	1909	Boileau 59048	Musette 54527
Jaboteur	83673	noir	1909	Agathon 65668	Assemblée 53604
Jaboteur	84128	noir	1909	Général 66386	Canne 49341
Jaboteur	85243	gris	1909	Trompeur 67881	Cécile 55231
Jaboteur	86791	gris	1909	Castillan 45009	Massuette 56335
Jabrège	86457	noir	1909	Triolet 66843	Simagrée 60067
Jabrun	85505	noir	1909	Paulus 58125	Coquette 54288
Jabrun	87518	noir	1909	Marathon 66841	Rosette 84487
Jabrun	88386	noir	1909	Valory 58112	Louvette 87587
Jabrun	89234	noir	1909	Glucose 62232	Bijou 47230
Jaca	83609	gris	1909	Aspirant 65078	Cocotte 49195
Jaca	84252	gris-foncé	1909	Epinal 65631	Lauréate 64902

NOM	N°	ROBE	Naissance	PÈRE	MÈRE
[illegible]	85162	bai-mar.	1909	Batelier 58094	Coquette 49239
[illegible]	83987	noir	1909	Fier-à-Bras 65250	Gigolette 68153
[illegible]	85710	gris	1909	Fanfaron 66860	Lavata 35619
[illegible]	86097	gris-foncé	1909	Epinal 65631	Pelotte 49627
[illegible]	87143	noir	1909	Canadien 58355	Rose 43320
[illegible]mar	88164	gris-foncé	1909	Français 61885	Charmante 53666
[illegible]mar	89063	noir	1909	Lafrime 67501	Biche 87657
[illegible]	84179	bai	1909	Lafrime 67501	Perrette 54044
[illegible]	86101	gris-clair	1909	Aiguillon 66905	Abelette 66574
[illegible]	88165	noir	1909	Français 61885	Camélia 47169
[illegible]	89616	noir	1909	Ixopo 68619	Castille 54425
[illegible]	89057	noir-zain	1909	C'oriadec 64615	Claudine 87659
[illegible]	87862	noir	1909	Cousin 69050	Charmante 39412
[illegible]asseur	85871	gris	1909	Pépin 66724	Pervenche 59478
[illegible]asseur	86792	noir	1909	Médaillon 48940	Gentille 29218
[illegible]tra	83610	noir	1909	Aspirant 65078	Robine 42221
[illegible]tra	87969	noir	1909	Espiègle 64024	Margot 54445
[illegible]	83766	noir	1909	Courbet 63077	Stella 44064
[illegible]	84073	gris	1909	Lafrime 67501	Perlette 54395
[illegible]	85562	noir m. t.	1909	Moulinet 68017	Lolotte 67908
[illegible]	85676	gris	1909	Guillaume 65112	Modena 67896
[illegible]	86066	gris clair	1909	Berlucheur 65107	Chopine 50410
[illegible]	87371	noir	1909	Méritant 65126	Léa 47173
[illegible]	88477	gris-foncé	1909	Cousin 69050	Légende 38321
[illegible]	83871	gris	1909	Vainqueur 62112	Barcarolle 61725
[illegible]	84137	alezan-br.	1909	Andrinople 65226	Geoffrée 69460
[illegible]	83988	gris	1909	Buffalo 65614	Rigolette 66761
[illegible]	86793	bai-brun	1909	Crampon 62324	Pastorale 36875
[illegible]	87165	gris-fer	1909	Pelletan 69096	Coquette 67608
[illegible]	88166	gris-vin.	1909	Faisan 68627	Briska 47737
[illegible]	83870	noir	1909	Dollar 62383	Ragotte 54187
[illegible]	85224	gris	1909	Trompeur 67881	Rustique 48024
[illegible]ack	83654	noir	1909	Clair de Lune 67183	Poule 56839
[illegible]ack	83677	noir	1909	Directeur 66448	Navette 54761
[illegible]ack	83989	noir	1909	Clair de Lune 67183	Mandarine 64437
[illegible]ack	85014	gris	1909	Villers 61613	Rosière 58615
[illegible]ack	85051	gris	1909	Bellâtre 62312	Prunelle 49311
[illegible]ack	85233	gris-foncé	1909	Batelier 58094	Aigrette 65372
[illegible]ack	85373	gris-fer	1909	Macaron 67962	Cybèle 45960
[illegible]ack	85656	gris	1909	Etudiant 59291	Pâquerette 59358
[illegible]ack	85714	gris	1909	Paulus 58125	Frisette 64917
[illegible]ack	85909	gris	1909	Croquis 68451	Faisante 33810
[illegible]ack	86067	noir	1909	Conscrit 62063	Almée 57005
[illegible]ack	86736	noir	1909	Condé 59486	Roquette 28380
[illegible]ack	86847	noir l. r.	1909	Bambocheur 62018	Canicule 52645

NOM	N°	ROBE		PÈRE	MÈRE
Jack	87164	noir	1909	Canadien 58355	Picotine 64223
Jack	88171	rouan	1909	Waterloo 64589	Belza 51414
Jack	88479	noir	1909	Cyclone 65280	Coquette 53589
Jack	89056	noir	1909	Blésois 65917	Golka 84551
Jack	89069	noir	1909	Glaneur 68839	Voltaïque 47309
Jack	89133	gris	1909	Anticosto 67745	Docile 50704
Jackson	84694	noir	1909	Epinal 65631	Caline 58096
Jackson	85159	gris-foncé	1909	Anticosto 67745	Frisette 54105
Jackson	85374	noir	1909	Macaron 67982	Biche 54504
Jackson	85518	gris	1909	Lafayette 67798	Bourro 47110
Jackson	85567	noir	1909	Avocat 66303	Bichette 73393
Jackson	86544	noir	1909	Major 60014	Belladona 63457
Jackson	86668	noir-zain	1909	Fanoir-et-Démon 66284	Coquette 67320
Jackson	87147	gris	1909	Ronchon 68123	Fantine 31387
Jackson	87372	alezan d.	1909	Méritant 65126	Pastille 52090
Jackson	88480	noir	1909	Cyclone 65280	Sarah 53558
Jackson	88870	noir	1909	Télémaque 68172	Galante 72758
Jackson	89024	noir	1909	Enjoleur 63649	Rosette 47730
Jackson	89190	gris	1909	Anticosto 67745	Furette 68354
Jacmel	83611	noir	1909	Aspirant 65078	Margot 56670
Jacmel	87968	gris-foncé	1909	Paulus 58125	Célinette 61919
Jaco	86624	noir	1909	Turbulent 68720	Mouchette 48044
Jacob	83652	bai	1909	Clair-de-Lune 67183	Fanchon 31472
Jacob	83993	noir-zain	1909	Fier à-Bras 65250	Valse 53972
Jacob	85397	noir	1909	Complaisant 68761	Pépita 38353
Jacob	86021	noir	1909	Triolet 66843	Perlette 59959
Jacob	86662	noir	1909	Mahkarof 63877	Alcine 59331
Jacob	86804	gris	1909	Tamerlan 46369	Vigoureuse 84547
Jacob	86864	gris-clair	1909	Madère 58886	Splendide 68000
Jacob	86925	gris	1909	Mahkarof 63877	Bleue 42705
Jacob	87138	gris	1909	Denonville-et-Sarthois 60531	Georgine 72401
Jacob	87373	gris-vin.	1909	Gréviste 68719	Castille 41904
Jacob	87973	noir	1909	Faisan 68627	Eglé 59083
Jacob	88387	noir	1909	Macaron 67982	Poulotte 81837
Jacob	88484	bai	1909	Cyclone 65280	Coquette 48118
Jacob	89468	gris-clair	1909	Castor 62398	Jolie 50249
Jacob	89601	noir	1909	Faisan 68627	Alerte 57034
Jacobé	86958	noir	1909	Aspirant 65078	Brebis 67393
Jacobi	83786	gris	1909	Singeur 66756	Gondolette 70771
Jacobi	84773	gris-clair	1909	Villers 61613	Musette 57717
Jacobi	84926	noir	1909	Souak II 46965	Taupette 56787
Jacobi	85677	gris-clair	1909	Guillaume 65112	Mignonnette 52847
Jacobi	85947	gris t. f.	1909	Coquet 69131	Décidée 47913
Jacobi	86070	gris t. c.	1909	Coco 46855	Rosette 63032
Jacobi	87374	gris-foncé	1909	Gréviste 68719	Poule 30375

NOM	N°	ROBE	Naissance	PÈRE	MÈRE
[illegible]	88483	noir	1909	Exploit 67202	Gangette 71672
[illegible]	83679	noir	1909	Laricot 68469	Cyrène 66773
[illegible]	84182	gris	1909	Pépin 66724	Cantinière 47332
[illegible]	85012	gris	1909	Fernand 65262	Anglicane 65071
[illegible]	85754	noir	1909	Lama 68543	Bijou 49206
[illegible]	86017	gris	1909	Fernand 65262	Pastille 52448
[illegible]	86658	noir	1909	Quinquina 68945	Coquette 33934
[illegible]	86664	gris	1909	Mahkarof 63877	Elliet 61569
[illegible]	86769	noir	1909	Tamerlan 46769	Eva 61732
[illegible]	88134	gris-bleu	1909	Valory 58112	Frivole 59716
[illegible]	88663	gris-foncé	1909	Zéphir 57402	Hirondelle 39275
[illegible]	88883	gris	1909	Ambassadeur 68700	Dora 34325
[illegible]	89017	noir-zain	1909	Rivoli 58502	Façade 68971
[illegible]	86072	noir	1909	Coco 46855	Judith 50317
[illegible]	88487	noir	1909	Cyclone 65280	Anisette 63566
[illegible]	86959	noir	1909	Aspirant 65078	Margot 25029
[illegible]	83787	gris	1909	Singeur 66756	Espérance 55502 bis
[illegible]	84684	bai	1909	Epinal 65631	Biche 54416
[illegible]	84775	noir	1909	Glucose 62232	Mireille 50300
[illegible]	84927	gris-foncé	1909	Dollar 62383	Biche 53743
[illegible]	85460	noir	1909	Fanfaron 66860	Coquette 68867
[illegible]	86592	noir	1909	Souak II 46965	Gamine 72570
[illegible]	87375	gris-bleu	1909	Ronchon 68123	Coquette 42115
[illegible]	89609	gris	1909	Pirot 67431	Pilule 49655
[illegible]	86005	gris	1909	Fernand 65262	Canelle 68445
[illegible]	83680	gris-noir	1909	Ixopo 68619	Cocotte 47826
[illegible]	83934	noir	1909	Buffalo 65614	Bijou 60146
[illegible]	85603	gris-foncé	1909	Coco 46855	Grispie 54461
[illegible]	86107	bai-brun	1909	Célibat 64968	Bichonne 43902
[illegible]	88173	noir	1909	Exploit 67202	Violette 47104
[illegible]	86553	noir	1909	Buffalo 65614	Finette 64383
[illegible]	83994	gris	1909	Ixopo 68619	Adresse 54320
[illegible]	84061	noir	1909	Espiègle 64024	Sans-Tache 54237
[illegible]	84184	noir	1909	Abderam 66381	Tzigane 67631
[illegible]	84676	noir	1909	Condé 59486	Gentille 38837
[illegible]	86898	noir-zain	1909	Taupier 63548	Guindée 73103
[illegible]	86996	noir	1909	Colon 65462	Agate 36706
[illegible]	87166	gris-noir	1909	Pelletan 69096	Décidée 44442
[illegible]	86563	gris	1909	Pépin 66724	Anguille 65621
[illegible]	83789	noir	1909	Fier-à-Bras 65250	Gripette 70219
[illegible]	84776	gris	1909	Fanfaron 66860	Fatma 45229
[illegible]	84928	gris-foncé	1909	Souak II 46965	Polka 59520
[illegible]	85018	gris	1909	Labrador 66840	Malice 75231
[illegible]	85576	gris	1909	Mortier 67879	Elégante 60448
[illegible]	85678	noir	1909	Folichon 67442	Abjectif 66372

NOM	N°	ROBE	Naissance	PÈRE	MÈRE
Jacotot	86074	gris-foncé	1909	Guillaume 65112	Bijou 25492
Jacotot	87376	noir	1909	Christian 67392	Coquette 49852
Jacotot	88488	gris-foncé	1909	Cyclone 65280	Lisette 48209
Jacou	85508	noir-zain	1909	Mortier 67879	Castille 50203
Jacou	86293	noir	1909	Coco 46855	Franciade 81744
Jacou	87519	gris-clair	1909	Vésuve 67514	Poule 81594
Jacou	88388	gris-foncé	1909	Macaron 67982	Rosette 57466
Jacquand	83658	gris	1909	Trompeur 67881	Mascotte 62912
Jacquand	83791	alezan	1909	Labrador 66840	Cigarette 75236
Jacquand	84778	gris-clair	1909	Ixopo 68619	Coquette 54380
Jacquand	85375	noir	1909	Macaron 67982	Gazelle 71768
Jacquand	85579	noir	1909	Paulus 58125	Phrosine 47204
Jacquand	86145	gris	1909	Célibat 64968	Vigilence 63890
Jacquand	88491	gris vin.	1909	Cousin 69050	Lavoye 63531
Jacquard	84925	noir	1909	Adjudant 65658	Analyse 67001
Jacquard	85679	noir	1909	Espiègle 64024	Polka 65135
Jacquard	85718	gris	1909	Paulus 58125	Sophie 50516
Jacquard	86381	gris	1909	Cloriadec 64615	Mignonne 49608
Jacquard	88176	noir	1909	Cyclone 67659	Gaine 71225
Jacquard	88813	noir	1909	Blésois 65917	Fatma 68354
Jacquard	89026	noir	1909	Enjoleur 63649	Etoupe 63630
Jacquard	89196	noir-zain	1909	Vol-au-Vent 64112	Mignonnette 12920
Jacquart	86518	bai	1909	Makaroff 65245	Rustique 49733
Jacquart	87979	bai-foncé	1909	Amilly 66447	Constante 59622
Jacque	86145	gris-noir	1909	Moulinet 68017	Fernande 59042
Jacque	88389	gris foncé	1909	Oscar 45901	Charmante 74990
Jacque	88466	bai	1909	Macaron 67982	Audience 50682
Jacque	88493	noir	1909	Pirus 59613	Bellah 60485
Jacquemart	85625	noir	1909	Villers 61613	Fauvette 66605
Jacquemont	83797	noir	1909	Myrte 66768	Yvonne 65286
Jacquemont	84695	gris-clair	1909	Epinal 65631	Lisette 50567
Jacquemont	84779	gris	1909	Laricot 68469	Pelotte 44872
Jacques	84672	gris-clair	1909	Général 66386	Silviane 61931
Jacques	84783	gris	1909	Général 66386	Chanteuse 54423
Jacques	84794	gris clair	1909	Ixopo 68619	Lisette 61462
Jacques	85481	noir	1909	Clovis 67514	Vanille 69238
Jacques	86076	noir-zain	1909	Fier-à-Bras 65280	Clochette 59516
Jacques	86384	noir	1909	Vésuve 67514	Suzon 33824
Jacques	89197	noir	1909	Victorieux 64124	Coquette 50328
Jacquet	83683	noir	1909	Lafayette 67798	Simagrée 63906
Jacquet	84561	noir-zain	1909	Espiègle 64024	Sucette 67184
Jacquet	85604	gris-clair	1909	Général 66386	Bichette 90683
Jacquet	86110	bai-br-f.	1909	Directeur 66448	Brillante 63078
Jacquet	86733	noir	1909	Madère 58886	Lisette 78512
Jacquet	86899	gris	1909	Madère 58886	Charmante 49689

NOM	N°	ROBE	Naissance	PÈRE	MÈRE
Jacquet	86975	noir	1909	Aspirant 65078	Bijou 49545
Jacquet	88177	noir	1909	Cyclone 67659	Sébile 67371
Jacquet	88810	gris-foncé	1909	Blésois 65917	Tontaine 68046
Jacquet	83684	gris-noir	1909	Lafayette 67798	Bichette 52966
Jacquet	84781	noir	1909	Carnot 66666	Rustique 54499
Jacquet	85574	gris	1909	Ixopo 68619	Braudière 81783
Jacquet	85682	noir	1909	Sistori 66964	Pensée 64496
Jacquet	85888	gris	1909	Méritant 65126	Rosette 50809
Jacquet	86146	gris-noir	1909	Moulinet 68047	Robine 54194
Jacquet	86385	noir	1909	Vésuve 67514	Mouchette 39510
Jacquet	88178	gris-clair	1909	Cyclone 67659	Lisette 50771
Jacquet	88494	gris-foncé	1909	Cyclone 65280	Lisette 59630
Jacquet	89075	noir	1909	Anticosto 67745	Etincelle 64907
Jansen	89401	gris	1909	Mareuil 53313	Margot 49677
Jastel	89524	gris-clair	1909	Téméraire 62465	Brigitte 35859
Jacte	83671	gris-vin.	1909	Complaisant 68761	Couronne 48030
Jaculum	85822	noir	1909	Glucose 62232	Lisette 62129
Jacolay	86655	bai	1909	Colon 65462	Petite 13425
Jacolay	87965	noir	1909	Waterloo 64589	Coquette 56577
Jacynthe	89522	gris-foncé	1909	Martin 46912	Biche 50258
Jaddus	83796	noir	1909	Myrthe 66768	Rincette 61700
Jaddus	84677	noir	1909	Cousin 69050	Martyre 67041
Jaddus	84793	noir zain	1909	Buffon 66472	Pelote 54207
Jaddus	84929	noir	1909	Abdéram 66381	Rabot 54147
Jaddus	86079	gris	1909	Berlucheur 65107	Odette 34124
Jaddus	86147	gris-clair	1909	Directeur 66448	Frégate 48002
Jaddus	86663	noir	1909	Mahkarof 63877	Marienne 49508
Jaddus	86856	noir	1909	Madère 58886	Jubine 59563
Jaddus	87000	noir	1909	Marindas 62414	Cocotte 50261
Jaddus	89042	gris-foncé	1909	Directeur 68271	Licinia 41382
Jaddus	89198	gris	1909	Anticosto 67745	Flamande 66490
Jade	85607	noir	1909	Clair-de-Lune 67183	Rosa 67253
Jade	85720	gris	1909	Epinal 65631	Gisèle 78502
Jade	86112	noir	1909	Directeur 66448	Chaussette 47768
Jade	86179	gris-clair	1909	Berlucheur 65107	Gabrielle 70473
Jade	86771	noir	1909	Vazy 53265	Gazonnante 69345
Jade	86897	gris	1909	Taupier 63548	Gredine 76076
Jade	89076	gris	1909	Anticosto 67745	Rosette 54328
Jader	84597	gris-foncé	1909	Waterloo 64589	Galante 84281
Jader	86998	gris	1909	Marindas 62414	Lucette 50268
Jadis	84189	noir	1909	Villers 61613	Coquette 54553
Jadis	84847	gris-foncé	1909	Villers 61613	Jubine 68838
Jadis	85608	noir	1909	Clair-de-Lune 67183	Favorite 49274
Jadis	85667	bai	1909	Etudiant 59291	Junon 32298
Jadis	85721	noir	1909	Guillaume 65112	Lisette 61438

NOM	N°	ROBE	Naissance	PÈRE	MÈRE
Jadis	86113	noir	1909	Glucose 62232	Gachette 71399
Jadis	86439	gris	1909	Cyclone 65280	Charmante 64177
Jadis	86637	gris	1909	Loustic 67333	Dahlia 60578
Jadis	86702	noir	1909	Croquis 68451	Pelotte 49676
Jadis	86772	noir	1909	Tamerlan 46369	Coquette 47264
Jadis	87001	noir	1909	Actionnaire 64675	Margot 50272
Jadis	87963	noir	1909	Paulus 58125	Lisette 64441
Jadis	88180	gris-foncé	1909	Français 61885	Louisette 59498
Jadis	88669	gris-foncé	1909	Glein 67468	Verveine 53594
Jadis	89425	gris	1909	Frontin 61650	Poule 55868
Jaen	84782	gris	1909	Furibond 68602	Raviette 63125
Jaen	87002	gris	1909	Actionnaire 64675	Connette 39627
Jaen	87961	alezan	1909	Waterloo 64589	Rigolette 53589
Jafna	87003	n. m.-t.	1909	Marindas 62414	Lucette 56663
Jafna	87959	noir	1909	Cousin 69050	Coquette 61440
Jafna	89404	noir	1909	Marcuil 53313	Niva 32392
Jagellon	87004	rouan	1909	Aspirant 65078	Rosie 62347
Jagellon	87958	noir	1909	Waterloo 64589	Gluante 70399
Jagellons	84082	noir	1909	Conscrit 62063	Lisette 54396
Jagernat	87005	noir	1909	Colon 65462	Mille Francs 57962
Jagernat	87957	n.-m.-t.	1909	Cousin 69050	Lisa 44180
Jagny	85187	noir	1909	Aiguillon 66905	Courtisane 67766
Jagny	87525	gris-foncé	1909	Blésois 65917	Bijou 69192
Jagny	88390	noir	1909	Oscar 45001	Fusette 68378
Jagny	88762	noir	1909	Alcazar 64710	Varsovie 75462
Jagny	89235	gris	1909	Glucose 62232	Favorie 50694
Jago	85023	gris-rou.	1909	Moulinet 68017	Lisette 47751
Jaguapiri	87006	noir	1909	Aspirant 65078	Pelote 50271
Jaguapiri	87956	gris-foncé	1909	Faisan 68627	Souris 44181
Jaguar	83685	noir	1909	Lama 68543	Gérone 69419
Jaguar	83976	noir	1909	Jolibois 66958	Landette 55347
Jaguar	85610	noir	1909	Pasteur 63046	Cachette 55353
Jaguar	86042	noir-zain	1909	Sarthor 67232	Crevette 49412
Jaguar	87008	noir	1909	Aspirant 65078	Castille 49986
Jaguar	87177	noir	1909	Pelletan 69096	Cartouche 50080
Jaguar	87954	gris-foncé	1909	Major 60019	Anémone 32362
Jaguar	88670	gris-foncé	1909	Ermite 44360	Emmeline 60989
Jaguar	88808	gris-foncé	1909	Blésois 65917	Fatma 75088
Jaguar	89070	noir	1909	Glaneur 68839	Mirabelle 47310
Jaguar	89363	bai-brun	1909	Cratère 69004	Gisèle 42804
Jaguar	89500	noir	1909	Florentin II 67155	Biche 45912
Jaguarondi	85612	noir	1909	Pasteur 63046	Lisette 61352
Jahde	83798	gris	1909	Labrador 66840	Gavotte 47209
Jahde	84575	rouan	1909	Mortier 67879	Pasiphaé 40333
Jahde	84842	gris	1909	Vainqueur 62112	Pelote 27178

NOM	N°	ROBE	Naissance	PÈRE	MÈRE
Jahde	86080	noir	1909	Jolibois 66958	Mouvette 68663
Jahde	87149	gris-noir	1909	Canadien 58355	Crevette 22471
Jahde	88498	noir	1909	Exploit 67202	Marbreuse 49748
Jahel	86429	bai-chât.	1909	Triolet 66843	Mélie 49668
Jahel	87092	noir	1909	Actionnaire 64675	Boulo 49679
Jahel	87955	noir	1909	Waterloo 64589	Javotte 64833
Jahir	89461	noir	1909	Siphon 60328	Valentine 40610
Jahir	83799	gris-foncé	1909	Labrador 66840	Ragotte 47286
Jahn	84964	gris	1909	Vainqueur 62412	Baronne 59355
Jahn	86041	noir	1909	Sistori 66964	Lisette 47187
Jahn	86062	bai-cerise	1909	Sistori 66964	Brillante 54482
Jahu	86081	gris foncé	1909	Jolibois 66958	Castorine 24048
Jahu	86694	gris	1909	Castillan 45009	Charmante 49598
Jahu	87381	gris-noir	1909	Marathon 66841	Indiana 38756
Jahu	88502	noir	1909	Cousin 69050	Louisette 56235
Jahuant	86038	noir	1909	Cyclone 65280	Volaille 54309
Jahiday	86520	gris-foncé	1909	Véga 68250	Gaudriole 42239
Jajet	86823	noir	1909	Madère 58886	Biche 75028
Jaillir	87175	gris-noir	1909	Ronchon 68123	Badine 54376
Jaillissant	84144	gris-foncé	1909	Etudiant 59291	Nouvelle 44253
Jaillou	85512	noir	1909	Epinal 65631	Alice 62192
Jaillou	88394	gris-foncé	1909	Conquérant 65975	Castille 54226
Jailly	85513	gris-foncé	1909	Epinal 65631	Fantaisie 54407
Jailly	86300	gris-foncé	1909	Clair-de Lune 67183	Métylène 50995
Jailly	87531	noir-zain	1909	Laërte 68302	Pelote 81591
Jailly	88392	noir-zain	1909	Oscar 45901	Brillante 56278
Jaimette	86456	gris-fer	1909	Sistori 66964	Cocotte 54140
Jair	87009	alezan	1909	Marindas 62414	Cocotte 49959
Jaire	83800	bai	1909	Calicot 66928	Bichette 73353
Jaire	84965	gris	1909	Batelier 58094	Poulotte 34142
Jaire	85380	noir	1909	Major 60014	Galgala 73094
Jaire	86685	noir	1909	Cocantin 54388	Sauteuse 68793
Jaire	86690	gris-foncé	1909	Madère 58886	Fauvette 75218
Jaire	88509	aubère	1909	Tamarin 66451	Margot 59678
Jaire	89359	noir-zain	1909	Général 66386	Akène 66597
Jais	84212	noir-zain	1909	Cousin 69050	Pomone 40411
Jais	84583	noir	1909	Carnot 66666	Coquette 47162
Jais	84624	noir-zain	1909	Waterloo 64589	Capucine 52607
Jais	85613	gris-foncé	1909	Paulus 58125	Vaillante 55291
Jais	85668	noir	1909	Ixopo 68619	Bijou 61270
Jais	85723	noir	1909	Paulus 58125	Castille 56425
Jais	86115	noir	1909	Moulinet 68047	Brimade 68394
Jais	86176	noir	1909	Courbet 63077	Bijou 65037
Jais	86683	noir-zain	1909	Madère 58886	Marie 33306
Jais	86721	noir	1909	Taupier 63548	Charmante 61472

NOM	N°	ROBE	Naissance	PÈRE	MÈRE
Jais	87010	noir	1909	Denonville-ex Sarthois 60531	Margot 49887
Jais	87176	noir	1909	Ronchon 68123	Bamboche 64944
Jais	87953	noir	1909	Faisan 68627	Prisca 46023
Jais	88182	bai-chât.	1909	Français 61885	Morille 63567
Jak	83822	noir	1909	Dégel 45100	Mignonne 53601
Jak	83904	noir-m.-t.	1909	Séducteur 64316	Bijou 81785
Jak	85768	gris-foncé	1909	Carnot 66666	Anémone 63039
Jakar	89486	bai	1909	Florentin II 67155	Hyacinthe 42786
Jal	84797	noir	1909	Fanfaron 66860	Coquette 54394
Jal	84930	noir	1909	Dollar 62383	Rigolette 75234
Jal	84966	noir-zain	1909	Bellâtre 62312	Cléante 48110
Jal	85685	noir	1909	Fier-à-Bras 65250	Claudine 47848
Jal	86084	gris-foncé	1909	Pandore 68677	Bleue 61217
Jal	87382	noir	1909	Marathon 66841	Mignonne 61378
Jal	88510	noir	1909	Piqueur 68532	Violette 56275
Jal	89046	gris	1909	Directeur 68271	Muscade 49319
Jal	89360	gris	1909	Albertus 65317	Fauvette 43032
Jalabert	84078	gris	1909	Trompeur 67881	Noisette 47340
Jalabert	85349	noir	1909	Complaisant 68761	Gibèle 70872
Jalabert	85688	noir	1909	Fanfaron, 66860	Galilée 70782
Jalabert	87384	noir	1909	Fanchon 68253	Aramis 41232
Jalabert	88512	noir-zain	1909	Ronchon 68123	Vignette 63432
Jalabert	89032	gris	1909	Directeur 68271	Cardite 56074
Jalage	85724	bai	1909	Epinal 65631	Amanda 58267
Jalage	86116	gris	1909	Glucose 62232	Gamine 49713
Jalap	84194	gris	1909	Fier-à-Bras 65250	Eliane 65484
Jalap	85379	gris	1909	Major 60014	Sentinelle 41796
Jalap	85614	gris-clair	1909	Paulus 58125	Stella 30491
Jalap	85725	noir	1909	Epinal 65631	Lise 67134
Jalap	86052	gris	1909	Coquet 69131	Chopine 48210
Jalap	87011	noir	1909	Marindas 62414	Bichette 42304
Jalap	88183	gris-foncé	1909	Faisan 68627	Pélagie 74973
Jalap	88672	gris	1909	Vaudemont 60507	Rosette 21079
Jalap	89397	noir	1909	Mareuil 53313	Rita 41300
Jalapa	84017	gris-bleu	1909	Salvator 62673	Coquette 69103
Jalapa	87012	bai	1909	Actionnaire 64675	Rigolette 49958
Jalapery	85285	noir	1909	Buffalo 65614	L'Amie 50661
Jalax	85840	gris-c.-r.	1909	Pépin 66724	Coquette 54525
Jalem	86997	noir	1909	Denonville-ex Sarthois 60531	Marie 50279
Jalemus	83933	gris-noir	1909	Coco 46855	Charmante 50136
Jales	83916	noir	1909	Bellâtre 62312	Décidée 36795
Jales	84770	noir	1909	Fanfaron 66860	Cocotte 47910
Jalet	83858	gris-noir	1909	Dégel 45100	Lisette 60965
Jalet	83932	noir	1909	Faisan 68627	Péronnelle 56444
Jalet	84052	gris t. f.	1909	Etudiant 50291	Pelotte 50816

NOM	N°	ROBE	Naissance	PÈRE	MÈRE
Jalet	84853	gris	1909	Buffon 66472	Biche 61325
Jalet	86123	noir	1909	Avocat 66303	Lozzie 65429
Jalet	86494	gris-vin.	1909	Fernand 65262	Pâquerette 50778
Jalet	86687	noir	1909	Médaillon 48940	Missouris 36768
Jalet	87013	gris	1909	Actionnaire 64675	Margot 50244
Jalet	87171	gris	1909	Pelletan 69096	Charmante 61083
Jalet	88184	noir	1909	Pelletan 69096	Rosa 66081
Jalotter	89489	bai	1909	Florentin II 67155	Mascotte 39595
Jaley	84784	noir	1909	Général 66386	Graziella 62960
Jaley	85687	alezan	1909	Fanfaron 66860	Martinique 47706
Jaley	86149	gris	1909	Célibat 64968	Finette 47175
Jaley	87388	noir	1909	Marathon 66841	Mouvette 84469
Jaley	88513	noir	1909	Conquérant 65975	Sérénade 47674
Jaley	89027	noir	1909	Enjoleur 63649	Etincelle 63631
Jaleyrac	84132	noir	1909	Coco 46855	Andalouse 56985
Jaleyrac	87532	gris-foncé	1909	Gréviste 68719	Coquette 61369
Jaleyrac	88393	noir	1909	Oscar 45901	Frosine 45245
Jaligny	85188	noir	1909	Guillaume 65112	Aurélie 58474
Jaligny	86301	noir	1909	Arlequin 65573	Andromède 37036
Jaligny	86419	gris	1909	Makaroff 63245	La Bretonnière 34422
Jaligny	87389	gris	1909	Marathon 66841	Enimie 38083
Jaligny	87526	noir	1909	Campigny-ex-Roblon 56073	Finance 67476
Jaligny	88394	noir	1909	Acajou 66587	Charlotte 49740
Jaligny	88514	noir	1909	Fendlair 62699	Pauline 64387
Jalisco	84077	noir	1909	Conscrit 62063	Adélaïde 66186
Jalisco	84788	noir	1909	Moulinet 68017	Merveilleuse 48156
Jalisco	84931	gris	1909	Dollar 62383	Serpette 59389
Jalisco	85689	noir	1909	Fanfaron 66860	Sylvia 41730
Jalisco	87391	gris-foncé	1909	Gréviste 68719	Follette 56049
Jalisco	88515	gris-fer	1909	Coquet 69131	Margot 49506
Jalisco	89033	gris	1909	Directeur 68271	Polka 50635
Jallais	84148	noir	1909	Olivier 58082	Beethoven 51614
Jallais	86302	gris-foncé	1909	Martin 46912	Simone 62988
Jallais	88395	noir	1909	Acajou 66587	Charmante 50063
Jallais	89236	gris	1909	Glucose 62232	Finale 52411
Jallans	86304	gris t. f.	1909	Pandore 68677	Ida 58472
Jallans	87535	noir-m.-t.	1909	Marathon 66841	Riblette 64626
Jallans	88396	noir	1909	Acajou 66587	Jubine 42044
Jallieu	86306	gris	1909	Clair-de-Lune 67183	Gisette 71386
Jallieu	87536	gris-bleu	1909	Pruneau 68069	Pâquerette 50066
Jallieu	88397	noir	1909	Oscar 45901	Hermine 51895
Jallieu	85933	gris-vin.	1909	Véga 68250	Sirène 67351
Jalogny	88398	noir	1909	Acajou 66587	Gustine 69041
Jalomitza	85534	gris-noir	1909	Faisan 68627	Merveilleuse 51329
Jalen	83859	noir-zain	1909	Dégel 45100	Girouette 75226

NOM	N°	ROBE		PÈRE	MÈRE
Jalen	85564	gris-foncé	1909	Etudiant 59294	Camelotte 55530
Jalen	86124	gris	1909	Moulinet 68017	Minerve 65430
Jalen	86579	noir	1909	Cousin 69050	Debâcle 54924
Jalen	86684	noir	1909	Madère 58886	Nerveuse 68672
Jalen	86907	noir	1909	Taupier 63548	Lisette 29285
Jalen	87014	noir	1909	Actionnaire 64675	Polka 49884
Jalen	87017	noir	1909	Beauceville-ex-Sarthois 68531	Bijou 54419
Jalen	87168	noir-zain	1909	Major 60014	Bourreau 48132
Jalen	87860	gris-bleu	1909	Michelet 65179	Brisavoine 67546
Jalen	88185	gris-foncé	1909	Pelletan 69096	Coquette 54228
Jalen	88673	noir	1909	Africain 48571	Ida 44441
Jalen	88807	noir	1909	Frondeur 68350	Gypsy 73231
Jalen	89079	noir	1909	Anticosto 67745	Mouvette 27573a
Jalen	89396	noir-zain	1909	Mareuil 53313	Pastille 39144
Jalenka	87015	gris	1909	Marindas 62414	Bijou 50203
Jalenneur	85372	noir-zain	1909	Sistori 66964	Sibérie 66693
Jalenneur	86682	noir	1909	Madère 58886	Cocotte 84450
Jalens	88400	gris-clair	1909	Acajou 66587	Mina 75016
Jalets	88403	noir	1909	Casino 65452	Lisette 50030
Jaleuser	87185	alezan	1909	Sarthor 67232	Coureuse 68701
Jaleux	83599	noir-zain	1909	Buffon 66472	Favorite 47272
Jaleux	83838	aubère	1909	Vainqueur 62112	Mijorée 36555
Jaleux	84890	noir	1909	Calicot 66928	Géographie 47972
Jaleux	86447	noir-rub.	1909	Sistori 66964	Hélène 38058
Jaleux	86352	gris	1909	Etudiant 59294	Collette 58489
Jaleux	86635	gris-foncé	1909	Bizot 67779	Camélia 50744
Jaleux	86681	bai	1909	Médaillon 48940	Mina 78510
Jaleux	87018	noir	1909	Donib ex Monib 58945	Jubine 50237
Jaleux	87186	gris-rou.	1909	Coquet 69131	Biche 73392
Jaleux	87952	gris-t.-f.	1909	Faisan 68827	Camélia 24082
Jaleux	88133	noir zain	1909	Valory 58112	Amanda 63982
Jaleux	88806	gris-vin.	1909	Frondeur 68350	Flore 68352
Jaleux	88824	gris-t.-f.	1909	Français 68332	Passionnée 39054
Jaluzet	85277	noir	1909	Lafrime 67501	Effrenée 58399
Jaluzet	88884	bai	1909	Ambassadeur 68700	Fredaine 67566
Jalys	87019	rouan	1909	Donib ex Monib 58945	La Turbale 41724
Jam	84932	gris	1909	Courbet 63077	Salamandre 46378
Jamais	83641	noir	1909	Clair-de-Lune 67183	Margot 50595
Jamais	83978	noir	1909	Ixopo 68619	Mouvette 58228
Jamais	84195	noir	1909	Bellâtre 62312	Mirabelle 54512
Jamais	85284	gris-foncé	1909	Buffalo 65614	Zélie 44194
Jamais	85674	noir	1909	Fier-à-Bras 65250	Pelote 54344
Jamais	85727	noir	1909	Fier-à-Bras 65250	Folette 75190
Jamais	86125	noir	1909	Moulinet 68017	Mouvette 55852
Jamais	86551	gris	1909	Etudiant 59294	Charlotte 47320

NOM	N°	ROBE	Naissance	PÈRE	MÈRE
Jamais	86638	noir	1909	Loustic 67333	Elégante 50663
Jamais	86679	noir	1909	Médaillon 48940	Rhéa 39140
Jamais	87021	noir	1909	Donib ex Monib 58945	Lurette 46196
Jamais	87184	noir	1909	Canadien 58355	Moustache 49675
Jamais	88129	alezan	1909	Waterloo 64589	Automobile 51444
Jamais	88187	noir-zain	1909	Acrobate 68416	Charmante 75220
Jamary	87022	noir	1909	Marindas 62414	Coquette 55256
Jamary	88053	gris-foncé	1909	Guillaume 65112	Biche 61312
Jambage	84975	noir	1909	Abdéram 66381	Lisette 49434
Jambage	85728	noir	1909	Fier-à-Bras 65250	Poule 49210
Jambage	86521	gris-t.-f.	1909	Véga 68250	Gigolette 72059
Jambameau	83856	gris	1909	Dollar 62383	Loterie 49385
Jambart	83686	noir	1909	Calicot 66928	Gazelle 54276
Jambart	84190	gris	1909	Berlucheur 65105	Drôlesse 41860
Jambart	85673	gris	1909	Etudiant 59291	Fauvette 49710
Jambart	85729	gris	1909	Epinal 65631	Biche 54405
Jambart	87187	noir	1909	Sambetta 69149	Strola 44208
Jambart	88126	noir	1909	Faisan 68627	Mascotte 63950
Jambart	88188	gris-foncé	1909	Pelletan 69096	Nizam 67606
Jambé	87189	gris-clair	1909	Campigny-ex-Robion 56073	Bibi 55806
Jambe-d'Acier	88899	gris	1909	Ambassadeur 68700	Amazone 51165
Jambe-de-Bois	88891	gris	1909	Accessit 64700	Mignonne 60177
Jambelet	84215	noir	1909	Mareuil 53313	Souris 31482
Jambetti	87024	noir	1909	Actionnaire 64675	Trognette 44059
Jambetti	88052	noir	1909	Guillaume 65112	Souris 61371
Jambi	85904	gris-foncé	1909	Sarthor 67232	Risette 57453
Jambi	87028	bai	1909	Actionnaire 64675	Biche 65901
Jambier	84217	gris-clair	1909	Epinal 65631	Symétrie 63157
Jambier	84556	noir	1909	Quinquina 68945	Charmante 84258
Jambier	84977	noir	1909	Laricot 68469	Lucrèce 68815
Jambier	85999	gris-foncé	1909	Fernand 65262	Rigolette 46470
Jambier	88190	gris-foncé	1909	Macaron 67982	Coquette 57542
Jamblique	84075	noir	1909	Conscrit 62063	Robine 61305
Jambo	87027	noir	1909	Marindas 62414	Glaneuse 52614
Jambo	88002	noir	1909	Faisan 68627	Mirra 53992
Jambo	89408	noir	1909	Mareuil 53343	Bettina 50246
Jambon	83687	gris-noir	1909	Calicot 66928	Fabia 62725
Jambon	86372	gris-foncé	1909	Carnot 66666	Coquette 81768
Jambon	86892	noir-zain	1909	Taupier 63548	Mazurka 51775
Jambon	87188	noir	1909	Sambetta 69149	Abside 64704
Jambon	88675	gris clair	1909	Ermite 44360	Margot 50389
Jambonneau	85781	noir	1909	Andrinople 65226	Pelote 28209
Jambonneau	86773	noir	1909	Tamerlan 46369	Médée 40213
Jambonneau	88047	noir	1909	Amilly 66447	Courbette 62857
Jambosier	84218	noir	1909	Clair-de-Lune 67183	Victoire 40632

NOM	N°	ROBE	NAISSANCE	PÈRE	MÈRE
Jaméricourt	88404	gris-foncé	1909	Casino 65452	Lisette 75211
James	84740	noir	1909	Paulus 58125	Jubine 48144
James	86087	gris t. f.	1909	Carnot 66666	Luciole 44157
James	87394	bai-cerise	1909	Gréviste 68719	Frégate 35910
James	88516	noir	1909	Ronchon 68123	Gentille 57563
James	89018	gris-foncé	1909	Rivoli 58502	Faucille 68037
James	89036	noir	1909	Directeur 68271	Fétiche 68073
James	89200	noir	1909	Ermite 44360	Docile 44287
Jamestown	84074	noir	1909	Conscrit 62063	Michelle 67140
Jametz	88405	noir	1909	Quinquina 68945	Martha 49559
Jamin	86088	noir	1909	Carnot 66666	Sultane 67352
Jamin	86090	gris-foncé	1909	Epinal 65631	Pelote 52289
Jamin	87392	gris-foncé	1909	Gréviste 68719	Cousine 56048
Jamin	88517	noir	1909	Ronchon 68123	Gentille 54230
Jamin	88904	gris foncé	1909	Frondeur 68350	Gamine 74988
Jamin	89038	gris	1909	Directeur 68271	Polka 57428
Jamin	89201	gris	1909	Ermite 44360	Menthe 43060
Jamjam	85821	noir	1909	Directeur 66448	Capucine 48007
Jamlen	85805	gris	1909	Trompeur 67881	Favorite 25070
Jamet	85079	gris-vin.	1909	Villers 61613	Bijou 50400
Jamour	86962	noir	1909	Souack II 46965	Académique 66394
Jamour	88050	noir-zain	1909	Waterloo 64580	Biche 78554
Jampierre	84245	noir	1909	Boileau 59048	Rosette 54963
Jamunda	86979	noir	1909	Souack II 46965	Elvire 61253
Jamunda	89562	noir-zain	1909	Amilly 66447	Etoile 87655
Jamyn	84790	gris	1909	Fier-à-Bras 65250	Pilule 44123
Jamyn	85470	noir	1909	Conscrit 62063	Grésinette 69822
Jan	84219	noir	1909	Clair-de-Lune 67183	Chopine 49622
Jan	85732	noir	1909	Laricot 68469	Fouine 64896
Jan	85903	gris-foncé	1909	Sarthor 67232	L'Amie 33053
Jan	86888	noir-zain	1909	Taupier 63548	Coquette 61473
Jan	86891	gris	1909	Tunisien 57574	Préférence 32434
Jan	87033	noir	1909	Marindas 62414	Hyménée 40206
Jan	87112	noir	1909	Marindas 62414	Margot 16746
Jan	88194	noir	1909	Espiègle 64024	Biche 49747
Jan	89081	noir-zain	1909	Kado 68413	Pelote 66941
Janailhac	88406	noir	1909	Madère 58886	Poupoule 59811
Janaillat	88407	gris-foncé	1909	Orgeval 59039	Félicie 48020
Janap	89423	noir	1909	Montargis 62402	Robine 81605
Janas	87034	gris	1909	Souack II 46965	Bijou 66017
Janassa	85552	gris-foncé	1909	Montaigu 67695	Fatma 84386
Jancigny	88408	noir-m.-t.	1909	Sambetta 69149	Pâquerette 49507
Jandun	88414	gris-foncé	1909	Orgeval 59039	Suzette 61480
Janet	83660	gris	1909	Trompeur 67881	Catherine 50677
Janet	84157	gris	1909	Rupin 65256	Agricola 66224

NOM	N°	ROBE	Naissance	PÈRE	MÈRE
[illegible]	84791	bai-brun	1909	Laricot 68469	Bichette 55764
[illegible]	85383	gris-foncé	1909	Taupier 63548	Rose 49561
[illegible]	85859	gris	1909	Fernand 65262	Qualité 55972
[illegible]	86089	gris	1909	Carnot 66666	Margot 61345
[illegible]	87393	noir	1909	Gréviste 68719	Gauloise 72999
[illegible]	88518	noir	1909	Ronchon 68123	Biche 69172
[illegible]	88789	bai	1909	Ludovic 47508	Duchesse 41873
[illegible]otmy	85883	noir-zain	1909	Andrinople 65226	Vinaigrette 66638
[illegible]-Fernand	86487	noir	1909	Fernand 65262	Argentine 66764
[illegible]rémy	86404	gris	1909	Pépin 66724	Musette 49245
[illegible]icule	84121	noir	1909	Jolibois 66958	Vénitienne 56963
[illegible]gène	84122	noir	1909	Pasteur 63046	Rose 61465
[illegible]gène	88089	noir	1909	Paulus 58125	Biche 48238
[illegible]gène	89413	gris-foncé	1909	Cratère 69004	Gazette 71610
[illegible]	84789	gris	1909	Fier-à-Bras 65250	Bijou 44955
[illegible]	84933	bai-b.-z.	1909	Adjudant 65658	Hyves 67047
[illegible]	85021	gris	1909	Moulinet 68047	Nigra 48187
[illegible]	85384	gris-bleu	1909	Pandore 68677	Brebis 50748
[illegible]	85582	noir	1909	Riquès 63697	Draga 61041
[illegible]	85948	gris-foncé	1909	Canadien 58355	Dulcinée 40673
[illegible]	87132	noir	1909	Marindas 62414	Galigaï 72418
[illegible]issaire	84000	noir	1909	Conscrit 62063	Pelotte 63265
[illegible]issaire	85672	noir	1909	Etudiant 59291	Pensive 47295
[illegible]issaire	86044	gris-f.-v.	1909	Français 61885	Comprise 55948
[illegible]issaire	86813	noir	1909	Taupier 63548	Fauvette 49721
[illegible]issaire	86817	gris	1909	Tunisien 57574	Brigitte 38090
[illegible]issaire	87191	gris	1909	Douvreur-ex-Couvreur 58335	Coquette 64593
[illegible]issaire	88090	gris-fer-f.	1909	Amilly 66447	Vigie 51335
[illegible]issaire	88196	noir	1909	Espiègle 64024	Castille 61108
[illegible]issaire	89082	bai	1909	Kado 68413	Bijou 31687
[illegible]nlacus	88060	noir	1909	Paulus 58125	Alcine 65567
[illegible]niter	83867	noir-zain	1909	Boileau 59048	Belette 41684
[illegible]niter	84142	gris-clair	1909	Fernand 65262	Risette 53454
[illegible]nius	85174	noir	1909	Faisan 68627	Biche 47713
[illegible]ulus	87047	noir	1909	Marindas 62414	Rigolette 42713
[illegible]nkan	85264	gris-bleu	1909	Abraham 66389	Faisante 84398
[illegible]nkau	87049	noir	1909	Actionnaire 64675	Rigolette 59443
[illegible]nkrass	85396	gris	1909	Complaisant 68761	Christine 66210
Janner	87988	gris-noir	1909	Faisan 68627	Astucienne 60361
Janet	84787	gris-clair	1909	Ixopo 68619	Bouillote 58250
Janot	85385	noir	1909	Pandore 68677	Lâcheuse 62837
Janet	85584	noir	1909	Général 66386	Chopinette 53808
Janot	86091	gris-foncé	1909	Epinal 65631	Edwige 60267
Janot	86394	gris-foncé	1909	Piqueur 68432	Plectrude 40401
Janot	86709	noir	1909	Marathon 66844	Judith 60654

NOM	N°	ROBE	NAISSANCE	PÈRE	MÈRE
Janet	87395	noir-m.-t.	1909	Romancier 64606	Elégante 50570
Janet	87863	noir	1909	Cousin 69030	Violette 56562
Janet	88400	noir	1909	Taupier 63548	Charmante 44200
Janet	88519	gris-foncé	1909	Valory 58112	Circé 36363
Janet	89047	noir	1909	Directeur 68271	Bijou 28044
Janetisme	83999	noir	1909	Conscrit 62063	Coquette 49177
Janetisme	84220	noir	1909	Coco 46855	Bijou 54536
Janply	86473	gris-rou.	1909	Sistori 66964	Précoce 46489
Janrage	85818	gris	1909	Pépin 66724	Castille 59049
Jans	84713	gris-clair	1909	Pasteur 63046	Malice 47221
Jans	85191	noir	1909	Epinal 65631	Croisade 55376
Jans	86310	gris-t.-f.	1909	Mortier 67879	Alfa 35793
Jans	88416	gris-foncé	1909	Gambetta 69149	Malice 57198
Jans	89566	noir	1909	Michelet 65179	Pimpante 49784
Jansac	88417	gris-vin.	1909	Orgeval 59039	Christine 49744
Janséniste	86818	noir	1909	Tunisien 57574	Charmante 25607
Janséniste	88932	noir	1909	Ermite 44360	Olga 61179
Jansénius	84799	noir	1909	Bellâtre 62312	Grabuche 70007
Jansénius	84936	noir	1909	Dollar 62383	Gaudaine 54303
Jansénius	85558	noir	1909	Sistori 66964	Gudule 71412
Jansénius	86693	noir	1909	Castillan 45009	Gosseline 72044
Jansénius	86720	noir	1909	Faour-en-Beauce 66204	Charmante 39562
Jansénius	87396	gris	1909	Gréviste 68719	Grappe 72095
Jansénius	88520	noir	1909	Macaron 67982	Pelotte 49428
Jansénius	88703	gris	1909	Benjoin 62027	Espiègle 32180
Jansénius	89037	noir	1909	Guguste 64730	Gamine 72049
Janssen	84031	gris	1909	Abdéram 66381	Mariette 48196
Janssen	84803	gris	1909	Laricot 68469	Coquette 53980
Janssen	86064	alezan-f.	1909	Sistori 66964	Cicatrice 59183
Janssen	86092	noir	1909	Epinal 65631	Fleurette 61887
Janssen	87397	gris-foncé	1909	Gréviste 68719	Garance 73000
Janssen	88521	noir	1909	Macaron 67982	Castille 57436
Janssen	89052	gris	1909	Directeur 68271	Drague 60820
Janssen	89205	noir	1909	Ambassadeur 68700	Fautive 68987
Jan-Smith	84585	noir	1909	Carnot 66666	Braisette 67516
Jantier	84001	noir	1909	Conscrit 62063	Rigolette 54369
Jantier	84850	gris-clair	1909	Villers 61613	Raquette 53117
Jantier	84985	noir	1909	Conscrit 62063	Bertine 61753
Jantier	85645	bai-foncé	1909	Paulus 58125	Fleurette 63946
Jantier	86183	noir-zain	1909	Berlucheur 65107	Thébaïde 38454
Jantier	87193	gris	1909	Campigny-en-Robien 56073	Irma 34856
Jantier	88498	gris-foncé	1909	Pelletan 69096	Bijou 57431
Jantier	89063	noir	1909	Kado 68413	Merveille 34117
Janus	83628	gris-rou.	1909	Trompeur 67884	Gentiane 69462
Janus	84804	noir	1909	Boileau 59048	Thurine 54610

NOM	N°	ROBE	Naissance	PÈRE	MÈRE
[illegible]	84939	noir	1909	Abdéram 66381	Rosette 22054
[illegible]	85266	noir	1909	Carnot 66666	Lisette 73434
[illegible]	85494	gris	1909	Carnot 66666	Rigolote 55776
[illegible]	86051	noir-zain	1909	Cyclone 65280	Fantasia 63538
[illegible]	86375	noir	1909	Michelet 65479	Marquise 33813
[illegible]	86688	gris-foncé	1909	Madère 58886	Abbette 66654
[illegible]	86963	noir	1909	Marindas 62414	Bijou 59457
[illegible]	87152	gris n.-z.	1909	Marathon 66841	Castille 61471
[illegible]	87398	gris	1909	Gréviste 68719	Bordelaise 67207
[illegible]	88527	noir	1909	Macaron 67982	Guastalla 71741
[illegible]	88923	gris	1909	Benjoin 62927	Flora 60893
[illegible]	88992	noir	1909	Directeur 68271	Rosalie 61080
[illegible]	89054	gris	1909	Vol-au-Vent 64112	La Calletière 30581
[illegible]	89206	noir	1909	Ermite 44360	Gabette 71771
[illegible]vier	83865	noir	1909	Boileau 59048	Coquette 62131
[illegible]vier	83919	noir	1909	Bellâtre 62312	Coquette 47967
[illegible]vier	84897	bai-m.	1909	Albertus 65317	Rosette 50376
[illegible]vier	85223	bai-m.	1909	Buffon 66472	Lucette 58972
[illegible]vier	85834	noir	1909	Croquis 68454	Pâquerette 67761
[illegible]vier	86093	gris	1909	Guillaume 65112	Mirette 66778
[illegible]vier	86764	noir	1909	Madère 58886	Serpolette 41780
[illegible]vier	87399	gris-foncé	1909	Gréviste 68719	Immortel 36043
[illegible]vier	88199	gris-foncé	1909	Acrobate 68416	Zorka 57410
[illegible]vier	88528	noir	1909	Macaron 67982	Biche 54418
[illegible]vier	88908	gris t. f.	1909	Vésuve 67514	Nymphe 28694
[illegible]vier	88933	gris	1909	Glein 67468	Zélande 57401
[illegible]vier	88998	gris-ard.	1909	Duneau ex-Palmier 59475	Sarcelle 60441
[illegible]ville	86340	noir	1909	Mareuil 53313	Rose 28130
[illegible]ville	88529	gris-foncé	1909	Macaron 67982	Rosette 73455
[illegible]villiers	88418	noir	1909	Macaron 67982	Castille 87585
[illegible]dange	85479	gris foncé	1909	Complaisant 68761	Ecume 64989
[illegible]yette	85955	gris	1909	Biberon 67515	Bijou 49605
[illegible]zé	84084	noir	1909	Lafrime 67501	Chérie 54531
[illegible]zé	85022	noir-zain	1909	Avocat 66303	Rosinette 39380
[illegible]zé	86309	noir	1909	Clair-de-Lune 67183	Bichonnette 26436
[illegible]zé	87400	noir	1909	Gréviste 68719	Active 64676
[illegible]zé	88423	noir	1909	Casino 65452	Erigne 61668
[illegible]zé	88530	gris-clair	1909	Macaron 67982	Mouvette 66817
[illegible]zé	88707	noir	1909	Verdun 41665	Casmate 68383
[illegible]zé	89238	noir	1909	Moulinet 68017	Mésange 59565
[illegible]pet	83806	noir-zain	1909	Labrador 66840	Cerisette 52953
[illegible]pet	84806	gris-clair	1909	Guillaume 65112	Chanson 43215
[illegible]pet	85244	noir	1909	Invincible 68089	Mouvette 49948
[illegible]pet	86980	noir	1909	Denonville-ex-Sartois 60531	Carlotta 34094
[illegible]pet	87401	gris-clair	1909	Gréviste 68719	Cendrine 64708

NOM	N°	ROBE	Naissance	PÈRE	MÈRE
Japet	88009	noir	1909	Faisan 68627	Athalie 59380
Japet	88532	gris-foncé	1909	Macaron 67982	Mignonne 57471
Japhet	85616	noir	1909	Paulus 58125	Bicotte 61294
Japhet	86015	gris t. f.	1909	Batelier 58094	Coquette 50799
Japhet	87402	noir-zain	1909	Truc 67197	Cymbale 60615
Japhet	88008	bai	1909	Amilly 66447	Minette 46437
Japhet	88533	noir	1909	Cousin 69050	Vive 67662
Japhet	89382	noir	1909	Vaillant 62401	Vaillante 52781
Japhet	89493	noir	1909	Florentin II 67155	Reine-Hélène 60067
Japhétique	85617	noir	1909	Turin 62668	Baronne 55262
Japi	88070	noir	1909	Domino 57067	Castille 49683
Japis	87039	noir	1909	Actionnaire 64675	Torpille 43762
Japis	88007	gris-noir	1909	Amilly 66447	L'Amie 49788
Japix	88004	bai-foncé	1909	Cousin 69050	Mouvette 61372
Japix	89309	noir	1909	Castor 62398	Lucie 50265
Japix	89391	noir	1909	Cratère 69004	Cocotte 50220
Japon	83661	noir	1909	Pandore 68677	Olga 66878
Japon	83691	noir-zain	1909	Calicot 66928	Ramette 65324
Japon	84800	noir	1909	Bellâtre 62312	Aline 66330
Japon	84819	gris-foncé	1909	Etudiant 59291	Fauvette 47206
Japon	84832	noir	1909	Cyclone 65280	Etoile 66421
Japon	85084	noir	1909	Vol-au-Vent 64112	Pauline 25916
Japon	85398	noir	1909	Complaisant 68761	Chérie 47661
Japon	85482	noir	1909	Furibond 68662	Castille 57847
Japon	85943	gris-f. v.	1909	Sistori 66964	Pâquerette 50654
Japon	86625	gris	1909	Vagabond 68854	Cassine 68416
Japon	87195	gris-noir	1909	Chartres-ex-Coco 56130	Fatime 41348
Japon	87403	gris f. vin.	1909	Truc 67197	Hébé 39276
Japon	88534	noir	1909	Acrobate 68416	Grisette 57150
Japon	89055	gris	1909	Victorieux 64124	Avenir 67963
Japon	89207	noir	1909	Ermite 44360	Mouchette II 43389
Japon	89505	noir	1909	Florentin II 67155	Claire 48908
Japonais	83662	noir-zain	1909	Pandore 68677	Clarinette 46676
Japonais	88882	noir	1909	Blésois 65917	Charlotte 50547
Japonisant	85622	gris-foncé	1909	Epinal 68631	Superbe 69133
Japonisme	85621	noir	1909	Carnot 66666	Mignonne 49213
Japore	88003	gris-bleu	1909	Cousin 69050	Biche 53989
Jappage	83937	noir	1909	Andrinople 65226	Pelotte 62064
Jappage	88201	noir	1909	Macaron 67982	Gourgade 70456
Jappant	84629	gris-foncé	1909	Galetas 72194	Castille 69102
Jappant	84986	noir	1909	Dollar 62383	Braisette 52960
Jappant	87197	gris	1909	Campigny-ex-Roblon 56073	Polka 50191
Jappant	88202	noir m. t.	1909	Aviso 52116	Mamine 63524
Jappement	85623	noir	1909	Jolibois 66958	Furette 58484
Jappeur	85624	gris-clair	1909	Guillaume 65112	Pelotte 49585

NOM	N°	ROBE	Naissance	PÈRE	MÈRE
[illegible]	87199	noir	1909	Ronchon 68123	Moustache 35059
[illegible]	85954	noir	1909	Croquis 68451	Sociale 60470
[illegible]	85083	gris-foncé	1909	Laricot 68469	Coquette 81807
[illegible]	89535	noir	1909	Rolland 60321	Poulette 55121
[illegible]mart	86004	noir	1909	Etudiant 59291	Castille 84378
[illegible]mart	87201	noir	1909	Marathon 66841	N'Importe-Quoi 41338
[illegible]mart	88937	gris-foncé	1909	Ermite 44360	Myrrha 50392
[illegible]mart	89085	alezan	1909	Ambassadeur 68700	Bibi 31564
[illegible]	89460	noir	1909	Castor 62398	Cocotte 49882
[illegible]	89484	gris-vin.	1909	Castor 62398	Poule 55739
[illegible]	89518	gris	1909	Siphon 60328	Margot 55740
[illegible]	85790	gris-f.-v.	1909	Buffon 66472	Brillante 47740
[illegible]ier	86981	noir	1909	Actionnaire 64675	Poule II 26349
[illegible]ier	88034	noir	1909	Taupier 63548	Sophie 48129
[illegible]ier	88204	noir	1909	Macaron 67982	Fauvette 74994
[illegible]stat	84808	gris	1909	Fanfaron 66860	Catherine 49186
[illegible]stat	86427	noir-rub.	1909	Cyclone 65280	Cabine 54837
[illegible]stat	87405	bai-brun	1909	Truc 67197	Vigoureuse 55962
[illegible]stat	88476	noir	1909	Oscar 45901	Sylviane 67599
[illegible]	85628	gris	1909	Espiègle 64024	Cocotte 48092
[illegible]	85737	gris-foncé	1909	Aiguillon 66905	Canette 73344
[illegible]	89086	noir	1909	Directeur 68271	Rivale 53646
[illegible]rasse	86964	noir	1909	Marindas 62414	Lisette 50357
[illegible]rcieu	84710	noir-zain	1909	Guillaume 65112	Rosette 61313
[illegible]rcieu	88424	noir	1909	Quinquina 68945	Pirouette 64411
[illegible]rd	83692	noir	1909	Calicot 66928	Passerelle 65212
[illegible]rd	88207	gris-foncé	1909	Cyclone 65280	Charmante 43746
[illegible]rd	88425	gris-foncé	1909	Casino 63452	Jachère 67733
[illegible]rd	89239	noir	1909	Avocat 66303	Rustique 54093
[illegible]rdam	89072	gris	1909	Rolland 60321	Poule 49651
[illegible]rdia	83833	noir	1909	Cornil 65315	Gandame 43801
[illegible]rdin	84810	bai-brun	1909	Guillaume 65112	Carmen 65446
[illegible]rdin	84989	gris	1909	Pirot 67431	Rochette 54437
[illegible]rdin	85629	noir	1909	Espiègle 64024	Adèle 48093
[illegible]rdin	86032	noir	1909	Véga 68250	Sentinelle 47878
[illegible]rdin	86311	gris-foncé	1909	Michelet 65179	Rosette 64156
[illegible]rdin	87205	gris	1909	Douvreur-ex-Couvreur 58335	Moustache 57519
[illegible]ardin	87406	noir	1909	Adjudant 68232	Lucrèce 34468
[illegible]ardin	88209	gris-foncé	1909	Cyclone 65280	Rustique 50571
[illegible]ardin	88427	noir-zain	1909	Quinquina 68945	Charmante 75007
[illegible]ardin	88958	noir	1909	Tigris 68463	Moka 50522
[illegible]ardin	89087	noir	1909	Directeur 68271	Etoile 64954
[illegible]ardin	89290	noir	1909	Cratère 69004	Mouthe 50019
[illegible]ardin	89416	noir	1909	Marcuil 53313	Japonaise 59259
[illegible]ardin	89549	noir	1909	Rolland 60321	Magicienne 37409

NOM	N°	ROBE	Naissance	PÈRE	MÈRE
Jardinet	85084	noir	1909	Laricot 68469	Lisette 58503
Jardinet	85632	gris-vin.	1909	Buffalo 65614	Turquoise 47719
Jardinet	86186	gris-c.-r.	1909	Berlucheur 65107	Coquette 78431
Jardineux	84229	noir	1909	Pandore 68677	Violette 84816
Jardineux	85639	gris	1909	Carnot 66666	Logette 57191
Jardinier	83639	noir	1909	Paulus 58125	Paquerette 78421
Jardinier	86609	noir	1909	Andrinople 65226	Mirabelle 26213
Jardinier	86700	noir	1909	Etudiant 59291	Hirondelle 65659
Jardinier	86965	noir	1909	Aspirant 65078	Pélagie 37805
Jardinier	88032	bai t. br.	1909	Faisan 68627	Bleue 59721
Jardinier	88798	noir	1909	Ludovic 47508	Favorite 48081
Jardinier	89548	gris-foncé	1909	Rolland 60321	Pascaline 49373
Jardon	83861	noir	1909	Dégel 45100	Finette 81726
Jardon	84990	bai-chat.	1909	Agathon 65668	Colinette 47721
Jardon	85788	noir	1909	Buffon 66472	Odette 55206
Jardon	86187	alezan	1909	Général 66386	Margot 54619
Jardon	87135	noir	1909	Marindas 62414	Margot 56683
Jardon	88213	gris-foncé	1909	Cyclone 65280	Gavroche 72942
Jardon	89089	noir	1909	Kado 68413	Césarine 32280
Jardonet	85316	noir	1909	Batelier 58094	Espague 63090
Jardres	84709	gris-foncé	1909	Epinal 65631	Coquette 73366
Jargeau	84812	noir	1909	Paulus 58125	Vaillante 56887
Jargeau	86068	noir	1909	Guillaume 65112	Pélagie 47205
Jargeau	87409	gris-foncé	1909	Méritant 65126	Belleface 30307
Jargeau	87528	gris-noir	1909	Laerte 68302	Léda 43813
Jargeau	88429	noir	1909	Quinquina 68945	Mervilla 59739
Jargeau	88535	noir	1909	Acrobate 68416	Paquita 38653
Jargeau	88708	noir-zain	1909	Ermite 44360	Bleuette 61362
Jargeau	89240	noir	1909	Avocat 66303	Titine 65514
Jargon	84628	gris-foncé	1909	Galetas 72194	Collette 50787
Jargon	84851	gris-foncé	1909	Villers 61613	Colosse 47273
Jargon	85570	gris	1909	Fernand 65262	Cavalcade 60438
Jargon	86029	noir	1909	Véga 68250	Clématile 55888
Jargon	86815	noir	1909	Médaillon 48940	Castille 24897
Jargon	86880	noir	1909	Mahkarof 63877	Rosace 56317
Jargon	88132	gris bleu	1909	Abraham 66389	Lisa 61433
Jargon	88215	gris-foncé	1909	Acrobate 68416	Moustache 40133
Jargon	88676	bai-f.-z.	1909	Brick 63206	Bienfaisante 63189
Jargon	89312	noir	1909	Castor 62398	Jolie 49878
Jargon	89365	gris	1909	Cratére 69004	Mascara 44281
Jargon	89378	noir	1909	Mareuil 53313	Risette 50500
Jargon	89454	gris-clair	1909	Castor 62398	Bichette 58826
Jargon	89542	gris	1909	Siphon 60328	Charlotte 49083
Jargon	89547	gris-zain	1909	Rolland 60321	Feuillantine 42302
Jargonneur	84213	gris-noir	1909	Faisan 68627	Basilide 64431

NOM	N°	ROBE	Naissance	PÈRE	MÈRE
Jarick	89400	gris-noir	1909	Mareuil 53313	Petit-Rouge 50231
Jarjen	86982	noir	1909	Marindas 62414	Caline 36503
Jarlet	86523	noir	1909	Chartres ex Coco 56130	Poulette 48038
Jarnault	86313	gris	1909	Olivier 58082	Elisa 35433
Jarnac	84188	gris-foncé	1909	Etudiant 59291	Castille 54181
Jarnac	84712	noir	1909	Guillaume 65112	Brillante 58987
Jarnac	84813	noir	1909	Paulus 58125	Mouvette 50335
Jarnac	85751	gris-r.	1909	Paulus 58125	Brebis 84415
Jarnac	86444	bai-brun	1909	Carnot 66666	Pépita 34888
Jarnac	86673	noir	1909	Cocantin 54388	Boulotte 57429
Jarnac	86812	noir	1909	Madère 58886	Genette 73075
Jarnac	86936	gris	1909	Bambocheur 62018	Gourmande 69060
Jarnac	87408	noir	1909	Truc 67197	Fauvette 35168
Jarnac	87493	gris-vin.	1909	Fructueux 64723	Coquette 81699
Jarnac	87974	noir-m.-t.	1909	Abraham 66389	Rosa 54381
Jarnac	88431	noir	1909	Vaudemont 60507	Eliane 67719
Jarnac	88709	noir	1909	Verdun 41665	Idolé 42187
Jarnac	89040	noir	1909	Forbonet-ex-Orateur 65548	Dogaresse 41297
Jarnac	89110	gris	1909	Dentiste 64398	Gauloise 72719
Jarnac	89208	bai	1909	Victorieux 64124	Gauloise 71441
Jarnac	89241	bai	1909	Kalydor 64213	Belladonne 48045
Jarnac	89289	noir	1909	Cratère 69004	Fauvette 47484
Jarnac	89350	gris-foncé	1909	Florentin II 67155	Poule 49424
Jarnages	85472	noir	1909	Villers 61613	Rosette 50650
Jarnicoton	84230	noir	1909	Beau-Poil 67273	Polka 75251
Jarnicoton	88057	gris-foncé	1909	Salvator 62673	Carlotta 37219
Jarneloux	85514	noir	1909	Fier-à-Bras 65250	L'Amie 54428
Jarneloux	88432	noir	1909	Médaillon 48940	Charlotte 67927
Jarny	84147	noir	1909	Olivier 58082	Biche 50556
Jarny	85192	noir	1909	Guillaume 65112	Bichette 50666
Jarny	85520	bai	1909	Conscrit 62063	Coquette 54550
Jarny	88434	gris-foncé	1909	Valory 58112	Lava 67722
Jarret	84437	gris-foncé	1909	Valory 58112	Charmante 74999
Jarret	84993	gris	1909	Boileau 59048	Coquette 54450
Jarret	85938	noir zain	1909	Carnot 66666	Brunette 50000
Jarret	86816	noir	1909	Médaillon 48940	Droguette 35855
Jarret	88216	noir	1909	Acrobate 68416	Gogelle 70447
Jarret	89242	noir	1909	Kalydor 64213	Allouette 48155
Jarreté	85964	noir	1909	Croquis 68451	Gazelle 69920
Jarroux	86360	noir	1909	Carnot 66666	Gavotte 68376
Jarrier	84161	gris-foncé	1909	Salvator 62673	Faisante 35109
Jarrier	85522	noir-m.-t.	1909	Myrte 66768	Pâquerette 48182
Jarrier	88438	noir	1909	Casino 65452	Civette 46422
Jarron	84994	gris	1909	Boileau 59048	Castille 58462
Jarron	87209	noir-zain	1909	Christian 67392	Coquette 68257

NOM	N°	ROBE	Naissance	PÈRE	MÈRE
Jarrex	88217	noir	1909	Piqueur 68432	Gauloise 72739
Jarrex	89090	gris	1909	Ambassadeur 68700	Fleurette 48200
Jarrew	87415	gris-foncé	1909	Doris 67974	Dona 60675
Jarry	84941	gris-vin.	1909	Abdéram 66381	Pirouette 65632
Jarry	85085	noir	1909	Fier-à-Bras 65250	Vanille 52830
Jars	84234	noir	1909	Casino 65452	Polka 50266
Jars	85880	noir	1909	Andrinople 65226	Fiancée 50763
Jars	86024	gris-foncé	1909	Coquet 69131	Nue 38475
Jars	86315	gris-foncé	1909	Mortier 67879	Ballotage 67847
Jars	86799	gris	1909	Vazy 53265	Castille 84526
Jars	86835	noir	1909	Madère 58886	Gavotte 84517
Jars	87034	noir	1909	Marindas 62414	Finette 65945
Jars	87203	gris-clair	1909	Douvreur-ex-Couvreur 58335	Perrine 42117
Jars	87540	noir-zain	1909	Hidalgo 68111	Thérèsa 45328
Jars	88030	gris foncé	1909	Ducat 68923	Biche II 33066
Jars	88218	gris-foncé	1909	Piqueur 68432	Poreuse 69023
Jars	88440	noir	1909	Oscar 45901	Galantine 72898
Jars	89453	gris	1909	Canrobert 63005	Germaine 81606
Jarsy	85053	gris foncé	1909	Dégel 45100	Rosette 54356
Jarsy	85538	gris-foncé	1909	Taupier 63548	Espiègle 69074
Jarsy	88442	gris-foncé	1909	Acajou 66587	Boussole 60028
Jarville	85054	alezan	1909	Dégel 45100	Denise 55327
Jarvin	89526	gris	1909	Siphon 60328	Gélique 49871
Jarzé	85056	noir	1909	Villers 61613	Rigolette 50005
Jarzé	88443	noir	1909	Casino 65452	Absente 61784
Jas	83708	gris	1909	Célibat 64968	Pelote 54315
Jas	83967	gris-foncé	1909	Pandore 68677	Biche 49437
Jas	84241	gris	1909	Singeur 66756	Rose-Grise 43167
Jas	84997	noir	1909	Abdéram 66381	Galathée 34990
Jas	86556	noir	1909	Carnot 66666	Kermesse 54613
Jas	87210	noir-zain	1909	Marathon 66841	Favorite 36272
Jas	88219	bai t. f.	1909	Piqueur 68432	Louisiane 60781
Jas	88444	noir	1909	Casino 65452	Statuette 56205
Jas	89243	gris	1909	Moulinet 68017	Galipette 70046
Jaser	85361	gris-foncé	1909	Berlucheur 65407	Coquette 54434
Jaser	87214	gris-foncé	1909	Ronchon 68123	Lisette 36884
Jaseran	83694	noir	1909	Albertus 65317	Geneviève 69413
Jaseran	85641	noir m. t.	1909	Carnot 66666	Briolante 43655
Jaseran	88220	gris-foncé	1909	Piqueur 68432	Gentille 44193
Jaseron	83939	noir	1909	Laricot 68469	Mirobolante 47708
Jaseron	84730	gris	1909	Jolibois 66958	Pelotte 50081
Jaseron	86836	noir	1909	Mahkarof 63877	Biche 39389
Jaseron	88943	noir	1909	Facteur 53509	Julie 29338
Jaseur	83597	noir	1909	Buffon 66472	Girouette 61631
Jaseur	85902	gris	1909	Méritant 65426	Grisette 53173

NOM	Nº	ROBE	Naissance	PÈRE	MÈRE
[illegible]	87042	gris	1909	Aspirant 65078	Fleurette 66030
[illegible]	88028	noir-m.-t.	1909	Amilly 66447	Thadéa 51933
[illegible]	88087	gris-fer-f.	1909	Aiguillon 66905	Goëlette 72791
[illegible]	88222	noir	1909	Acrobate 68416	Rose 54073
[illegible]	88880	gris-foncé	1909	Blésois 65917	Bavette 67040
[illegible]	89381	gris-foncé	1909	Vaillant 62401	Virginie 52785
[illegible]	89506	noir-zain	1909	Bataclan 67152	Maria 50713
[illegible]	87038	noir	1909	Souack II 46965	Marie 66024
[illegible]	83665	gris	1909	Olivier 58082	Bijou 61201
[illegible]	83832	noir	1909	Cornil 65315	Xalapa 62724
[illegible]	83835	gris	1909	Rupin 65256	Ilotte 47225
[illegible]	83920	noir	1909	Dégel 45100	Gothic 71380
[illegible]	83963	gris t. f.	1909	Coco 46855	Poule 50315
[illegible]	84814	gris	1909	Paulus 58125	Braisette 50332
[illegible]	84998	gris	1909	Agathon 65668	Gérardette 53861
[illegible]	85182	noir	1909	Espiègle 64024	Biche 54017
[illegible]	85245	noir-zain	1909	Fier-à-Bras 65250	Didine 63884
[illegible]	85483	noir	1909	Buffon 66472	Rigolette 57254
[illegible]	85557	gris	1909	Sistori 66964	Charmante 43247
[illegible]	85581	bai	1909	Paulus 58125	Pelote 53637
[illegible]	85906	noir-zain	1909	Glucose 62232	Giffle 69732
[illegible]	86193	gris-foncé	1909	Olivier 58082	Madelon 49869
[illegible]	86634	noir	1909	Bizot 67779	Etoupe 62639
[illegible]	86846	gris	1909	Médaillon 48940	Régente 67597
[illegible]	86931	noir-zain	1909	Candidat 65166	Coquette 84535
[illegible]	87158	noir	1909	Ronchon 68123	Coquette 49554
[illegible]	87219	gris-noir	1909	Sambetta 69149	Espérance 36025
[illegible]	87416	gris-noir	1909	Blésois 65917	Olivette 43367
[illegible]	88112	noir	1909	Salvator 62673	Biche 50755
[illegible]	88223	noir	1909	Pirus 59613	Marquise 81833
[illegible]	88538	gris-fer	1909	Cyclone 67659	Flamande 62274
[illegible]	88679	gris	1909	Facteur 53509	Divette 73322
[illegible]	88879	noir	1909	Blésois 65917	Edda 42194
[illegible]	88953	gris-foncé	1909	Rivoli 58502	Adria 39083
[illegible]	89098	gris	1909	Directeur 68271	Pâquerette 45964
[illegible]	89210	gris	1909	Victorieux 64124	Galantine 70929
[illegible]	89379	noir	1909	Mareuil 53313	Julia 42268
[illegible]	89422	gris	1909	Siphon 60328	Margot 49886
[illegible]	89622	noir	1909	Conscrit 62063	Lunette 68417
[illegible]	89624	noir	1909	Exploit 67202	Castille 47168
[illegible]	85983	gris-foncé	1909	Lafrime 67501	Bijou 53630
[illegible]	85057	gris-clair	1909	Villers 61643	Léonce 47934
[illegible]	86316	gris	1909	Général 66386	Biche 59251
[illegible]	88445	gris-foncé	1909	Casino 65452	Théodorade 51777
[illegible]	83649	gris	1909	Vainqueur 62112	Grossegerbe 70201

NOM	N°	ROBE	Naissance	PÈRE	MÈRE
Jason	84938	gris	1909	Abd-el-Moumen 66380	Rapide 64932
Jason	85186	gris-clair	1909	Laricot 68469	Solania 44120
Jason	85493	noir	1909	Carnot 66666	Coquette 50587
Jason	86157	gris-noir	1909	Célibat 64968	Grivette 71055
Jason	86475	gris	1909	Complaisant 68761	Brigitte 67074
Jason	86750	noir	1909	Castillan 45000	Mignonne 84540
Jason	87417	gris-c.-v.	1909	Vésuve 67514	Canadienne 44383
Jason	87943	gris-noir	1909	Montaigu 67695	Rorick 62848
Jason	88541	gris-foncé	1909	Cyclone 67659	Régine 59894
Jason	89007	noir	1909	Kado 68413	L'Amie 43034
Jason	89211	gris	1909	Anticosto 67745	Gobeuse 71413
Jaspage	84999	noir	1909	Abd-el-Moumen 66380	Margot 47964
Jaspage	88225	gris-foncé	1909	Français 61885	Madère 49498
Jaspe	85000	noir	1909	Pirot 67431	Poule 61972
Jaspe	86130	noir	1909	Glucose 62232	Norwège 68052
Jaspe	86829	noir	1909	Mahkarof 63877	Lisette 54161
Jaspé	87035	gris	1909	Marindas 62414	Bichette 66020
Jaspe	88224	gris-foncé	1909	Ronchon 68123	Glaneuse 71975
Jaspe	89009	gris	1909	Directeur 68271	Clairvoyante 67683
Jaspé	89438	noir-zain	1909	Téméraire 62465	Bleue 49982
Jasper	85334	noir	1909	Avocat 66303	Négresse 67095
Jasper	87091	gris	1909	Marindas 62414	Bijou 50245
Jaspic	89462	gris	1909	Siphon 60328	Bordelaise 32264
Jassans	88447	noir	1909	Quinquina 68945	Charmante 54506
Jassay	86426	gris	1909	Cyclone 65280	Giboulée 71408
Jasseron	85310	noir	1909	Moulinet 68017	Biche 49574
Jasseron	87541	noir	1909	Hidalgo 68111	Sariette 64357
Jasseron	88448	noir	1909	Oscar 45901	Bijou 61529
Jasses	85058	noir	1909	Villers 61613	Actrice 66706
Jassy	85183	gris	1909	Stanley 62078	Ega 35431
Jat	87030	gris	1909	Souack II 46965	Louisette 65916
Jatahy	87041	noir	1909	Aspirant 65078	Poule 56704
Jatahy	88011	gris-f.-f.	1909	Faisan 68627	Pouponnière 47802
Jatinum	84156	noir	1909	Taupier 63548	Souris 61362
Jativa	84083	noir	1909	Ixopo 68619	Pelotte 50401
Jatxeu	85059	noir	1909	Villers 61613	Glycérine 70737
Jatxou	86317	noir	1909	Général 66386	Souris 64070
Jau	83998	noir	1909	Conscrit 62063	Margot 58273
Jaubard	83612	noir	1909	Paulus 58125	Margot 61419
Jaubart	86493	gris	1909	Etudiant 59291	Cora 53107
Jaubert	86155	gris noir	1909	Myrte 66768	Galantine 70687
Jaubert	88545	noir	1909	Acrobate 68416	Muscade 49697
Jaucourt	84815	gris-clair	1909	Guillaume 65112	Lamie 47816
Jaucourt	85060	noir	1909	Conscrit 62063	Pelotte 54452
Jaucourt	85094	noir	1909	Laricot 68469	Pelotte 65583

NOM	N°	ROBE	Naissance	PÈRE	MÈRE
[illegible]court	85497	noir	1909	Carnot 66666	Berline 47845
[illegible]court	88546	gris-foncé	1909	Acrobate 68416	Mignonne 57253
[illegible]	88863	noir	1909	Primeur 68044	Comète 64241
[illegible]drale	85064	bai clair	1909	Conscrit 62063	Coquette 53974
[illegible]drale	88451	noir	1909	Quinquina 68945	Gaufrette 73384
[illegible]ger	85330	gris	1909	Directeur 66448	Mouvette 58982
[illegible]geur	83940	noir-zain.	1909	Laricot 68469	Mouvette 50434
[illegible]geur	85778	noir	1909	Buffon 66472	L'Amie 49758
[illegible]geur	88226	noir	1909	Piqueur 68432	Stella 60391
[illegible]jac	85063	noir	1909	Laricot 68469	Lisette 54339
[illegible]jac	88452	gris-fer	1909	Rataplan 66742	Charlotte 42135
[illegible]inay	86318	noir	1909	Mortier 67879	Brichette 62557
[illegible]ineau	83941	bai-brun	1909	Fier-à-Bras 65150	Bibie 58232
[illegible]lay	86319	noir	1909	Clair-de-Lune 67183	Pelote 53557
[illegible]alzy	85539	noir	1909	Taupier 63548	Gosse 75208
[illegible]lzy	89244	gris-foncé	1909	Moulinet 68047	Adalvise 51460
[illegible]	84826	noir	1909	Méritant 65426	Pâquerette 50807
[illegible]	86320	noir	1909	Mortier 67879	Cérès 66975
[illegible]ne	88227	gris-foncé	1909	Acrobate 68416	Melbourne 51421
[illegible]ne	89100	noir	1909	Directeur 68271	Mignonne 27774
Janneau	86197	gris-foncé	1909	Coco 46855	Pierrette 49844
Janneau	88228	noir	1909	Casino 65452	Frida 44279
[illegible]ureau	89101	bai	1909	Directeur 68271	Jacqueline 39176
[illegible]elet	85004	noir-rub.	1909	Dollar 62383	Sœurette 48016
[illegible]elet	88229	noir	1909	Casino 65452	Coquette 56580
[illegible]eures	85475	gris-noir	1909	Villers 64613	Mirabelle 45272
[illegible]net	85390	bai-chât.	1909	Lafrime 67501	Givette 70342
Jaunet	86131	noir	1909	Moulinet 68047	Marcelline 65431
Jaunet	86198	gris-vin.	1909	Coco 46855	Pelote 53813
Jaunet	86522	noir	1909	Chartres-ex-Coco 56130	Cendrine 46298
Jaunet	86917	alezan-a.	1909	Mahkarof 63877	Lisette 75217
Jaunet	87026	noir	1909	Actionnaire 64675	Louisette 59921
Jaunet	87989	noir-zain	1909	Faisan 68627	Feuillée 63311
Jaunet	89103	gris	1909	Tigris 68463	Biche 28033
Jauphéthique	85620	gris	1909	Guillaume 65112	Ablution 66371
Jaurès	84050	bai-chât.	1909	Abdéram 66381	Gondoline 71233
Jaurès	85024	noir	1909	Souack II 46965	Crampe 53937
Jaurès	85181	gris	1909	Coco 46855	Margot 78555
Jaurès	85985	noir	1909	Etudiant 59291	Chopine 67236
Jaurès	86158	gris	1909	Avocat 66303	Grivette 43342
Jaurès	88548	noir	1909	Oscar 45901	Lucerne 68712
Jaurès	88846	noir	1909	Télémaque 68172	Camarilla 68950
Jauru	87036	bai	1909	Denonville-ex-Sarthois 60531	Bijou 62540
Jauru	88119	noir	1909	Amilly 66447	Irma 57516
Jausemus	84079	noir	1909	Espiègle 64024	Reine 40437

NOM	N°	ROBE	Naissance	PÈRE	MÈRE
Jauville	88706	gris	1909	Ermite 44360	Gouvernante 43059
Jauvry	84711	noir	1909	Guillaume 65112	Joviale 63076
Jauvry	86308	gris-rou.	1909	Clair de Lune 67183	Jubine 68894
Jauvry	88419	noir	1909	Macaron 67982	Valentine 56219
Jaux	87542	gris	1909	Truc 67197	Radieuse 36863
Jauzé	84572	gris-foncé	1909	Guillaume 65112	Rosette 50582
Jauzé	86023	alezan	1909	Sistori 66964	Chopine 64017
Java	86436	noir	1909	Cyclone 65280	Guitare 71706
Java	87108	gris	1909	Colon 65462	Jaune 50039
Java	89390	noir	1909	Cratère 69004	Charlotte 50281
Javal	84606	gris-foncé	1909	Pépin 66724	Campagne 48168
Javalon	89439	noir	1909	Téméraire 62465	Noire 35502
Javan	87023	noir	1909	Doeld-en-Nord 58945	Bouteille 48117
Javan	88109	gris-fer f.	1909	Faisan 68627	Lisette 73336
Javanais	83811	gris-foncé	1909	Boileau 59048	Minette 50593
Javanais	85005	bai	1909	Dollar 62383	Gripette 70223
Javanais	87220	noir	1909	Rataplan 66742	Brillante 39475
Javanais	88681	noir	1909	Verdun 41665	Gabare 73182
Javanais	89315	gris-foncé	1909	Castor 62398	Roulette 58920
Javanais	89485	noir	1909	Florentin II 67155	Malvina 42867
Javance	86584	bai	1909	Batelier 58094	Duchesse 56121
Javari	86639	gris	1909	Vagabond 68854	Charlotte 49608
Javarin	89525	bai foncé	1909	Siphon 60328	Gavotte 72507
Javart	85006	noir	1909	Dollar 62383	Fabiola 61697
Javart	85270	bai-cerise	1909	Etudiant 59291	Lisette 50400
Javart	85647	gris	1909	Epinal 65631	Menouille 57075
Javart	87221	gris-noir	1909	Lablache 68289	Mignonne 32706
Javart	88234	noir-zain	1909	Casino 65452	Sibelle 50621
Javart	89104	gris	1909	Tigris 68463	Cocotte 28032
Javart	89625	noir	1909	Exploit 67202	Brimade 54478
Javary	89383	noir	1909	Téméraire 62465	Bleue 50124
Javary	89545	noir	1909	Bataclan 67152	Velleda 52777
Javeau	83854	gris	1909	Abdéram 66381	Pâquerette 59330
Javeau	85353	gris-foncé	1909	Etudiant 59291	Bijou 75184
Javeau	85648	gris	1909	Folichon 67442	L'Amie 49247
Javeau	86756	noir	1909	Madère 58886	Perrette 55263
Javeau	87104	gris	1909	Actionnaire 64675	Carabie 49821
Javeau	87223	gris-foncé	1909	Lablache 68289	Marquise 55834
Javeau	88107	noir	1909	Amilly 66447	Rossinante 68134
Javeau	88235	noir m. t.	1909	Oscar 45901	Eva 63684
Javeau	89310	noir	1909	Vaillant 62401	Féodora 33815
Javel	85096	noir	1909	Villers 61613	Sorbonne 47893
Javeleur	85352	bai	1909	Lafrime 67501	Rustique 54554
Javeleur	85362	gris t. f.	1909	Mortier 67879	Virginie 64443
Javeleur	86758	gris	1909	Madère 58886	Bichette 55084

NOM	N°	ROBE	Naissance	PÈRE	MÈRE
[illegible]	87224	bai	1909	Lablache 68289	Mignonne 61379
[illegible]	89543	noir	1909	Florentin II 67155	L'Amie 55728
[illegible]	88108	noir	1909	Faisan 68627	Charmante 47871
[illegible]	85339	noir	1909	Avocat 66303	Grignette 71234
[illegible]	85468	noir	1909	Lafrime 67501	Raclette 54821
[illegible]	85650	noir	1909	Folichon 67442	Taupette 64520
[illegible]	85798	noir-zain	1909	Fanfaron 66860	Pâquerette 47883
[illegible]	86000	noir	1909	Etudiant 59291	Aigrette 47196
[illegible]	86133	noir	1909	Glucose 62232	Rigolette 61469
[illegible]	86621	gris-foncé	1909	Victorien-dit-Valançan 52005	Minette 64327
[illegible]	86703	bai-brun	1909	Agathon 65668	Jo 48058
[illegible]	86730	noir	1909	Major 60014	Gentille 84520
[illegible]	86740	noir	1909	Tamerlan 46369	Ramette 55149
[illegible]	86766	gris	1909	Blésois 65917	Lisette 48109
[illegible]	87106	noir	1909	Aspirant 65078	Julie 49497
[illegible]	87226	noir	1909	Marathon 66841	Bamboche 41487
[illegible]	88236	gris-foncé	1909	Casino 65452	Coquette 75020
[illegible]	88684	bai-foncé	1909	Tamerlan 46369	Favorette 73387
[illegible]	89112	gris	1909	Vol-au-Vent 64112	Tulipe 57118
[illegible]	89321	gris-foncé	1909	Castor 62398	Cocotte 49888
[illegible]	89417	gris	1909	Mareuil 53313	Biche 62433
[illegible]	89499	noir	1909	Bataclan 67152	Souveraine 39594
[illegible]	86321	noir	1909	Pandore 68677	Radegonde 40494
[illegible]	86574	gris-noir	1909	Etudiant 59291	Almyre 25761
[illegible]	87544	noir	1909	Hidalgo 68111	Bicyclette 60611
[illegible]	89515	noir	1909	Vaillant 62401	Canette 50238
[illegible]	85303	noir	1909	Oscar 45901	Raquette 59689
[illegible]	86322	noir	1909	Arlequin 65573	Margot 64965
[illegible]	87545	gris	1909	Stentor 65378	Nipponne 60618
[illegible]	84086	noir	1909	Biberon 67515	Sagesse 43981
[illegible]	84573	noir-zain	1909	Guillaume 65112	Rosette 73339
[illegible]	85498	gris	1909	Carnot 66666	Pendule 47103
[illegible]	85935	gris-foncé	1909	Triolet 66843	Fatma 55793
[illegible]	86159	gris	1909	Moulinet 68017	Mouvette 50181
[illegible]	87420	gris	1909	Pasteur 68686	Rolande 37118
[illegible]	88549	gris-foncé	1909	Acrobate 68416	Malvina 59874
[illegible] Jayac	87546	gris	1909	Stentor 65378	Grisette 56080
[illegible] Jayac	89245	noir	1909	Moulinet 68017	Lisette 44140
[illegible] Jayet	88575	noir	1909	Tamarin 66451	Glorieuse 41319
[illegible] Jayet	85317	gris	1909	Avocat 66303	Grenadine 70718
[illegible] Jayet	86135	noir	1909	Avocat 66303	Finette 55191
[illegible] Jayet	87227	gris-noir	1909	Marathon 66841	Ernestine 39474
[illegible] Jayet	88238	noir	1909	Casino 65452	Charlotte 75021
[illegible] Jayet	89114	noir	1909	Vol-au-Vent 64112	Poulette 14835
[illegible] Jazeneuil	88579	gris-foncé	1909	Champigny-ex-Roblon 56073	Pascaline 60020

NOM	N°	ROBE	Naissance	PÈRE	MÈRE
Jazeran	83855	noir	1909	Labrador 66840	Mouvette 62031
Jazeran	85780	gris foncé	1909	Buffon 66472	Cocotte 54483
Jazons	85923	noir	1909	Méritant 65126	Salière 60831
Jo	83598	noir	1909	Buffon 66472	Équateure 66754
Jo	88239	noir	1909	Madère 58886	Charmante 49744
Jean	84942	gris	1909	Bellâtre 62312	Oubliette 62159
Jean	86327	noir de j.	1909	Vainqueur 62112	Nadège 62291
Jean	86607	noir	1909	Souack II 46965	Grisette 58492
Jean	87421	gris-bleu	1909	Vésuve 67514	Colombine 41236
Jean	88794	gris-foncé	1909	Blésois 65917	Bijou 50543
Jeanbart	85755	gris	1909	Lama 68543	Bourgogne 53462
Jeanbart	89442	noir	1909	Cratère 69004	Gamine 72494
Jean-Bart	83546	noir	1909	Blésois 65917	Académie 64716
Jean-Bart	84124	gris-foncé	1909	Général 66386	L'Amie 42659
Jean-Bart	85166	noir	1909	Waterloo 64589	Margot 57930
Jean-Bart	85487	noir	1909	Carnot 66666	Alise 58009
Jean-Bart	86295	noir	1909	Mortier 67879	Custine 73188
Jean-Bart	86379	noir	1909	Carnot 66666	Musette 53330
Jean-Bart	86605	gris	1909	Souack II 46965	Égone 66423
Jean-Bart	88779	noir	1909	Télémaque 68172	Livie 34765
Jean-Bart	89106	bai	1909	Dentiste 64398	Royale 78428
Jean-Bœuff	86416	noir zain	1909	Biberon 67515	Berluche 63154
Jean-de-la-Lune	88916	noir	1909	Laerte 68302	Libertine 61043
Jean-Drim	85962	noir	1909	Complaisant 68764	Gertrude 56002
Jean-Frolle	85466	gris-ard.	1909	Étudiant 59291	Cousine 50523
Jean-Hiroux	88814	gris-foncé	1909	Télémaque 68172	Soyeuse 51046
Jean-Jack	85863	noir	1909	Étudiant 59291	Sabine 52114
Jean-Kinn	86540	gris-foncé	1909	Méritant 65126	Guérite 73016
Jean Nicot	86054	noir-zain	1909	Triolet 66843	Ninette 66692
Jeannin	85241	gris-foncé	1909	Méritant 65126	Constance 38244
Jeannin	86161	gris	1909	Moulinet 68017	Titine 68653
Jeannin	87422	noir-zain	1909	Cloriadec 64615	Devinette 68283
Jeannin	88552	gris-foncé	1909	Casino 65452	Mascotte 48150
Jeannin	89212	gris-foncé	1909	Victorieux 64124	Godiche 42064
Jean-Nivelle	86511	noir	1909	Cyclone 65280	Bévue 54952
Jean-Nivelle	88914	gris-foncé	1909	Vésuve 67514	Fanchette 36970
Jean-Nivelle	89160	gris	1909	Décime 60587	Pelotte 49400
Jean-Noir	88818	noir	1909	Ermite 44360	Mignonne 50544
Jeannot	85858	gris	1909	Fernand 65262	Hirondelle 51997
Jeannot	86647	noir	1909	Lilas 67751	Rosette 84467
Jeannot II	88774	noir	1909	Télémaque 68172	Aurore 49914
Jean-Pierre	86597	noir	1909	Trompeur 67881	Uzès 46336
Jeanpil	85253	gris-foncé	1909	Véga 68250	Lisette II 84380
Jean-Pressé	85977	gris	1909	Pépin 66724	Mignonne 47194
Jean-qui-Pleure	88770	gris-vin.	1909	Télémaque 68172	Julie 49916

NOM	N°	ROBE	Naissance	PÈRE	MÈRE
Jean-qui-rit	88772	gris-clair	1909	Télémaque 68172	Bijou 28284
Jeanron	85228	gris-r.	1909	Pépin 66724	Seynette 68406
Jeanron	86162	noir	1909	Avocat 66303	Bergeronnette 64274
Jeançon	87424	noir	1909	Accessit 64700	Frivole 41307
Jeanron	88553	noir	1909	Espiègle 64024	Minette 55240
Jeanron	89213	alezan	1909	Ambassadeur 68700	Manille 20684
Jean-Rygel	88797	noir	1909	Ludovic 47508	Mignonne 54253
Jéantes	84723	gris-foncé	1909	Waterloo 64589	Remuante 62375
Jéantes	86324	gris-foncé	1909	Coco 46855	Thébaïde 33422
Jéantes	88584	noir	1909	Douvreur-ex-Couvreur 58335	Gimblette 70316
Jéau	84067	noir	1909	Guillaume 65112	Ténébreuse 52834
Jéau	84859	gris-clair	1909	Agathon 65668	Brioche 44128
Jeancourt	88581	noir-zain	1909	Doguet 69142	Linette 64998
Jeanron	84110	gris t. f.	1909	Guillaume 65112	Jubine 53017
Jéhuséon	85205	gris-fer-f.	1909	Abraham 66389	Charlotte Corday 37194
Jéhuséon	87427	gris-foncé	1909	Vésuve 67514	Lisa 49345
Jéhuséona	84569	gris	1909	Général 66386	Pelotte 39402
Jéchars	84861	alezan	1909	Syndicat 65169	Gelatine 70755
Jéchonias	86060	noir	1909	Taupier 63548	Verveine 67297
Jéchonias	86163	gris	1909	Moulinet 68017	Crevette 53704
Jéchonias	87426	gris-bleu	1909	Laërte 68302	Pâquerette 49344
Jéchonias	88710	gris-noir	1909	Sylvestre 60827	Ella 24554
Jécker	86055	alezan-b.	1909	Biberon 67515	Ronflette 50798
Jéclair	84862	alezan	1909	Trompeur 67881	Rolande 68601
Jéclipse	84864	gris	1909	Trompeur 67881	Coquette 48101
Jéclipse	85849	noir	1909	Fanfaron 66860	Harmonie 67441
Jécluse	84863	gris	1909	Trompeur 67881	Chopine 63894
Jécoraire	85651	noir	1909	Folichon 67442	Cécile 58408
Jécoraire	88240	alezan-b.	1909	Candidat 65166	Lisette 49742
Jectator	88793	noir	1909	Primeur 68044	Camélia 35657
Jédat	86450	noir	1909	Sistori 66964	Léda 36653
Jeddéa	84081	noir	1909	Conscrit 62063	L'Amie 54314
Jeddéa	84574	noir	1909	Pandore 68677	Mirette 30441
Jeddéa	84780	gris	1909	Laricot 68469	Pelote 49296
Jeddéa	85683	noir	1909	Espiègle 64024	Gallette 70952
Jeddéa	89043	bai	1909	Directeur 68271	Camisole 68871
Jédéon	84687	noir	1909	Aspirant 65078	Galilée 69326
Jédutruc	85958	noir	1909	Album 65329	Féverole 47097
Jefferson	86164	gris	1909	Moulinet 68017	Zibline 65423
Jefferson	86477	noir	1909	Pirus 59613	Mirama 49739
Jefferson	87442	gris-foncé	1909	Laërte 68302	Agar 39084
Jefferson	88554	noir	1909	Espiègle 64024	Odorante 69072
Jeffreys	84108	gris-foncé	1909	Pandore 68677	Fleurette 64894
Jeffreys	86167	gris-noir	1909	Bellâtre 62312	Guérite 66327
Jeffreys	87428	gris-foncé	1909	Stentor 65378	Bijou 23602

NOM	N°	ROBE	Naissance	PÈRE	MÈRE
Jéfumé	85960	noir	1909	Croquis 68451	Minette 41005
Jegrim	86532	gris-foncé	1909	Véga 68250	Frime 66733
Jegun	84087	noir	1909	Villers 61613	Polka 54525
Jégun	84135	gris-foncé	1909	Epinal 65631	Marmotte 48161
Jégun	84724	noir	1909	Waterloo 64589	Aurore 59044
Jegun	84944	gris	1909	Vainqueur 62112	Primevère 46444
Jégun	85533	noir	1909	Général 66386	Biche 53533
Jégun	86170	gris-noir	1909	Bellâtre 62312	Rosette 54213
Jégun	86325	gris-foncé	1909	Coco 46855	Biche 49841
Jegun	87429	gris-foncé	1909	Vésuve 67514	Roséa 57483
Jegun	87547	gris-foncé	1909	Directeur 68271	Coquette 56406
Jégun	89246	gris	1909	Moulinet 68017	Vanille 59083
Jehan	89467	noir	1909	Castor 62398	Cherie 49896
Jehoud	87857	noir	1909	Taupier 63548	Charmante 84553
Jehoud	89409	gris-ard.	1909	Marcuil 53313	Thébaide 33485
Jehova	89511	noir	1909	Siphon 60328	Orpheline 37980
Jéhovah	84088	noir	1909	Casino 65452	Marienne 81800
Jéhovah	84945	gris	1909	Laricot 68469	Pernette 43707
Jéhovah	85474	gris	1909	Villers 61613	Brunette 75124
Jéhovah	85489	gris	1909	Carnot 66666	Manie 54847
Jéhovah	85831	gris-foncé	1909	Croquis 68451	Serpolette 60148
Jéhovah	86824	gris-foncé	1909	Cocantin 54388	Camisole 69073
Jéhovah	87430	noir	1909	Vésuve 67514	Coquette 42166
Jéhovah	88557	noir	1909	Acrobate 68416	Roulette 53569
Jéhovisme	85652	gris	1909	Epinal 65631	Sibèle 64519
Jéhovisme	88241	gris-foncé	1909	Macaron 67982	Biche 74997
Jéhu	83742	noir	1909	Fier-à-Bras 65250	Comédienne 46387
Jéhu	84173	gris-foncé	1909	Sistori 66964	Pelote 47364
Jéhu	85473	gris-foncé	1909	Villers 61613	Bijou 50171
Jéhu	86762	bai-b.-f.	1909	Madère 58886	Gentille 75253
Jehu	86869	bai-clair	1909	Castillan 45009	Bijou 84529
Jehu	88711	bai-brun	1909	Ermite 44360	Blasie 63225
Jehu	88871	gris	1909	Ludovic 47508	Saucisse 54172
Jéhu	89580	noir	1909	Espiègle 64024	Charmante 87700
Jejoint	85826	gris	1909	Véga 68250	Genette 70443
Jéjunum	84162	gris-bleu	1909	Salvator 62673	Giboulée 72018
Jejunum	85350	noir	1909	Bellâtre 62312	Malice 54305
Jéjunum	85654	noir	1909	Carnot 66666	Gola 72634
Jéjunum	88242	noir	1909	Taupin 65637	Breloque 63185
Jejunum	89116	bai	1909	Anticosto 67745	Brillante 42350
Jeklabouss	85824	noir-zain	1909	Véga 68250	Féverolle 62738
Jélakolic	86504	gris	1909	Album 65329	Pelote 50727
Jeliotte	83743	noir	1909	Abderam 66381	Fertoise 62832
Jeliotte	88559	noir	1909	Oscar 45901	Biche 75019
Jellachich	84089	noir	1909	Casino 65452	Charmante 81610

NOM	N°	ROBE	Naissance	PÈRE	MÈRE
...macult	85254	gris-foncé	1909	Complaisant 68761	Phydès 53153
...nary	85922	noir	1909	Méritant 65126	Michelle 47171
...mapes	86165	noir	1909	Myrte 66768	Casquette 47114
...mapes	89572	gris-foncé	1909	Vol-au-Vent 64112	Cora 51093
...en	86971	rouan	1909	Denonville-ex-Sarthols 60531	Biche 25028
...tremous	84751	gris-foncé	1909	Complaisant 68761	Réussite 62951
...alain	86326	gris-foncé	1909	Arlequin 65573	Maqua 63360
...ner	83744	noir	1909	Abderam 66381	Risette 66475
...ner	84946	gris-foncé	1909	Laricot 68469	Xénile 55075
...ner	85099	noir	1909	Laricot 68469	Lisette 62745
...ner	85247	noir	1909	Fier-à-Bras 65250	Gertrude 70794
...ner	85493	gris	1909	Carnot 66666	Biche 50143
...ner	85561	gris clair	1909	Guillaume 65112	Pâquerette 47096
...ner	87434	noir	1909	Accessit 64700	Célina 38769
...ner	88713	noir-m.-t.	1909	Vaudemont 60507	Ursule 54203
...ner	88922	bai-brun	1909	François 68332	Ergoline 81745
...ner	89216	noir	1909	Victorieux 64124	Chanterelle 68955
...ner	89347	noir	1909	Vaillant 62401	Gergovie 69719
...nnerlen	85312	noir-zain	1909	Carnot 66666	Alise 56974
...nnerlen	87229	gris-noir	1909	Sambetta 69149	Cérès 60633
...nnet	84646	noir	1909	Etudiant 59291	Gageure 70366
...nnetier	84557	bai	1909	Mortier 67879	Colline 64936
...nnot	85941	noir	1909	Makaroff 63245	Brillante 61256
...nezepas	86533	gris	1909	Véga 68250	Lisette 50722
...nrage	85869	noir	1909	Biberon 67515	Sirène 61804
J'en-Rigole	88796	noir	1909	Ludovic 47508	Digitale 60790
...nyke	85823	noir	1909	Véga 68250	Fantine 75068
...nzat	88589	noir	1909	Ducat 68923	Grisette 70266
...ephté	84611	gris	1909	Paulus 58125	Géante 63203
...ephté	84947	gris	1909	Vainqueur 62112	Risette 54529
...ephté	88104	gris-bleu	1909	Taupier 63548	Lisette 73431
...ephté	88561	noir	1909	Quinquina 68945	Georgette 71795
...ephté	88873	gris	1909	Télémaque 68172	Dame-Blanche 38259
...érémie	83707	gris-foncé	1909	Labrador 66840	Bricolette 61749
...érémie	83905	noir	1909	Paulus 58125	Clairette 81786
...érémie	88714	gris	1909	Ermite 44360	Bichette 61563
...éricho	84243	gris	1909	Boileau 59048	Arille 59110
...éricho	86616	gris foncé	1909	Victorien-dit-Valancan 52005	Julie 62254
...éricho	86715	noir	1909	Taupier 63548	Briquette 66276
...éricho	87438	noir	1909	Vésuve 67514	Tulipe 47143
...éricho	87552	gris	1909	Directeur 68271	Mirette 42332
...éricho	88777	noir	1909	Télémaque 68172	Valseuse 56796
...éricho	89220	gris	1909	Ambassadeur 68700	Cerise 69067
...érike	89385	noir	1909	Canrobert 63005	Madoline 38141
...érim	84206	gris-fer-f.	1909	Pasteur 63046	Lisette 61254

NOM	N°	ROBE	Naissance	PÈRE	MÈRE
Jérim	87114	noir	1909	Actionnaire 64675	Bichette 62034
Jérim	89414	noir	1909	Cratère 69004	Cérès 55711
Jéroboam	84562	noir	1909	Taupier 63548	Alia 51545
Jéroboam	86420	gris-foncé	1909	Complaisant 68761	Lucette 43982
Jéroboam	88715	alezan	1909	Ermite 44360	Gamme 73173
Jéroboam	89305	gris	1909	Montargis 62402	Bijou 49682
Jérôme	83562	gris t. f.	1909	Coco 46855	Cocotte 81755
Jérôme	83664	noir	1909	Molière 65270	Pâquerette 68750
Jérôme	84765	gris-foncé	1909	Fernand 65262	Pelotteuse 54486
Jérôme	86411	gris-vin.	1909	Cousin 69050	Charlotte 42557
Jérôme	87439	gris	1909	Douvreur-ex-Couvreur 58335	Siliane 38765
Jérôme	88717	noir	1909	Verdun 44665	Flatteuse 64671
Jérôme	88869	noir-zain	1909	Anticosto 67745	Plaquette 41001
Jerome	89595	noir	1909	Télémaque 68172	Déesse 60911
Jersant	89377	noir	1909	Mareuil 53313	Rita 53471
Jersey	83888	gris	1909	Boileau 59048	Pâquerette 54565
Jersey	86204	noir	1909	Jolibois 66958	Coquette 50321
Jersey	86498	gris-foncé	1909	Fernand 65262	Noisette 14204
Jersey	86588	noir	1909	Etudiant 59291	Pâquerette 58488
Jersey	87231	gris	1909	Christian 67392	Lisette 69202
Jersey	88244	noir	1909	Madère 58886	Charmante 81836
Jersey	89118	gris	1909	Anticosto 67745	Castille 31683
Jersey	89277	gris-foncé	1909	Téméraire 62565	Voltige 39146
Jersey	89294	gris-foncé	1909	Canrobert 63005	Frosine 63580
Jersey	89610	alezan-b.	1909	Cratère 69004	Balladeuse 52046
Jerson	87128	noir	1909	Aspirant 65078	Gavotte 72397
Jésa	84171	gris-foncé	1909	Faisan 68627	Chanterelle 57880
Jésa	86652	noir	1909	Marindas 62414	Coquette 45264
Jésabo	86421	gris foncé	1909	Véga 68250	Gribiche 71062
Jesaistout	85322	bai-c.-z.	1909	Buffon 66472	Dahlia 45154
Jessains	88591	alezan	1909	Oscar 45901	Damoiselle 55757
Jessaint	85102	noir-zain	1909	Conscrit 62063	Mouvette 68154
Jésuite	88855	gris-foncé	1909	Ambassadeur 68700	Mireille 55770
Jet	85864	gris	1909	Etudiant 59291	Géréiniade 60914
Jet	86365	noir-rub.	1909	Fernand 65262	Gargousse 71324
Jet	86739	noir	1909	Tamerlan 46369	Gertrude 58428
Jet	87232	gris-r.	1909	Christian 67392	Rosette 50113
Jet	88246	gris-vin.	1909	Valory 58112	Bichette 64501
Jet	89119	noir	1909	Ambassadeur 68700	Mlle de Tellières 38193
Jetage	88247	noir	1909	Macaron 67982	Galante 64502
Jetage	89120	gris	1909	Anticosto 67745	Luisante 57121
Jetagouss	85865	gris t. f.	1909	Fernand 65262	Devise 55806
Jeté	85535	noir	1909	Faisan 68627	Césarine 46423
Jeté	86476	noir	1909	Coquet 69131	Norma 34684
Jeté	87233	gris-foncé	1909	Marathon 66841	Terron 44465

NOM	N°	ROBE	Naissance	PÈRE	MÈRE
	87238	gris n.-z.	1909	Marathon 66841	Joyeuse 55838
	88249	noïr-zain	1909	Espiègle 64024	Coquette 87579
	84028	alezan-c.	1909	Paulus 58125	Agricola 66974
	84566	gris-clair	1909	Aiguillon 66905	Lisette 54409
	85499	noir	1909	Fier-à-Bras 65150	Castille 47758
	87444	noir	1909	Fructueux 64723	Coquette 53593
	88564	noir	1909	Oscar 45901	Quinette 63253
	83711	gris	1909	Célibat 64968	Biche 54427
	84587	noir	1909	Méritant 65126	Crevette 64806
	86361	gris	1909	Carnot 66666	Sauvons-Nous 53532
	86626	noir	1909	Bizot 67779	Lisette 61358
	86746	noir	1909	Tamerlan 46369	Faisante 49387
	86905	bai-brun	1909	Madère 58886	Ficelle 33628
	87237	gris-r.	1909	Christian 67392	Coquette 75177
	88250	noir	1909	Vaudemont 60507	Castille 78514
	88689	noir	1909	Camail 67771	Jouissance 14101
	88799	gris-foncé	1909	Ludovic 47508	Ugoline 36145
	89121	noir	1909	Anticosto 67743	Lucilia 47727
	89410	noir	1909	Mareuil 53313	Halette 62423
	89511	gris-foncé	1909	Rolland 60321	Poulotte 49300
	83860	noir	1909	Dégel 45100	Brebis 81725
	85565	gris-ard.	1909	Lafrime 67501	Gascogne 70391
	86443	noir	1909	Sarthor 67232	Alaxa 60268
	87134	gris	1909	Marindas 62414	Gustinette 72378
	83965	gris	1909	Guillaume 65112	Madelon 57749
	88251	noir	1909	Madère 58886	Lisette 61530
	89127	noir	1909	Ambassadeur 68700	Mignonne 49911
	83584	noir	1909	Fanfaron 66860	La Chesnaie 43705
	84175	gris-foncé	1909	Oscar 45901	Sonnette 64927
	84637	bai	1909	Agathon 65668	Bijou 53997
	85571	gris	1909	Buffon 66472	Mouvette 47759
	86640	noir	1909	Loustic 67333	Avernes 50662
	86801	noir	1909	Tamerlan 46369	Alouette 53827
	87241	noir-zain	1909	Marathon 66841	Poulette 34954
	88252	gris-vin.	1909	Madère 58886	Pauline 59629
	88924	gris-r.	1909	Macaron 67982	Bijou 57458
	89125	gris	1909	Anticosto 67745	Beaufortine 41073
	89281	noir	1909	Cratère 69004	Fabrice II 42222
	89647	noir	1909	Domino 57067	Faisante 89976
	88823	noir	1909	Télémaque 68172	Cora 60568
	88592	noir	1909	Français 61885	Epatente 56601
	87553	gris-fer	1909	Directeur 68271	Gustine 72235
	88593	noir	1909	Cousin 69050	Mélanie 64420
	84638	noir-zain	1909	Carnot 66666	Tulipe 58429
	87243	gris-noir	1909	Rataplan 66742	Charlotte 50393

NOM	N°	ROBE	Naissance	PÈRE	MÈRE
Jeun	88253	gris-foncé	1909	Bambocheur 62018	Clémentine 53648
Jeûne	85360	noir	1909	Complaisant 68761	Harrette 45154
Jeune	86935	gris	1909	Bambocheur 62018	Biche 84527
Jeune	88254	noir	1909	Médaillon 48940	Gauloise 75232
Jeuner	88560	noir	1909	Oscar 45901	Glorieuse 71799
Jeunet	83831	noir	1909	Vainqueur 62112	Claquette 62434
Jeunet	84640	noir	1909	Fier-à-Bras 65250	Berthille 64452
Jeunet	86064	noir	1909	Taupier 63548	Sabine 34412
Jeunet	88256	noir	1909	Candidat 65166	Hortense 64393
Jeuneur	86944	gris-bleu	1909	Faisan 68627	Bagnolles 67589
Jeûneur	88130	gris-bleu	1909	Faisan 68627	Lisette 22206
Jeûneur	88156	gris-vin.	1909	Deaouville-ex-Sarthois 60531	Castille 50052
Jeuneur	88257	noir	1909	Bambocheur 62018	Magie 67718
Jeuneur	89411	noir	1909	Mareul 53313	Grisette 58892
Jeuxey	87554	gris-fer	1909	Directeur 68271	Chaton 53624
Jeuxey	88594	noir	1909	Français 61885	Pompadour 40442
Jeuxey	88598	noir	1909	Français 61885	Pauline 54379
Jevoncourt	88595	noir	1909	Cousin 60050	Jolie 42050
Jevens	83745	gris	1909	Abderam 66381	Grandiose 61166
Jevens	84022	noir	1909	Paulus 58125	Césarine 68765
Jevens	85745	noir	1909	Paulus 58125	Charmeuse 55413
Jevens	89560	gris-clair	1909	Aiguillon 66905	Charmante 87664
Jewett	85232	gris	1909	Complaisant 68761	Manon 45010
Jextermine	86400	gris-foncé	1909	Pépin 66724	Pelote 49417
Jextirpe	86002	noir-m-t.	1909	Sarthor 67232	Gossette II 57522
Jezeau	88600	noir-zain	1909	Taupier 63548	Négresse 56205
Jezzar	84201	gris-fer	1909	Faisan 68627	Girouette 56434
Jezzar	87043	noir	1909	Deaouville-ex-Sarthois 60531	Petite 59463
Jezzar	89304	noir	1909	Montargis 62402	Petite 50250
Jhering	84021	alezan-b.	1909	Paulus 58125	Coquette 54435
Jhering	84090	noir-zain	1909	Asope ex Esope 46687	Gigogne 72003
Jhering	87447	gris-fer	1909	Accessit 64700	Carmen 38775
Jhering	88569	noir	1909	Oscar 45901	Rosa 44531
Jigolard	87941	noir	1909	Espiègle 64024	Baucis 59764
Jigolay	88068	noir	1909	Michelet 65179	Guimbarde 71805
Jigolet	88425	noir	1909	Amilly 66447	Faisante 67702
Jineke	84889	noir-rub.	1909	Boileau 59048	Alise 52318
Jingo	86205	gris-foncé	1909	Général 66386	Pimpante 50213
Jingo	87244	gris	1909	Blésois 65917	Bijou 37109
Jingo	88258	bai	1909	Candidat 65166	Margot 84345
Jingo	89429	noir-zain	1909	Victorieux 64124	Gazelle 32354
Jingoïsme	84642	gris	1909	Etudiant 59291	Martingale 64308
Jipara	89437	gris-noir	1909	Téméraire 62465	Russette 63779
Jitomir	87448	gris-fer	1909	Laërte 68302	Vigoureuse 40804
Jivares	84025	gris t. c.	1909	Olivier 58082	Coquette 74959

NOM	N°	ROBE	Naissance	PÈRE	MÈRE
[illegible]	87449	noir	1909	Accessit 64700	Adulatrice 64661
[illegible]	88571	noir	1909	Oscar 45901	Charmante 78522
[illegible]	84026	bai	1909	Paulus 58125	Pelotte 81778
[illegible]	85221	noir	1909	Méritant 65426	Giroflée 70152
[illegible]	86712	noir	1909	Albertus 65317	Titania 61618
[illegible]	86868	alezan	1909	Quinquina 68945	Coquette 81655
[illegible]	87050	gris	1909	Marindas 62414	Margot 62352
[illegible]	87450	noir	1909	Laërte 68302	Flanelle 51982
[illegible]	88140	gris-f.-f.	1909	Madère 58886	Eclair 60025
[illegible]	88718	gris	1909	Camail 67771	Gambade 72817
[illegible]	89371	noir	1909	Siphon 60328	Surprise 49678
[illegible] chaz	84027	noir	1909	Paulus 58125	Coquette 59221
[illegible] chaz	87451	gris-clair	1909	Laërte 68302	Castille 54465
[illegible]	88573	noir	1909	Conquérant 65975	Gavroche 72834
[illegible] chim	85348	gris-foncé	1909	Complaisant 68761	Larosée 66281
[illegible]	87452	gris	1909	Rataplan 66742	Géographie 44006
[illegible]	88574	bai-foncé	1909	Oscar 45901	Camélia 34628
[illegible]	89395	gris	1909	Mareuil 53313	Minute 50220
[illegible]	86474	noir-zain	1909	Complaisant 68761	Economie 61996
[illegible]	87109	noir	1909	Marindas 62414	Margot 50041
[illegible]	87454	gris-fer	1909	Stentor 65378	Coquette 56115
[illegible]	88148	noir	1909	Mahkarof 63877	Minerva 63592
[illegible]	88724	gris	1909	Africain 48571	Docile 57033
[illegible] ttier	86972	noir	1909	Marindas 62414	Poule 29014
[illegible] ttier	87246	gris	1909	Marathon 66841	Brillante 64556
[illegible] nès	85103	bai-brun	1909	Fier-à-Bras 65250	Baronne 54305
[illegible] nès	85139	gris	1909	Fanfaron 66860	Biche 61188
[illegible] annas	87555	gris-fer	1909	Eclair 63280	Chicanote 33380
[illegible] annas	88602	noir	1909	Orgeval 59039	Lisette 41420
[illegible] anne	84610	noir	1909	Général 66386	Coquette 53551
[illegible] as	83852	noir	1909	Dollar 62383	Pistonette 62712
[illegible] as	83983	noir	1909	Buffon 66472	Colombine 62922
[illegible] es	85979	gris	1909	Fernand 65262	Eglantine 54842
[illegible] as	87457	noir-m.-t.	1909	Stentor 65378	Rosalie 64583
[illegible] as	88725	gris-noir	1909	Camail 67771	Espérance 36550
[illegible] as	88804	gris-foncé	1909	Télémaque 68172	Coquette 56795
[illegible] as	89221	gris	1909	Anticosto 67745	Papinot 30246
[illegible] as	89644	noir	1909	Domino 57067	Biche 57512
[illegible] athan	84014	noir	1909	Général 66386	Fanchon 57493
[illegible] athan	86651	noir	1909	Actionnaire 64675	Fêteuse 53179
[illegible] athan	87459	gris-bleu	1909	Rataplan 66742	Mignonne 84485
[illegible]	83656	noir-m.-t.	1909	Canrobert 63005	Sophie 50526
[illegible]	83889	noir	1909	Boileau 59048	Suzon 65580
[illegible]	83984	gris	1909	Lafrime 67501	Mouvette 75201
[illegible]	85323	gris	1909	Sistori 66964	Moxe 48043

NOM	N°	ROBE	Naissance	PÈRE	MÈRE
Job	85358	noir	1909	Fanfaron 66860	Pistache 57088
Job	86030	noir	1909	Véga 68250	Fauvette 54159
Job	86331	noir-m.-t.	1909	Coco 46855	Rosière 26434
Job	86407	noir	1909	Amilcar 68213	Biche 54076
Job	86863	noir	1909	Médaillon 48940	Frisette 54201
Job	86867	gris	1909	Quinquina 68945	Cadette 51542
Job	87090	noir	1909	Marindas 62414	Cendrine 54168
Job	87461	gris-foncé	1909	Pasteur 68686	Colonna 43091
Job	88603	noir	1909	Casino 65452	Lisette 49926
Job	88728	gris-foncé	1909	Camail 67771	Mionne 36514
Job	88955	gris foncé	1909	Rivoli 58502	Bergère 54239
Job	89247	gris-foncé	1909	Avocat 66303	Vigoureuse 46846
Job	89345	gris	1909	Castor 62398	Grésillette 72583
Job	89510	noir-zain	1909	Rolland 60321	Gavotte 71657
Job	89608	gris	1909	Fanfaron 66860	Vaillante 64330
Jobard	83713	noir	1909	Labrador 66840	Clairette 55009
Jobard	84621	noir	1909	Buffalo 65614	Mirabelle 73436
Jobard	84688	noir	1909	Marindas 62414	Bijou 49289
Jobard	85185	gris noir	1909	Salvator 62673	Olga 58136
Jobard	85524	gris-noir	1909	Andrinople 65226	Rustique 50597
Jobard	86136	noir	1909	Avocat 66303	Rita 49761
Jobard	87058	gris	1909	Marindas 62414	Petite 49991
Jobard	87247	gris	1909	Marathon 66841	Tourterelle 68346
Jobard	87976	noir	1909	Cousin 69050	Boulette 63587
Jobard	88259	noir	1909	Macaron 67982	Biche 53649
Jobard	88857	gris-foncé	1909	Vol-au-Vent 64112	Pâquerette 50550
Jobard	88966	noir	1909	Eclair 63280	Aubépine 39178
Jobard	89132	gris	1909	Anticosto 67745	Admirable 51066
Jobard	89308	noir	1909	Castor 62398	Poulotte 50286
Jobard	89588	noir	1909	Amilcar 68213	Margot 87711
Jobart	86297	noir	1909	Mortier 67879	Chiffonnette 64903
Jobert	85143	alezan	1909	Boileau 59048	Margot 61302
Jobert	89466	gris	1909	Castor 62398	Isère 36105
Jobeur	87045	noir	1909	Marindas 62414	Uttique 46337
Jobi	89406	noir	1909	Mareuil 53313	Lisette 49633
Jobie	87048	alezan	1909	Actionnaire 64675	Pâquerette 43583
Jobin	84129	noir	1909	Aspirant 65078	Finette 65298
Jobin	86960	noir	1909	Actionnaire 64675	Biche 49485
Joblet	84016	gris	1909	Epinal 65631	Rosette 57463
Jobourg	84722	bai	1909	Taupier 63548	Biche 61435
Jobourg	86335	noir	1909	Mortier 67879	Folichonne 60493
Jobourg	88605	noir	1909	Canadien 58355	Chicane 67008
Joby	87127	noir	1909	Marindas 62414	Brebis 62617
Joc	83714	gris	1909	Labrador 66840	Valériane 40887
Joc	84649	noir	1909	Trompeur 67881	Lisette 31473

NOM	N°	ROBE	Naissance	PÈRE	MÈRE
[illegible]	87248	gris	1909	Douvreur-ex-Couvreur 58335	Eglantine 75053
[illegible]	88261	noir	1909	Triolet 66843	Mignonne 49942
[illegible]	85741	noir-zain	1909	Guillaume 65112	Rose 48131
[illegible]	86027	gris-r.	1909	Sistori 66964	Friga 67070
[illegible]	84020	noir	1909	Paulus 58125	Charmante 49945
[illegible]	84948	noir	1909	Vainqueur 62112	Stella 43867
[illegible]	86397	gris-foncé	1909	Sistori 66964	Sophie 54523
[illegible]	87462	gris	1909	Pasteur 68686	Rabelaisienne 43090
[illegible]	86336	noir	1909	Arton 56344	Capucine 62447
[illegible]	88606	gris-foncé	1909	Canadien 58355	Rosette 55795
[illegible]	83715	gris-foncé	1909	Labrador 66840	Gaufrette 40014
[illegible]	84650	gris	1909	Trompeur 67881	Rosette 49930
[illegible]	86139	gris-noir	1909	Glucose 62232	Yvette 46404
[illegible]	86814	noir	1909	Asope ex Esope 46687	Myna 75029
[illegible]	86948	noir	1909	Faisan 68627	Sucrée 63478
[illegible]	87056	noir	1909	Marindas 62414	Urgence 62821
[illegible]	87249	gris-fer	1909	Campigny-ex-Roblon 56073	Brillante 25176
[illegible]	88263	gris-foncé	1909	Pelletan 69096	Madalinde 51809
[illegible]	88825	gris-foncé	1909	Vol-au-Vent 64112	Lisa 44176
[illegible]	88954	noir	1909	Rivoli 58502	Digue 60037
[illegible]	89134	noir	1909	Ambassadeur 68700	Fanchon 43927
[illegible]	89342	gris	1909	Vaillant 62401	Cocotte 50280
[illegible]	83716	alezan	1909	Labrador 66840	Moutonne 54258
[illegible]	84068	gris-foncé	1909	Espiègle 64024	Gilberte 55185
[illegible]	84655	noir	1909	Laricot 68469	Césarine 58246
[illegible]	86722	noir	1909	Taupier 63548	Polka 57513
[illegible]	86890	noir	1909	Madère 58886	Coquette 75014
[illegible]	87055	noir	1909	Actionnaire 64675	Poule 56662
[illegible]	88139	gris-noir	1909	Casino 65452	Echo 59677
[illegible]	88266	noir	1909	Canadien 58355	Réséda 59786
[illegible]	89136	gris	1909	Vol-au-Vent 64112	Lisette 26956
[illegible]	89407	noir	1909	Mareuil 53313	Mouthe 49634
[illegible]	84018	noir	1909	Epinal 65631	Fredaine 64197
[illegible]	83760	noir	1909	Colon 65462	Sarah 73456
[illegible]	83810	gris-clair	1909	Boileau 59048	La Créole 30780 bis
[illegible]	83718	gris-noir	1909	Labrador 66840	Labelle 61747
[illegible]	85388	noir	1909	Carnot 66666	Musique 54622
[illegible]	85500	noir	1909	Fier-à-Bras 65150	Electrice 52582
[illegible]	86031	noir	1909	Véga 68250	Attraction 55906
[illegible]	86490	gris	1909	Croquis 68451	Cerf-Volant 63127
[illegible]	86514	noir	1909	Carnot 66666	Capsule 47986
[illegible]	87252	gris-foncé	1909	Alcazar 64710	Bichette 54115
[illegible]	87467	noir	1909	Glein 67468	Anisette 60297
[illegible]	87977	noir-zain	1909	Cousin 69050	Icarie 78467
[illegible]	88268	noir-zain	1909	Canadien 58355	Galante 72945

NOM	N°	ROBE	Naissance	PÈRE	MÈRE
Jocrisse	88652	noir	1909	Ronchon 68123	Thérésa 59692
Jocrisse	88858	gris-foncé	1909	Télémaque 68172	Rosette 50551
Jocrisse	89023	gris-f.-z.	1909	Enjoleur 63649	Poulette 50524
Jocus	85820	noir	1909	Directeur 66448	Galléine 69884
Jocus	86657	noir	1909	Denonville-ex-Sarthois 60531	Rosette 17841
Jocus	88097	noir	1909	Taupier 63548	Girouette 87576
Jocus	89523	gris-foncé	1909	Téméraire 62465	Négresse 38968
Jodel	86156	noir	1909	Avocat 66303	Binette 61432
Jodelle	84755	noir	1909	Paulus 58125	Pâquerette 46046
Jodelle	86049	gris	1909	Cyclone 65280	Panthère 47987
Jodelet	84580	noir	1909	Laricot 68469	Mouvette 54217
Jodelet	84754	gris -clair	1909	Paulus 58125	Grandesse 70004
Jodelet	85501	noir	1909	Fier-à-Bras 65150	Rigolette 49450
Jodelet	87469	gris-foncé	1909	Laerte 68302	Coquette 47984
Jodecrus	86967	noir	1909	Denonville-ex-Sarthois 60531	Margot 50048
Jodrum	86983	bai	1909	Marindas 62414	Gamine 49543
Jodrum	88143	noir	1909	Macaron 67982	Charmante 61364
Jodus	86986	noir	1909	Denonville ex-Sarthois 60531	Irma 30032
Joël	83850	gris	1909	Dégel 45100	Bichette 50702
Joël	84071	noir-zain	1909	Étudiant 59201	Égypte 47960
Joël	84581	gris-foncé	1909	Laricot 68469	Pétronille 40892
Joël	84949	noir-zain	1909	Syndicat 65169	Fabia 67649
Joël	85027	gris-foncé	1909	Lafayette 67798	Fileuse 48114
Joël	85347	noir	1909	Complaisant 68761	Grièche 70861
Joël	85364	n.-m.-t.-z.	1909	Fandango 67590	Campanule 67146
Joël	85492	noir	1909	Fier-à-Bras 65150	Charmante 50588
Joël	85738	noir	1909	Aiguillon 66905	Margot 81781
Joël	87051	noir	1909	Denonville-ex-Sarthois 60531	Lucette 58762
Joël	87470	gris-foncé	1909	Laerte 68302	Bichette 75167
Joël	89222	gris	1909	Vol-au-Vent 64112	Libertine 60742
Jœuf	84149	gris	1909	Fanfaron 66860	Pensylvane 60838
Jœuf	86337	noir	1909	Arton 56344	Margot 29608
Jœuf	88608	noir	1909	Cyclone 67659	Mouton 23404
Jeffre	87100	gris	1909	Marindas 62414	Lisette 50042
Joganville	84721	noir	1909	Casino 65452	Pelote 56367
Joganville	86338	noir	1909	Caraco 66114	Mignonne 39361
Jognis	86984	noir	1909	Actionnaire 64675	Bichette 55023
Joguis	88096	noir	1909	Taupier 63548	Fraisette 63581
Joguis	89307	noir	1909	Castor 62398	Polka 49891
Johan	84065	gris-foncé	1909	Espiègle 64024	Biche 54087
Johannisberg	84107	noir	1909	Paulus 58125	Hôtesse 55107
Johannite	84657	noir-zain	1909	Fier-à-Bras 65250	Sariette 58369
Johannet	84757	noir	1909	Paulus 58125	Rustique 50456
Johannot	87471	noir-zain	1909	Laerte 68302	Mira 33568
John	83613	noir	1909	Glucose 62232	Hourie 52331

NOM	N°	ROBE	Naissance	PÈRE	MÈRE
[illegible]	83669	noir	1909	Paulus 58125	Cocotte 57481
[illegible]	87473	noir	1909	Rataplan 66742	Lisette 50653
[illegible]	89302	noir	1909	Mareuil 53313	Turquoise 48067
[illegible]-Bull	84112	gris	1909	Guillaume 65112	Manette 58553
[illegible]-Bull	84119	gris-foncé	1909	Sistori 66964	Régina 58322
[illegible]-Bull	84717	gris-foncé	1909	Erasme 60444	Dante 75085
[illegible]-Bull	88782	gris	1909	Télémaque 68172	Carabine 60921
[illegible]-Bull	89002	noir-m.-t.	1909	Ardent 68170	Sérieuse 34451
[illegible]-Bull	89340	noir	1909	Rolland 60321	Gatinette 72536
[illegible]nson	83885	noir	1909	Boileau 59048	Bativa 61622
[illegible]nson	84003	noir	1909	Jolibois 66958	Biche 49451
[illegible]nson	84588	alezan-b.	1909	Célibat 64968	Sulpice 50700
[illegible]nson	84612	gris	1909	Guillaume 65112	Rosette 49308
[illegible]nson	85496	noir	1909	Fier-à-Bras 65150	Rosette 50142
[illegible]nson	86590	gris-foncé	1909	Carnot 66666	Castille 58434
[illegible]nson	87475	gris-foncé	1909	Blésois 65917	Labiennace 64717
[illegible]re	88084	noir	1909	Taupier 63548	Brebis 73415
[illegible]le	86666	gris	1909	Médaillon 48940	Allouette 33001
[illegible]le	86916	noir-zain	1909	Mahkarof 63877	Olga 51774
[illegible]le	86974	noir	1909	Aspirant 65078	Gustine 72385
[illegible]gnant	83943	gris-r.	1909	Agathon 65668	Eliane 62207
[illegible]gnant	87253	gris-noir	1909	Rataplan 66742	Iacinthe 64550
[illegible]gnant	89137	gris	1909	Anticosto 67745	Ergoline 38699
[illegible]igny	85194	noir	1909	Epinal 65631	Rochette 55127
[illegible]igny	85302	noir	1909	Acajou 66587	Eudoxie 64424
[illegible]igny	85365	noir	1909	Vaudemont 60507	Antonia 59509
[illegible]igny	86339	noir	1909	Arton 56344	Giselle 30337
[illegible]igny	86438	noir	1909	Cyclone 65280	Marquise 69014
[illegible]igny	86908	noir	1909	Taupier 63548	Faucheuse 53548
[illegible]igny	87477	gris-foncé	1909	Laërte 68302	Rosalba 69197
[illegible]igny	87530	gris-fer	1909	Stentor 65378	Moulinette 57386
[illegible]igny	87975	noir	1909	Cousin 69050	Liza 50584
[illegible]igny	88610	gris-foncé	1909	Marathon 66841	Rosette 55092
[illegible]igny	88967	noir	1909	Erasme 60444	La Normandie 36180
[illegible]igny	89248	gris	1909	Moulinet 68017	Galilée 69515
[illegible]igny	89344	noir	1909	Castor 62398	Colinette 66452
[illegible]indre	88083	noir	1909	Macaron 67982	Margot 53638
[illegible]int	83719	noir	1909	Agathon 65668	Lisa 64992
[illegible]int	86140	noir-zain	1909	Glucose 62232	Galatine 69901
[illegible]int	86831	noir	1909	Madère 58886	Mouvette 60213
[illegible]int	87254	noir	1909	Campigny-ex-Roblon 56073	Bijou 55874
[illegible]int	88270	gris-foncé	1909	Rataplan 66742	Bidonnette 42294
[illegible]intant	87257	noir	1909	Canadien 58355	Poule 64539
[illegible]intif	86287	noir	1909	Général 66386	Pimpante 67955
[illegible]intif	87256	gris-noir	1909	Campigny-ex-Roblon 56073	Castille 64553

NOM	N°	ROBE		PÈRE	MÈRE
Jointif	88081	noir	1909	Faisan 68627	Castille 73398
Jointif	89139	gris	1909	Vol-au-Vent 64412	Coquette 33936
Jointout	83946	noir	1909	Abdéram 66381	Gamine 73333
Jointout	86286	alezan	1909	Général 66386	Pimpante 25354
Jointout	88272	noir	1909	Pelletan 69046	Charmante 78584
Joinville	85366	gris	1909	Glein 67468	Castille 50655
Joinville	88611	gris-foncé	1909	Marathon 66841	Pelotte 61238
Joinville	88983	gris-foncé	1909	Kado 68413	Mignonne 61389
Joinville	88994	noir	1909	Guguste 64730	Mascotte 60650
Joinville	89249	gris	1909	Kalydor 64213	Blanche 61278
Joinville	89494	noir	1909	Florentin II 67155	Mascotte 60066
Jekai	84044	bai	1909	Ixopo 68619	Crailleuse 68889
Jekai	84749	noir	1909	Laricot 68469	Caline 66813
Jekai	85702	noir	1909	Folichon 67442	Rosine 75136
Jekai	87478	gris l. v.	1909	Blésois 65917	Rosette 43365
Jekai	89581	noir	1909	Souack II 46965	Gavotte 87633
Jekato	86534	noir	1909	Véga 68250	Fantine 60553
Jekey	85319	gris-vin.	1909	Fernand 65262	Rigolette 46115
Jekey	85806	noir	1909	Lafayette 67798	Pipette 54805
Jeke	87251	gris	1909	Alcazar 64710	Mignonne 49343
Jel	83877	noir	1909	Boileau 59048	Vagabonde 62340
Jel	86567	noir	1909	Fanfaron 66860	Violette 42390
Joli	83541	gris-foncé	1909	Paulus 58125	Introuvable 62826
Joli	83545	gris-foncé	1909	Blésois 65917	Soumise 81700
Joli	83720	gris	1909	Agathon 65648	Finette 49733
Joli	84683	gris	1909	Rupin 65256	Giroflée 57968
Joli	86100	noir	1909	Méritant 65126	Chérie 48236
Joli	86594	noir	1909	Souack II 46965	Margot 61424
Joli	86845	noir	1909	Madère 58886	Lisette 78519
Joli	87255	gris	1909	Brick 63206	Castille 43334
Joli	88273	noir	1909	Rataplan 66742	Gracieuse 71186
Joli	89478	gris	1909	Vaillant 62401	Odette 36594
Jolibois	83906	noir	1909	Canrobert 63005	Sibelle 59282
Jolibois	84126	gris-clair	1909	Général 66386	Cocotte 81806
Jolibois	88962	gris-foncé	1909	Erasme 60444	Mitou 61257
Jolicœur	85324	noir	1909	Sistori 66934	Calinette 63257
Joli-Cœur	88927	gris	1909	Facteur 53509	Vigilante 53596
Joli-Cœur	89109	gris	1909	Dentiste 64308	Biche 50703
Joliet	84053	gris	1909	Fernand 65262	Canefide 60765
Joliet	85532	noir	1909	Jolibois 66958	Mandarine 64953
Joliet	85837	noir	1909	Méritant 65126	Gesta 69736
Joliet	88082	noir	1909	Faisan 68627	Charmante 73334
Joliet	88274	noir	1909	Acrobate 68416	Lisette 87580
Joliet	89140	gris	1909	Anticosto 67745	Elda 19682
Joli-Gilles	88778	bai	1909	Télémaque 68172	Lisette 41448

NOM	N°	ROBE	Naissance	PÈRE	MÈRE
Jolignac	85265	noir	1909	Makaroff 63245	Fretillante 48031
Joligny	88702	gris	1909	Ermite 44360	Tulipe 53586
Jolimont	86264	gris	1909	Olivier 58082	Lisa 51531
Joliment	87260	noir	1909	Rataplan 66742	Giberne 69207
Joliment	87938	gris-noir	1909	Salvator 62673	Vina 37271
Jolimont	88275	gris-vin.	1909	Total 68392	Sabine 64773
Jolimetz	87870	gris-foncé	1909	Blésois 65917	Rosette 56176
Jolivar	85893	gris-foncé	1909	Complaisant 68761	Esplanade 54945
Jolivet	84138	gris-foncé	1909	Villers 61613	Anisette 47844
Jolivet	85146	bai-brun	1909	Etudiant 59291	Coquette 61397
Jolivet	85307	noir	1909	Pandore 68677	Matras 68703
Jolivet	86341	noir	1909	Mareuil 53313	Biche 25845
Jolivet	87866	noir	1909	Accessit 64700	Coquette 81584
Jolivet	87937	noir	1909	Salvator 62673	Idao 54358
Jolivet	88612	noir	1909	Marathon 66841	Grive 72826
Jolivet	89250	gris	1909	Moulinet 68017	Robusca 49837
Jolivetá	87261	gris-foncé	1909	Rataplan 66742	Coquette 55859
Jolle	83911	noir	1909	Bellâtre 62312	Saïda 39550
Jolly	84608	noir	1909	Buffalo 65614	Pierrette 52666
Jolofs	87130	gris	1909	Aspirant 65078	Tourterelle 45614
Jolofs	88080	noir	1909	Taupier 63548	Gargouille 57523
Joly	84766	gris	1909	Villers 61613	Biche 75041
Joly	85104	noir	1909	Conscrit 62063	Cocotte 53977
Joly	85346	bai	1909	Blésois 65917	Diaphane 60699
Joly	85799	gris-foncé	1909	Buffon 66472	Comédie 47888
Joly	86598	gris	1909	Trompeur 67881	Biche 65924
Joly	87482	noir	1909	Cric 66716	Coquette 84495
Jomard	85409	noir	1909	Fier-à-Bras 65250	Gaillarde 71006
Jomarin	83725	gris-noir	1909	Labrador 66840	Gaillarde 69601
Jomarin	84236	noir	1909	Villers 61613	Vigoureuse 64021
Jomarin	84658	noir	1909	Fier-à-Bras 65250	Castille 49715
Jomarin	86282	noir	1909	Berlucheur 65107	Brebis 73361
Jomarin	87262	noir	1909	Christian 67392	Franchise 36465
Jomarin	88277	noir	1909	Pelletan 69096	Marquise 59679
Jomarin	89142	gris	1909	Ambassadeur 68700	Charlotte 55745
Jombard	86037	gris-foncé	1909	Cyclone 65280	Serpolette 64194
Jombert	85294	gris-foncé	1909	Lafrime 67501	Hôtesse 58713
Jemini	84753	bai	1909	Paulus 58125	Charmante 61463
Jemini	84951	gris-clair	1909	Syndicat 65169	Toucheuse 47976
Jemini	85369	gris-r.	1909	Glein 67468	Duègne 56852
Jemini	85749	gris-clair	1909	Paulus 58125	Fossette 56866
Jemini	87483	gris-bleu	1909	Cloriadec 64615	Célina 34108
Jemini	89582	noir-zain	1909	Sultan 68896	Coppélia 36042
Jon	89565	gris-bleu	1909	Jolibois 66958	Margot 87651
Jonabad	87940	noir	1909	Salvator 62673	Gazelle 87570

NOM	N°	ROBE	Naissance	PÈRE	MÈRE
Jonage	86343	noir	1909	Mareuil 53313	Abigail 36676
Jonage	88613	gris foncé	1909	Marathon 66841	Maudisette 57532
Jonage	88615	noir	1909	Ronchon 68123	Cocotte 50719
Jonas	83842	bai-mar.	1909	Dollar 62383	Barcarolle 64676
Jonas	84057	gris	1909	Paulus 58125	Rigolette 61328
Jonas	84187	noir	1909	Lafrime 67501	Narcisse 67782
Jonas	84208	gris	1909	Fier-à-Bras 65150	Rosette 50087
Jonas	84244	noir	1909	Boileau 59048	Rustique 61235 bis
Jonas	84952	gris	1909	Cornil 65313	Robinette 57467
Jonas	85111	gris-clair	1909	Fier-à-Bras 65250	Bijou 54552
Jonas	85367	gris	1909	Brick 63206	Campagne 67147
Jonas	86830	gris	1909	Coeantin 54388	Talmette 35566
Jonas	86862	gris-clair	1909	Madère 58886	Coquette 54202
Jonas	87046	noir	1909	Actionnaire 64675	Petit-Loup 53527
Jonas	87160	noir	1909	Canadien 58355	Rapide 55465
Jonas	87484	gris-cl.-v.	1909	Accessit 64700	Rosette 53629
Jonas	87991	noir	1909	Pandore 68677	Gaza 87571
Jonas	89226	gris	1909	Vol-au-Vent 65112	Mouchette 31276
Jonas	89278	gris	1909	Florentin II 67155	Bleue 49691
Jonas	89380	noir-zain	1909	Vaillant 62401	Vestale 52782
Jonas	89477	gris	1909	Vaillant 62401	Sylva 55724
Jonathan	84756	noir	1909	Paulus 58125	Turgotte 66425
Jonathan	85950	gris-t.-f.	1909	Canadien 58355	Matraque 55954
Jonathan	86428	noir	1909	Triolet 66843	Anaïs 34456
Jonathan	86452	gris-foncé	1909	Furibond 68662	Coquette 54177
Jonathan	88727	gris-clair	1909	Benjoin 62027	Galère 72760
Jonathan	88886	gris	1909	Anticosto 67745	Galante 73184
Jonathan	89001	gris-foncé	1909	Ardent 68170	Bella 41156
Jonathan	89276	noir-zain	1909	Téméraire 62465	Rita 58840
Jonathan	89481	noir	1909	Vaillant 62401	Frosine 45913
Jonathas	84045	noir-zain	1909	Giacomo 66264	Anguille 65520
Jonathas	85370	noir	1909	Glein 67468	Balsamine 63233
Jonathas	88155	bai-b.-z.	1909	Taupier 63548	Fauvette 46433
Jonaz	83851	noir	1909	Dégel 45100	Lilie 65160
Jonaz	85776	noir	1909	Étudiant 59291	Biche 54208
Jonc	83982	noir	1909	Ixopo 68619	Bichette 54517
Jonc	86279	noir	1909	Villers 61613	Biche 23125
Jonc	86451	gris-foncé	1909	Furibond 68662	Christine 35366
Jonc	86664	gris	1909	Mahkarof 63877	Castille 48177
Jonc	86714	noir	1909	Faisan 68627	Gris-Perle 63548
Jonc	86785	bai-b. f.	1909	Condé 59486	Rustique 27557
Jonc	88124	noir	1909	Amilly 66447	Calypso 59733
Jonc	89141	gris	1909	Anticosto 67745	Lisette 23229
Joncels	86342	noir	1909	Mareuil 53313	Grinoise 33567
Joncels	87875	noir	1909	Directeur 68271	Glaneuse 45018

NOM	N°	ROBE	Naissance	PÈRE	MÈRE
Joncer	86278	noir	1909	Berlucheur 65107	Biche 54286
Joncher	87265	noir	1909	Rataplan 66742	Eglantine 64548
Joncher	88280	bai	1909	Aviso 52116	Estel 68783
Joncheray	87871	noir	1909	Laërte 68302	Amourette 62316
Joncherey	86344	noir	1909	Mareuil 53313	Rustique 21935
Joncherey	88616	alezan	1909	Douvreur-ex-Couvreur 58335	Roublarde 59711
Jonchery	86345	gris-foncé	1909	Caraco 66114	Florida 62380
Jonchéry	87873	gris-foncé	1909	Directeur 68271	Lunette 43044
Jonchet	85852	gris	1909	Pépin 66724	Dépêche 57024
Jonchets	86277	noir	1909	Jolibois 66958	Louvette 30625
Jonchets	89146	noir	1909	Victorieux 64124	Rubine 31137
Joncier	83947	gris	1909	Ixopo 68619	L'Amie 75061
Joncier	84238	gris-vin.	1909	Aiguillon 66905	Margot 61452
Joncier	88281	noir	1909	Aviso 52116	Brebis 53664
Joncier	89145	gris	1909	Anticosto 67745	Rosette 51085
Jonciers	84091	gris-foncé	1909	Oscar 45901	Guitare 65007
Joncourt	84729	gris	1909	Général 66386	Coquette 26834
Joncourt	86346	noir	1909	Caraco 66114	Pâquerette 50590
Joncourt	87874	noir m. t.	1909	Eclair 63280	Docile 60759
Joncourt	88617	noir	1909	Doguet 69142	Charlotte 50327
Joncreuil	84816	gris-clair	1909	Berlucheur 65107	Lisette 64198
Joncreuil	85120	gris	1909	Folichon 67442	Gardienne 41667
Joncreuil	87878	bai-cerise	1909	Eclair 63280	Bijou 54503
Joncreuil	88619	noir	1909	Doguet 69242	Coquette 66816
Joneru	85276	noir	1909	Lafrime 67501	Raymonde 52083
Joncy	84817	gris-clair	1909	Guillaume 65112	Coquette 49757
Joncy	85121	alezan-r.	1909	Fier-à-Bras 65250	Alise 59519
Joncy	87861	noir	1909	Caraco 66114	La Horta 36573
Joncy	87880	gris-fer	1909	Eclair 63280	Mignonne 61195
Joncy	88620	noir	1909	Cousin 69050	Chimède 50686
Joncy	88763	noir m. t.	1909	Fanchon 68253	Mignonne 75193
Joncy	89251	noir	1909	Avocat 66303	Eglantine 61274
Jonereau	85464	noir	1909	Lafrime 67501	Raquette 47313
Jones	84758	noir	1909	Fanfaron 66860	Coquette 58716
Jones	84953	gris-foncé	1909	Cornil 65315	Lucette 68504
Jones	85248	gris-clair	1909	Laricot 68469	Poule 53588
Jones	85476	noir	1909	Laricot 68469	Coquette 53601
Jonet	86968	noir	1909	Souak II 46965	Margot 26295
Jongieux	86348	noir	1909	Caraco 66114	Mayenne 35479
Jongieux	87881	gris-fer	1909	Directeur 68271	Docile 69199
Jongler	87267	noir	1909	Rataplan 66742	Rosa 47185
Jongler	88283	noir	1909	Conquérant 65975	Coquette 50625
Jongleur	83651	gris	1909	Vainqueur 62112	Francine 62121
Jongleur	83834	gris-rou.	1909	Cornil 65315	Bercelonnette 54731
Jongleur	87269	gris-rou.	1909	Rataplan 66742	Armerica 59750

NOM	N°	ROBE	Naissance	PÈRE	MÈRE
Jongleur	84011	gris	1909	Olivier 58082	Mazurca 53958
Jongleur	85924	noir	1909	Méritant 65126	Arménie 55762
Jongleur	86274	gris-clair	1909	Olivier 58082	Pimpante 31682
Jongleur	86566	noir	1909	Buffon 66472	Brillante 50731
Jongleur	86678	gris	1909	Madère 58886	Charmante 75207
Jongleur	88690	gris	1909	Zéphir 57402	Altière 31465
Jongleur	88859	gris	1909	Télémaque 68172	Fleurie 50549
Jongleur	89003	noir	1909	Ardent 68170	Coquette 31550
Jongleur	89149	noir	1909	Victorieux 64124	Didon 33864
Jongleur	89157	noir	1909	Décime 60587	Mouchette 48051
Jongleur	89353	gris-foncé	1909	Martin 46912	Poule 50054
Jongleur	89540	noir	1909	Siphon 60328	Girouette 30769
Jongleur	89564	noir	1909	Taupier 63548	Gondole 87653
Jonkoping	86466	gris vin.	1909	Sistori 66964	Bichette 49811
Jonpeur	85959	noir-zain	1909	Batelier 58094	Coquette 41489
Jonque	83701	noir	1909	Calicot 66928	Soleillée 53845
Jonque	88285	gris-foncé	1909	Cyclone 67659	Rapide 49864
Jonquery	86349	noir	1909	Caraco 66114	Souris 30269
Jonquery	87883	noir	1909	Romancier 64606	Rosette 26943
Jonry	86458	bai-zain	1909	Triolet 66843	Bamboche 49530
Jons	84139	gris-clair	1909	Villers 61613	Margot 58084
Jons	84822	noir	1909	Villers 61613	Biche 57396
Jons	85124	gris	1909	Fier-à-Bras 65250	Pelote 54277
Jons	86350	gris-foncé	1909	Caraco 66114	Margot 59059
Jonson	84759	noir	1909	Fanfaron 66860	Pâquerette 66096
Jonson	87494	noir	1909	Pruneau 68069	Lisette 25221
Jontrery	86418	gris t. f.	1909	Sistori 66964	Pomone 47124
Jonval	84146	gris	1909	Boileau 59048	Rosette 49218
Jonval	85126	noir	1909	Laricot 68469	Coquette 50429
Jonval	86351	noir	1909	Alcazar 45232	Grésillon 26385
Jonval	87879	gris	1909	Éclair 63280	Lucette 64703
Jonval	88623	noir	1909	Canadien 58355	Pervenche 64348
Jonval	89252	gris-foncé	1909	Moulinet 68017	Pécadie 43515
Jonville	85127	gris	1909	Laricot 68469	Linote 68811
Jonzac	84097	gris	1909	Paulus 58125	Tempête 50140
Jonzac	84828	gris	1909	Fanfaron 66860	Grelot 49232
Jonzac	85195	gris-foncé	1909	Épinal 65631	Biche 49221
Jonzac	85517	noir	1909	Lafayette 67798	Écossaise 47680
Jonzac	85763	noir	1909	Pépin 66724	Margoton 45247
Jonzac	86352	gris	1909	Arton 56344	Mouvette 25510
Jonzac	87499	gris-noir	1909	Christian 67392	Mirette 46700
Jonzac	87882	gris-f. l. v.	1909	Romancier 64606	Jarretière 64617
Jonzac	88624	noir	1909	Douvreur-ex-Couvreur 58335	Tablette 33580
Jonzac	88729	noir-m.-t.	1909	Glein 67468	Marquise 57214
Jonzac	88959	noir-zain	1909	Rivoli 58502	Chérie 31046

NOM	N°	ROBE	Naissance	PÈRE	MÈRE
Jenzac	89253	noir	1909	Kalydor 64213	Mouvette 54112
Jenzier	87885	noir	1909	Accessit 64700	Diva 41970
Jenzier	88625	gris-foncé	1909	Véga 68250	Linotte 36257
Jenzier	89254	noir	1909	Kalydor 64213	Félicitée 58887
Jeek	85889	gris-foncé	1909	Trompeur 67881	Rosette 57455
Jeppe	87096	noir	1909	Aspirant 65078	Poulette 33641
Jeppe	88152	noir	1909	Taupier 63548	Bijou 78537
Jeram	84681	gris-foncé	1909	Directeur 68271	Rosette 75055
Jeram	85305	gris-noir	1909	Séducteur 64316	Rose 50604
Jeram	86866	noir	1909	Madère 58886	Trahie 60155
Jeram	86991	noir	1909	Marindas 62414	Castille 59461
Jeram	87504	gris-bleu	1909	Doris 67974	Mignonne 49849
Jeram	89472	noir	1909	Vaillant 62401	Petite 49649
Jeran	85477	noir-zain	1909	Laricot 68469	Paulette 58191
Jerat	85748	gris	1909	Aiguillon 66905	Bijou 49725
Jerat	87075	gris	1909	Marindas 62414	Eclair 49824
Jerat	87098	bai-zain	1909	Aspirant 65078	Coquette 50043
Jerat	88144	noir	1909	Macaron 67982	Croquette 68929
Jerat	89490	gris-noir	1909	Florentin II 67155	Lisette 50241
Jerbert	83880	noir	1909	Boileau 59048	Colombe 52762
Jerbert	86568	noir-rub.	1909	Fanfaron 66860	Cocotte 61451
Jerdaens	84092	noir-m.-t.	1909	Paulus 58125	Vicote 52261
Jerdaens	84159	noir	1909	Pirus 59613	Victoria 59825
Jerdaens	87507	noir	1909	Laërte 68302	Frivole 42990
Jerdan	83564	noir	1909	Villers 61643	Fraisette 62075
Jerdan	84070	noir	1909	Etudiant 59291	Fantaisie 60295
Jerdan	87508	noir	1909	Laërte 68302	Mignonne 75076
Jerdan	88848	gris-foncé	1909	Néron 68346	Mignonne 49908
Jerge	84968	noir-zain	1909	Cornil 65315	Finaude 61721
Jerian	85332	gris-foncé	1909	Trompeur 67881	Savonnette 50343
Jert	85300	noir	1909	Oscar 45901	Biche 57508
Jert	87889	noir-zain	1909	Cloriadec 64615	Rosa 56187
Jert	88626	noir	1909	Véga 68250	Elégance 41347
Jert	88758	noir	1909	Ronchon 68123	Fiche 75063
Jert	89255	noir	1909	Kalydor 64213	Sylvabel 38655
Jerthos	86591	noir	1909	Dollar 62383	Cocotte 56809
Jerxey	88629	noir	1909	Coquet 69131	Coquette 75011
Jerxey	89256	gris-foncé	1909	Kalydor 64213	Margot 61202
Jes	83825	noir	1909	Vainqueur 62112	Mouvette 49460
Josaphat	84207	gris	1909	Fier-à-Bras 65150	Mouvette 49969
Josaphat	88738	gris-foncé	1909	Camail 67771	Baliverne 63501
Josaphat	88893	gris	1909	Barnac 51162	Mercédès 34364
Jesat	86353	noir	1909	Arton 56344	Charmante 29448
Jesat	87890	gris fer	1909	Cloriadec 64615	Mignonne 47118
Jesat	88630	noir	1909	Exploit 67202	Réséda 59889

NOM	N°	ROBE	Naissance	PÈRE	MÈRE
Jesat	89257	noir	1909	Avocat 66303	Amanda 30664
Joseph	83704	noir	1909	Calicot 66928	Bibi 61287
Joseph	83759	noir	1909	Paulus 58125	Dentelle 47077
Joseph	84058	gris	1909	Laricot 68469	Cocotte 54047
Joseph	84955	alezan	1909	Syndicat 65169	Charlotte 35113
Joseph	85984	gris	1909	Fernand 65262	Mouvette 50818
Joseph	87273	gris-foncé	1909	Fructueux 64723	L'Amie 43061
Joseph	88284	noir	1909	Aviso 52116	Poule 47993
Joseph	89150	gris	1909	Victorieux 64124	Bijou 87023
Jesoppin	84746	noir	1909	Clair-de-Lune 67183	Rosa 66056
Jeserand	87893	gris-fer	1909	Blésois 65917	Docile 69234
Jeserand	88631	noir	1909	Cyclone 65280	Veillée 60516
Jeslas	85033	gris	1909	Fier-à-Bras 65150	Volage 54056
Jeslas	86020	noir	1909	Triolet 66843	Sésia 38381
Jeslas	87115	gris	1909	Aspirant 65078	Gélique 72384
Jeslas	88475	noir-zain	1909	Amilcar 68213	Christine 87569
Jeslas	88739	bai-f.-z.	1909	Africain 48571	Riposte 50667
Jeslas	88960	noir	1909	Enjoleur 63649	Mascotte 24564
Jeslas	89384	noir	1909	Cratère 69004	Polka 55731
Jeslas	89444	gris	1909	Téméraire 62465	Finette 49992
Jesnes	85131	noir	1909	Fier-à-Bras 65250	Trompette 61410
Jesnes	86354	noir	1909	Arton 56344	Margot 31338
Jesnes	88632	noir	1909	Major 60014	Groseille 72989
Jesse	83563	bai-très-f.	1909	Guillaume 65112	Mousinette 61353
Jesse	86355	bai cerise	1909	Mareuil 53313	Poule 26531
Jesseaume	85149	noir	1909	Fier-à-Bras 65150	Rustique 49333
Jesselin	84130	noir	1909	Jolibois 66958	Pelotte 26280
Jesselin	85196	gris-foncé	1909	Guillaume 65112	Ida 54543
Jesselin	86356	noir	1909	Arton 56344	Biche II 20147
Jesselin	88633	bai	1909	Canadien 58355	Phémie 63449
Jesselin	89258	gris-foncé	1909	Moulinet 68017	Jolie 30062
Jesset	85147	noir	1909	Fier-à-Bras 65250	Rosette 50214
Jessigny	88634	bai-f.-z.	1909	Canadien 58355	Irénée 64428
Jest	87126	noir	1909	Actionnaire 64675	Tourterelle 50062
Josué	84046	gris	1909	Dollar 62383	Cendrette 60283
Josue	84115	gris-clair	1909	Conscrit 62063	Coquette 49214
Josué	84715	noir-zain	1909	Erasme 60444	Junon 31612
Josué	85034	noir	1909	Fier-à-Bras 65150	Ravaude 58226
Josué	85700	bai-brun	1909	Folichon 67442	Margot 68065
Josué	86019	gris	1909	Coquet 69131	Torpille 54597
Josué	86603	noir	1909	Souak II 46965	Souris 49425
Josué	87103	noir	1909	Marindas 62414	Cendrine 50050
Josué	88740	gris-rou.	1909	Zéphir 57402	Banqueroute 63502
Josué	88841	gris	1909	Néron 68346	Comète 67117
Josué	89393	noir	1909	Cratère 69004	Minerve 45682

NOM	N°	ROBE	Naissance	PÈRE	MÈRE
Jetapien	88136	gris-fer-f.	1909	Taupier 63548	Cocotte 73335
Jetaporte	88086	noir-zain	1909	Taupier 63548	Thiba 57406
Jettereaux	84659	noir	1909	Fier-à-Bras 65250	Aliénor 51751
Jouable	89153	gris	1909	Vol-au-Vent 64112	Biche 26949
Jouac	85070	noir-zain	1909	Conscrit 62063	Lointaine 61924
Jouac	85136	noir	1909	Lama 68543	Doctoresse 52902
Jouac	87895	gris-foncé	1909	Alcazar 64710	Polka 54114
Jouac	88635	gris-foncé	1909	Canadien 58355	Groseille 72829
Jouac	89259	gris	1909	Avocat 66303	Rosie 50672
Jouailler	88287	gris-foncé	1909	Pelletan 69096	Lisa 87583
Jouailler	89429	noir	1909	Florentin II 67155	Rapine 42037
Jouaillier	85337	gris-f.-v.	1909	Fernand 65262	Mariette 66567
Jouan	85044	noir	1909	Etudiant 59291	Rosière 58544
Jouancy	85540	noir	1909	Guillaume 65112	Pâquerette 73349
Jouannet	87897	gris-foncé	1909	Alcazar 64710	Coquette 51081
Jouars	85138	noir	1909	Fanfaron 66860	Scala 45210
Joub	85929	gris-foncé	1909	Méritant 65126	Mouche 64976
Joubard	86443	noir	1909	Cousin 69050	Tempête 50775
Joubert	83555	noir	1909	Guillaume 65112	Gondole 69531
Joubert	84155	gris-foncé	1909	Conscrit 62063	Joviale 65050
Joubert	85116	bai	1909	Buffalo 65614	Lisette 81777
Joubert	85996	gris-foncé	1909	Pépin 66724	Négresse 52032
Joubert	88840	aubère	1909	Télémaque 68172	Aréna 37707
Joubert	88961	gris-foncé	1909	Rivoli 58502	Coquette 29700
Joubert	89012	gris-foncé	1909	Directeur 68271	Bénédictine 68219
Joubert	89569	alezan	1909	Vol-au-Vent 64112	Martha 67746
Jouc	83650	noir	1909	Cornil 65315	Frivole 61512
Jouc	85942	gris-foncé	1909	Sistori 66964	Mouvette 54214
Joucas	87898	noir	1909	Accessit 64700	Rageuse 40830
Joucas	88639	gris-v.	1909	Piqueur 68432	Nageoire 54553
Joucas	89260	gris	1909	Moulinet 68017	Biche 54298
Joucou	88640	gris-v.	1909	Sarthor 67232	Gertrude 72063
Joudes	88637	noir	1909	Sambetta 69149	Brunette 68428
Jeudrevillet	88638	gris-foncé	1909	Piqueur 68432	Rosette 47311
Jeudrier	85151	gris-foncé	1909	Andrinople 65226	Rustique 29196
Joué	87902	noir	1909	Romancier 64606	Castille 50656
Joué	88641	noir	1909	Coquet 69131	Gentille 72846
Jouer	87275	noir	1909	Vésuve 67514	Charlotta 33871
Jouer	88297	gris-foncé	1909	Conquérant 65975	Coquette 78530
Jouet	83703	noir	1909	Calicot 66928	Hermionne 61654
Jouet	83705	gris	1909	Calicot 66928	Mouvette 48014
Jouet	85217	noir-zain	1909	Méritant 65126	Mouvette 48173
Jouet	85502	noir	1909	Laricot 68469	Anguille 53877
Jouet	86633	noir	1909	Vagabond 68854	Euphorbe 62626
Jouet	86677	noir	1909	Cocantin 54388	Garenne 70464

NOM	N°	ROBE	NAISSANCE	PÈRE	MÈRE
Jouet	87278	gris-clair	1909	Rataplan 66742	Brillante 41470
Jouet	88463	noir	1909	Salvator 62673	Girouette 87577
Jouet	89134	gris	1909	Vol-au-Vent 64112	Christine 84572
Joueur	84745	noir	1909	Clair-de-Lune 67183	Coquette 74977
Joueur	85797	gris	1909	Buffon 66472	Chevalière 55066
Joueur	86676	noir	1909	Madère 58886	Gentille 57534
Joueur	87119	noir	1909	Beauville-et-Sarthois 60534	Joliette 62619
Joueur	88055	noir	1909	Pistil 66076	Pelote 73413
Joueur	89162	noir	1909	Vol-au-Vent 64112	Alba 67706
Joueux	86446	noir	1909	Cousin 69050	Flaupée 54337
Jouffiu	84239	noir	1909	Pandore 68677	Mandoline 64436
Jouffiu	84714	gris foncé	1909	Erasme 60444	Devise 75084
Jouffiu	86388	noir	1909	Taupier 63548	Biche 44199
Jouffiu	86570	noir	1909	Etudiant 59291	Sabine 45134
Jouffiu	89463	gris	1909	Anticosto 67745	Héliotrope 38584
Jouffrey	84716	gris-foncé	1909	Rivoli 58502	Lurette 49571
Jouffrey	85046	gris-noir	1909	Albertus 65317	Biche 48123
Jouffrey	85112	noir	1909	Fier-à-Bras 65250	Madeleine 52473
Jouffrey	85406	noir	1909	Croquis 68451	Parfaite 65655
Jouffrey	85560	noir	1909	Espiègle 64024	Polka 66982
Jouffrey	86614	noir	1909	Souak II 46965	Rosette 49460
Jouffrey	88894	gris t. f.	1909	Barnac 51162	Fernande 30111
Jouffu	83912	noir	1909	Calicot 66928	Rosette 61409
Joug	83706	noir	1909	Labrador 66840	Cocotte 49062
Joug	83917	gris	1909	Bellâtre 62312	Georgette 34952
Joug	83950	noir	1909	Coco 46855	Martine 64888
Joug	84607	noir	1909	Lafrime 67501	Mariola 68130
Joug	85402	gris-foncé	1909	Avocat 66303	Lutine 56960
Joug	86387	noir	1909	Michelet 65179	Cocotte 54535
Joug	86787	bai	1909	Vazy 53265	Gamelle 54513
Joug	87280	noir	1909	Chartres-et-Coco 58130	Poule 54088
Joug	88305	noir	1909	Acrobate 68446	Coquette 57538
Joug	89164	noir	1909	Ambassadeur 68700	Petite-Chance 54192
Joug	89600	noir	1909	Aviso 52146	Pelote 87720
Jouglas	86431	noir	1909	Coquet 69131	Cerisette 52396
Jouif	85988	noir-zain	1909	Buffalo 65614	Fatma 41124
Jouillac	84140	noir	1909	Giacomo 66264	Furette 59453
Jouillat	88642	gris-vin.	1909	Coquet 69131	Fauvette 42839
Jouinville	88786	noir	1909	Néron 68346	Giroflée 68345
Jouir	88295	gris-foncé	1909	Orgeval 59039	Mouvette 53049
Jouissant	85392	gris	1909	Carnot 66666	Fauvette 69349
Jouissant	86272	noir	1909	Clair-de-Lune 67183	Gazeuse 71558
Jouissant	88298	noir	1909	Pelletan 69096	Lisette 69185
Jouisseur	88121	noir	1909	Taupier 63548	Charmante 78446
Joujou	83915	gris	1909	Bellâtre 62312	Charlotte 68592

NOM	N°	ROBE	Naissance	PÈRE	MÈRE
[illegible]	84718	gris	1909	Glucose 62232	Rosette 48248
[illegible]	84761	noir-zain	1909	Buffon 66472	Panthère 47301
[illegible]	84855	noir	1909	Etudiant 59291	Etoile 44932
[illegible]	86271	gris-clair	1909	Berlucheur 65407	Marquise 48169
[illegible]	87101	noir	1909	Actionnaire 64675	Bijou 50044
[illegible]	88120	noir	1909	Taupier 63548	Biche 21660
[illegible]	88296	noir-zain	1909	Ronchon 68123	Bisbille 59756
[illegible]	88691	gris	1909	Ermite 44360	Clorinde 36837
[illegible]	89170	noir	1909	Ambassadeur 68700	Callista 75139
[illegible]	89293	noir	1909	Téméraire 62465	Pâquerette 49885
[illegible]	84719	gris	1909	Glucose 62232	Gambétina 69970
[illegible]	84922	noir	1909	Bellâtre 62312	Gazeuse 69338
[illegible]	85113	noir	1909	Fier-à-Bras 65250	Rosia 67432
[illegible]	85216	gris-f.-v.	1909	Méritant 65126	Fricotte 63541
[illegible]	85753	gris	1909	Guillaume 65112	Cascade 47690
[illegible]	86270	noir	1909	Olivier 58082	Sultane 28419
[illegible]	87283	gris	1909	Rataplan 66742	Guenille 70880
[illegible]	88289	noir	1909	Ronchon 68123	Pâquerette 40658
[illegible]	85393	gris-f.-f.	1909	Pandore 68677	Charlotte 84412
[illegible]	87073	gris	1909	Actionnaire 64675	Souris 50045
[illegible]	84820	gris-foncé	1909	Etudiant 59291	Grenouille 69492
[illegible]	83893	gris	1909	Ixopo 68619	Fiancée 54708
Jourdain	85114	noir	1909	Buffalo 65614	Guimauve 71218
Jourdain	89445	gris-foncé	1909	Téméraire 62465	Petite 49681
Jourdain	85092	noir	1909	Villers 61613	Semadria 61327
Jourdan	85484	noir	1909	Furibond 68662	Xérès 54751
Jourdan	85997	gris	1909	Complaisant 68761	Mireille 49168
Jourdan	86612	gris-foncé	1909	Souak II 46965	Narbonne 49479
Aujourd'hui	86265	gris	1909	Mortier 67879	Petit-Loup 22081
[illegible]	88643	gris-foncé	1909	Coquet 69131	Rigolette 47138
Journal	83631	noir	1909	Buffon 66472	Biche 48025
Journal	84012	gris	1909	Olivier 58082	Grive 81794
Journal	84660	noir	1909	Fier-à-Bras 65250	Olga 58243
Journal	85456	gris-foncé	1909	Laricot 68469	Clavette 55443
Journal	86613	noir	1909	Souack II 46965	Jubine 49467
Journal	86706	bai-chât.	1909	Sistori 66964	Mouchette 67303
Journal	88299	noir-zain	1909	Acrobate 68416	Pâquerette 57539
Journal	88472	gris-foncé	1909	Amilcar 68213	Padette 50559
Journal	88692	noir	1909	Vaudemont 60507	Fable 75146
Journal	88822	gris	1909	Primeur 68044	Valérie 56880
Journal	89013	bai	1909	Eclair 63280	Polka 49188
Journal	89173	gris	1909	Vol au-Vent 64112	Fauceuse 68985
Journal	89362	noir	1909	Téméraire 62465	Eglantine 60064
Journal	89432	noir	1909	Bataclan 67152	Mouthe 50712
Journal	89579	noir	1909	Syndicat 65169	Francine 87698

NOM	N°	ROBE		PÈRE	MÈRE
Journalier	83820	gris	1909	Boileau 59048	Fanchette 42435
Journalier	83908	gris-foncé	1909	Vainqueur 62112	Joyeuse 57703
Journalier	83949	gris	1909	Aiguillon 66905	Biche 81782
Journalier	85764	gris	1909	Fernand 65262	Energie 59470
Journalier	86266	gris-foncé	1909	Général 66386	Gascogne 73288
Journalier	86586	noir	1909	Faisan 68627	Négresse 62247
Journalier	88302	gris-foncé	1909	Pelletan 69096	Brebis 49563
Journalier	88853	gris-foncé	1909	Télémaque 68172	Cocotte 50385
Journaliste	83578	gris	1909	Directeur 66448	Perruche 53514
Journaliste	86492	noir	1909	Lafayette 67798	Torgnole 57082
Journaliste	87288	noir	1909	Gréviste 68719	Lisette 56015
Journaliste	88775	bai	1909	Télémaque 68172	Célina 49913
Journaliste	89433	noir	1909	Martin 46912	Rosa 47942
Journaux	86347	noir	1909	Alcazar 45232	Rosalba 33732
Journaux	87903	gris-foncé	1909	Romancier 64606	Louise 64734
Journet	86472	noir-zain	1909	Makaroff 63245	Bravoure 36887
Journeyer	87289	noir-zain	1909	Gréviste 68719	Martichonnette 32[illegible]
Journeyer	88304	noir	1909	Acrobate 68416	Rustique 75001
Journy	88644	noir-zain	1909	Cyclone 65280	Génésique 60689
Jours	87906	noir	1909	Eclair 63280	Cerisette 36252
Joursac	88646	noir-m.-t.	1909	Sistori 66964	Mascotte 53442
Joury	85829	gris	1909	Trompeur 67881	Passavant 52368
Jousselin	84151	noir	1909	Michelet 65179	Pelotte 53785
Jousset	83935	gris	1909	Lama 68543	Baguette 50348
Jouter	86255	bai-brun	1909	Général 66386	Gauffrette 71549
Jouter	87290	gris-r.	1909	Christian 67392	Poule 54335
Jouter	88309	gris-cend.	1909	Pelletan 69096	Rigolette 57540
Jouteur	84010	noir-m.-t.	1909	Directeur 68271	Avarie 55267
Jouteur	84631	gris	1909	Guillaume 65112	Castille 52255
Jouteur	85156	noir	1909	Villers 61613	Marquise 37630
Jouteur	85447	noir	1909	Epinal 65631	France 64947
Jouteur	86258	bai	1909	Mortier 67879	Francine 38220
Jouteur	86585	gris-foncé	1909	Major 60014	Mouvante 32289
Jouteur	86674	noir	1909	Madère 58886	Sylvie II 23805
Jouteur	88694	noir-m.-t.	1909	Tony 44950	Biche 49303
Jouteur	88771	gris	1909	Télémaque 68172	Coquette 49915
Jouteur	89544	gris	1909	Florentin II 67155	Vénus 52778
Jouteux	86440	noir	1909	Carnot 66666	Joyeuse 44987
Joutreux	83862	noir	1909	Boileau 59048	Malice 61430
Joutun	88474	gris-f.-f.	1909	Amilcar 68213	Rigolette 87568
Jouvenceau	83572	gris-foncé	1909	Laricot 68469	Donzelle 47714
Jouvenceau	84915	noir	1909	Bellâtre 62312	Marquise 46390
Jouvenceau	85851	gris	1909	Pépin 66724	Brillante 60832
Jouvenceau	87074	noir	1909	Actionnaire 64675	Poule 49826
Jouvenceau	87291	noir	1909	Christian 67392	Lina 60635

NOM	N°	ROBE	Naissance	PÈRE	MÈRE
[illegible]	88312	gris-foncé	1909	Cassan 66064	Fauvette 55810
[illegible]	88695	gris-noir	1909	Facteur 53509	Aurore 60293
[illegible]	88854	noir	1909	Ludovic 47508	Lirette 60828
[illegible]	89369	noir	1909	Téméraire 62465	Ronde 49318
[illegible]	89563	noir	1909	Michelet 65179	Gaillarde 87654
[illegible]	89584	noir	1909	Ducat 68923	Sésostrie 65551
[illegible]	88647	gris-foncé	1909	Sistori 66964	Girafe 60593
[illegible]	85980	gris-foncé	1909	Fernand 65262	Pâquerette 81813
[illegible]	85886	noir-zain	1909	Méritant 65126	Chérie 47673
[illegible]	89449	noir	1909	Cratère 69004	Poldine 59062
[illegible]	84603	noir	1909	Carnot 66666	Castille 47082
[illegible]	85043	gris	1909	Buffon 66472	Margot 52317
[illegible]	85293	noir	1909	Général 66386	Senora 68112
[illegible]	85756	noir	1909	Espiègle 64024	Algésiras 67491
[illegible]	86467	gris	1909	Sistori 66964	Vanette 68440
[illegible]	87908	noir	1909	Santos 65782	Jacotte 36993
[illegible]	88470	gris fer f.	1909	Amilcar 68213	Mascara 47079
[illegible]	84662	noir	1909	Fier-à-Bras 65250	Arcadie 58380
[illegible]	84914	noir	1909	Bellâtre 62312	Lisette 29687
[illegible]	86261	noir	1909	Mortier 67879	Pimpante 57500
[illegible]	87053	noir	1909	Souak II 46965	Poule 49833
[illegible]	88320	bai	1909	Cassan 66064	Biche 49859
[illegible]	84009	noir-zain	1909	Directeur 68271	Julie 17521
[illegible]	84040	gris	1909	Laricot 68469	Pelotte 50430
[illegible]	85153	gris-clair	1909	Buffon 66472	Biche 49953
[illegible]	87068	noir	1909	Aspirant 65078	Lisa 58767
[illegible]	88648	noir	1909	Sistori 66954	Castille 49289
[illegible]	85898	noir-zain	1909	Méritant 65126	Poulie 43028
[illegible]	84041	noir	1909	Fier-à-Bras 65250	Rosette 32868
[illegible]	83727	gris	1909	Agathon 65668	Castille 48111
[illegible]	83881	noir	1909	Vainqueur 62112	Pelote 47131
[illegible]	84056	bai-clair	1909	Général 66386	Sirène 58526
[illegible]	84143	gris-foncé	1909	Etudiant 59291	Matine 68084
[illegible]	84586	noir	1909	Méritant 65126	L'Amie 25676
[illegible]	84881	noir	1909	Laricot 68469	Alice 68577
[illegible]	84916	noir	1909	Bellâtre 62312	Rigolette 65151
[illegible]	86631	gris	1909	Vagabond 68854	Estrade 62625
[illegible]	86675	gris	1909	Médaillon 48940	Galmette 70156
[illegible]	87292	bai	1909	Chartres-ex-Coco 56130	Coquette 64568
[illegible]	88313	noir	1909	Piqueur 68432	Rosière 59071
[illegible]	88696	noir	1909	Facteur 53509	Turbulente 57045
[illegible]	88861	gris	1909	Frondeur 68350	Vigoureuse 33811
[illegible]	89022	noir-m.-t.	1909	Directeur 68271	Grippette 73211
[illegible]	89587	noir	1909	Amilcar 68213	Galette 87710
[illegible]	83733	noir	1909	Agathon 65668	Brillante 49338

NOM	N°	ROBE	Naissance	PÈRE	MÈRE
Jovien	85382	gris-bleu	1909	Pandore 68677	Charmante 57325
Jovien	87120	noir	1909	Actionnaire 64675	Gazelle 72374
Jovien	87294	bai-b.-z.	1909	Canadien 58355	Rossette 52432
Jovien	88975	bai	1909	Dazou-ex-Palmier 59475	Décidée 66950
Jovin	85773	gris	1909	Fier-à-Bras 65150	Ablette 64476
Jovin	87088	bai	1909	Actionnaire 64675	Lisette 54167
Jovin	88471	noir	1909	Amilcar 68213	Daphné 60142
Jovin	89394	noir	1909	Cratère 69004	Rose 75096
Jovinien	88071	bai	1909	Michelet 65179	Biche 53636
Jox	85874	gris-f.-v.	1909	Pépin 66724	Prudence 46648
Joyau	84671	noir	1909	Acajou 66587	Modeste 60390
Joyau	85313	noir	1909	Michelet 65179	Biche 53632
Joyau	85450	noir	1909	Paulus 58125	Lisette 53535
Joyau	86058	gris-vin.	1909	Pépin 66724	Armure 52062
Joyau	86256	gris	1909	Général 66386	Coquette 50751
Joyau	86670	noir	1909	Médaillon 48940	Etoile 60144
Joyau	87097	gris	1909	Colon 65462	Petite 50047
Joyau	87805	noir	1909	Marathon 66844	Thalie 47373
Joyau	88315	noir	1909	Cyclone 65280	Charmante 48349
Joyau	88697	gris-foncé	1909	Facteur 53509	Ambition 60479
Joyau	88802	noir	1909	Ludovic 47508	Coquette 27902
Joyau	88980	bai	1909	Enjoleur 63649	Lucile 58229
Joyau	89178	gris	1909	Vol-au-Vent 64112	Lisette 31562
Joyau	89282	noir-zain	1909	Siphon 60328	Pierrette 59922
Joyau	89291	noir	1909	Téméraire 62465	Ripette 75109
Joyau	89476	noir	1909	Martin 46912	Coquette 66437
Joyeux	83667	noir	1909	Labrador 66840	Arbalète 66419
Joyeux	83836	noir	1909	Rupin 65256	Stella 52813
Joyeux	84176	noir	1909	Fier-à-Bras 65250	Coquette 49056
Joyeux	84874	gris-foncé	1909	Célibat 64968	Africaine 47150
Joyeux	85292	gris-foncé	1909	Général 66386	Tulipe 56883
Joyeux	85345	gris	1909	Eclair 63280	Coquette 61384
Joyeux	85451	gris-foncé	1909	Pandore 68677	Manille 44155
Joyeux	86608	noir	1909	Souack II 46965	Cocotte 23586
Joyeux	86630	gris	1909	Bizot 67779	Culture 56574
Joyeux	86775	noir	1909	Condé 59486	Carabie 84502
Joyeux	86977	noir	1909	Donib ex Monib 58945	Bonnaire 59459
Joyeux	87293	noir	1909	Vésuve 67514	Grabuche 73037
Joyeux	87978	bai-brun	1909	Amilly 66447	Aubépine 67539
Joyeux	88318	noir	1909	Oscar 45901	Lisette 53585
Joyeux	88630	noir	1909	Sarthor 67232	Lisette 69104
Joyeux	88776	noir	1909	Télémaque 68172	Lisette 50638
Joze	88651	noir	1909	Acrobate 68416	Mouvette 55800
Jua	83570	noir	1909	Directeur 66448	Argentine 44989
Juan	84956	noir-rub.	1909	Bellâtre 62312	Marolette 68591

NOM	Nº	ROBE	Naissance	PÈRE	MÈRE
[illegible]	85697	gris	1909	Folichon 67442	Indécise 52722
[illegible]	86013	gris-foncé	1909	Makaroff 63245	Jeannette 53622
[illegible]	86519	noir	1909	Makaroff 63245	Taupette 25714
[illegible]	86876	gris ord.	1909	Taupier 63548	Bamboche 63337
[illegible]	86938	noir	1909	Madère 58886	Arlée 67928
[illegible]	89351	gris-noir	1909	Castor 62398	Marquise 49984
[illegible]	85437	noir	1909	Fier-à-Bras 65250	Pelote 61208
[illegible]	83902	noir	1909	Epinal 65631	Olga 34392
[illegible]	84096	noir	1909	Paulus 58125	Gosette 70494
[illegible]	84600	gris-foncé	1909	Folichon 67442	Muscade 61329
[illegible]	85039	noir	1909	Laricot 68469	Genita 69765
[illegible]	85199	gris	1909	Général 66386	Colombine 67357
[illegible]	86489	gris-foncé	1909	Lafayette 67798	Pastille 42242
[illegible]	86940	noir	1909	Médaillon 48940	Claudine 64145
[illegible]	88742	gris	1909	Ermite 44360	Chimène 56006
[illegible]	84593	noir	1909	Laricot 68469	Favorie 61098
[illegible]	86943	noir	1909	Madère 58886	Valentine 49940
[illegible]	88036	noir	1909	Salvator 62673	Ega 59904
[illegible]	84100	gris	1909	Lafrime 67501	Actrice 62780
[illegible]	84673	noir	1909	Coco 46855	Marquise 49393
[illegible]	84785	noir	1909	Pandore 68677	Coquette 50320
[illegible]	85452	gris-foncé	1909	Coco 46855	Juliane 66960
[illegible]	86259	gris	1909	Mortier 67879	Castille 49271
[illegible]	87094	noir-zain	1909	Denonville-ex-Sarthois 60531	Marquise 49817
[illegible]	87295	noir	1909	Christian 67392	Bichette 84501
[illegible]	88319	noir	1909	Oscar 45901	Fallette 50183
[illegible]	85336	noir-rub.	1909	Moulinet 68017	Chéchia 57968
[illegible]itaire	87934	gris-noir	1909	Faisan 68627	Camille 33844
[illegible]llant	84199	gris-fer	1909	Arlequin 65573	Charmante 61381
[illegible]llant	84663	gris	1909	Dégel 45100	Bijou 54340
[illegible]blé	84742	gris	1909	Andrinople 65226	Malva 47220
[illegible]blé	85255	gris-r.	1909	Fier-à-Bras 65250	Ganotte 81771
[illegible]blé	85453	noir	1909	Séducteur 64316	Fachette 64399
[illegible]blier	87297	noir	1909	Lablache 68289	Margot 47860
[illegible]billet	84764	bai-brun	1909	Pépin 66724	Chipette 63386
[illegible]bla	86063	gris-bleu	1909	Salvator 62673	Gonflée 72991
[illegible]bla	86957	gris-bleu	1909	Salvator 62673	Jubine 50382
[illegible]blaise	85542	noir	1909	Pandore 68677	Polka 68679
[illegible]blaise	87911	gris-f. l. v.	1909	Vésuve 67514	Rosette 84473
[illegible]blaise	88654	noir	1909	Cyclone 65280	Nauthilde 51806
[illegible]bu	84798	noir	1909	Moulinet 68017	Chopine 65513
[illegible]uch	84833	gris	1909	Berlucheur 65107	Coquette 61243
[illegible]ché	84205	gris-bleu	1909	Rupin 66003	Lisette 59903
[illegible]cher	86405	noir	1909	Avocat 66303	Talpa 51181
[illegible]cher	88322	noir	1909	Piqueur 68432	Biche 49592

NOM	N°	ROBE	Naissance	PÈRE	MÈRE
Jucheir	84910	noir	1909	Singeur 66756	Joyeuse 67055
Jucheir	85440	gris-foncé	1909	Paulus 58425	Armandine 52998
Jucheir	87300	gris noir	1909	Lablache 68289	Glette 69704
Jucheir	88328	gris-vin.	1909	Campagny-ex-Robion 56073	Mulotte 57547
Juclyste	89555	gris	1909	Bataclan 67152	Bichette 49843
Jucula	87079	gris	1909	Actionnaire 64675	Rosine 50049
Jucule	85337	noir	1909	Michelet 65179	Coquette 61374
Jud	84769	noir	1909	Fanfaron 66860	Grimace 70998
Juda	84038	gris	1909	Fanfaron 66860	Czarine 67634
Judaïque	84196	noir	1909	Valory 58112	Margot 73412
Judaïsant	87302	gris-fer	1909	Chartres-ex-Coco 56130	Lucette 57520
Judaïsant	88323	gris-foncé	1909	Ronchon 68125	Rosette 64577
Judaiser	86254	gris-foncé	1909	Olivier 58082	Charmante 53554
Judaiser	88329	gris-foncé	1909	Coquet 69131	Etamine 59898
Judas	83565	noir	1909	Actionnaire 64675	Rosette 49566
Judas	83566	noir	1909	Directeur 66448	Stella 44091
Judas	84909	noir	1909	Singeur 66756	Esplanade 58720
Judas	85213	noir-zain	1909	Biberon 67515	Mouchère 57099
Judas	85835	noir	1909	Croquis 68451	Simonne 41776
Judas	85940	noir	1909	Cyclone 65280	Saisie 60469
Judas	86039	gris-foncé	1909	Triolet 66843	Réplique 68457
Judas	86249	noir	1909	Clair-de-Lune 67183	Margot 48065
Judas	86606	gris	1909	Souak II 46965	Cocotte 49468
Judas	86632	bai	1909	Turlutin 68723	Coquette 47685
Judas	87305	noir	1909	Lablache 68289	Raquette II 43306
Judas	88866	gris	1909	Ludovic 47508	Roulette 55459
Judas	88986	gris-foncé	1909	Erasme 60444	Framée 36991
Jude	83626	noir	1909	Courbet 63077	Poule 61211
Jude	85200	noir	1909	Berlucheur 65107	Noisette 33935
Jude	86671	gris	1909	Azope-ex-Exope 46687	Lisette 49595
Jude	86827	noir	1909	Madère 58886	Zézette 40572
Jude	86939	gris	1909	Médaillon 48940	La Rampe 69064
Jude	86964	noir-zain	1909	Denouville-ex-Sartbois 60531	Belotte 49629
Jude	87993	noir	1909	Pandore 68077	Louise 46039
Judechape	85892	noir	1909	Complaisant 68761	Volvelle 52452
Judéen	83814	noir	1909	Epinal 65631	Favorite 62836
Judéen	85209	noir-m.-t.	1909	Général 66386	Rosette 53795
Judée	86248	noir	1909	Général 66386	Elue 67278
Judée	86402	noir	1909	Directeur 66448	Robine 44965
Judée	87303	gris-noir	1909	Marathon 66841	Pâquerette 44004
Judès	87121	noir	1909	Aspirant 65078	Gasconne 72376
Judex	85335	bai-chât	1909	Moulinet 68017	Mouvette 50323
Judex	86894	noir	1909	Mahkarof 63877	Biche 50687
Judicaël	84037	noir-rub.	1909	Boileau 59048	Rustique 61412
Judicaël	84899	noir	1909	Coco 46855	Biche 61365

NOM	N°	ROBE	Naissance	PÈRE	MÈRE
[illegible]	87485	bai-b. t. f.	1909	Cloriadec 64615	Margot 56083
[illegible]	88123	noir	1909	Amilly 66447	Biche 54382
[illegible]	84664	noir	1909	Dégel 45100	L'Amie 50092
[illegible]	85225	noir-mat	1909	Lafayette 67798	Amélie 41783
[illegible]	85442	bai-foncé	1909	Espiègle 64024	Jubine 49219
[illegible]	86245	noir	1909	Clair-de-Lune 67183	Rusette 64827
[illegible]	87072	gris	1909	Marindas 62414	Castille 49823
[illegible]	87306	gris-foncé	1909	Truc 67197	Charmante 48221
[illegible]	87923	noir	1909	Michelet 65179	Farinette 54373
[illegible]	83579	gris	1909	Directeur 66448	Disette 65509
[illegible]	84203	noir-zain	1909	Michelet 65179	Bergeronnette 56476
[illegible]	85444	gris p. b.	1909	Epinal 65631	Girondelle 71764
[illegible]	86404	noir	1909	Avocat 66303	Tolbia 63146
[illegible]	86409	noir	1909	Salvator 62673	Gitana 71847
[illegible]	86667	noir	1909	Mahkarof 63877	Alza 36739
[illegible]	87059	noir	1909	Actionnaire 64675	Lucette 55024
[illegible]	87308	noir	1909	Sambetta 69149	Grisette 60710
[illegible]	89491	noir	1909	Florentin II 67155	Mignonne 44409
[illegible]	84204	gris-noir	1909	Michelet 65179	Coquette 49405
[illegible]	87085	noir	1909	Denonville-ex-Sarthois 60531	Jolie 54169
[illegible]	88077	gris-f.-f.	1909	Michelet 65179	Eloïse 54075
[illegible]	83738	noir	1909	Fier-à-Bras 65250	Chanteuse 62692
[illegible]	84102	gris	1909	Epinal 65631	Anita 35342
[illegible]	84166	noir	1909	Complaisant 68761	Gazoline 69455
[illegible]	84665	noir	1909	Célibat 64968	Margot 49717
[illegible]	84906	noir	1909	Giacomo 66264	Rosette 75044
[illegible]	84908	noir	1909	Fanfaron 66860	Rustique 47832
[illegible]	85446	noir	1909	Epinal 65631	Trébia 38451
[illegible]	86565	gris-foncé	1909	Fier-à-Bras 65150	Mouvette 50090
[illegible]	86777	gris-r.	1909	Condé 59486	Lisette 59318
[illegible]	87310	noir	1909	Douvreur-ex-Couvreur 58335	Gaillarde 71367
[illegible]	88457	noir	1909	Macaron 67982	Rabelaise 67467
Jugeals	84834	gris-noir	1909	Célibat 69468	Vaillante 62963
Jugement	85978	noir	1909	Lafrime 67501	Finale 55952
Jugement	86250	noir	1909	Clair-de-Lune 67183	Coquette 50100
Jugement	87313	noir	1909	Marathon 66841	Zama 40988
Jugement	88056	gris-bleu	1909	Pistil 66076	Margot 61449
Jugement	88326	gris-foncé	1909	Piqueur 68432	Lubinette 68689
Jugeot	87062	gris	1909	Marindas 62414	Coquette 49825
Juger	87314	noir	1909	Marathon 66841	Neigeuse 59277
Juger	88335	noir	1909	Pelletan 69096	Scotick 59680
Juges	83625	noir	1909	Abderam 66381	Bichette 49325
Jugeur	86237	gris-foncé	1909	Général 66386	Chopine 28036
Jugeur	86886	noir	1909	Taupier 63548	Campanule 68913
Juglar	89122	gris	1909	Victorieux 64424	Eclatante 35100

NOM	N°	ROBE		PÈRE	MÈRE
Jugon	83624	alezan	1909	Pirot 67431	Dalila 28188
Jugon	84163	noir	1909	Coco 46855	Biche 64483
Jugon	84835	noir	1909	Boileau 59048	Romance 67188
Jugon	84839	gris-foncé	1909	Guillaume 65112	Victoire 45187
Jugon	87912	gris-foncé	1909	Cloriadec 64615	Gidelle 30752
Jugon	88655	gris-foncé	1909	Marathon 66841	Rigolette 50189
Jugon	88973	noir	1909	Forbonet-ex-Orateur 65540	Bluette 53087
Juguler	84907	gris	1909	Giacomo 66264	Thérésa 35430
Juguler	87317	gris-clair	1909	Marathon 66841	Fuschine 65005
Jugules	83573	noir-rub.	1909	Laricot 68469	Rosalie 54304
Jugules	86394	bai-brun	1909	Sistori 66964	Fraisette 63107
Jugurtha	83571	noir	1909	Directeur 66448	Athalie 47304
Jugurtha	84680	gris-cend.	1909	Rivoli 58502	Altière 81825
Jugurtha	86012	gris	1909	Makaroff 63245	Chérie 50442
Jugurtha	86895	noir	1909	Taupier 63548	Kasbah 64959
Jugurtha	88753	noir	1909	Fandango 67590	Léda 40407
Jugy	85161	noir-zain	1909	Célibat 64968	Castille 61470
Juhel	84160	gris	1909	Cornil 65315	Castille 66347
Juich	85870	gris	1909	Croquis 68451	Sina 53124
Juicq	87913	bai-b.-t.-f.	1909	Cloriadec 64618	Solide 84474
Juicq	88660	noir	1909	Marathon 66841	Vigoureuse 60476
Juif	83992	noir-m.-t.	1909	Etudiant 59291	Mouvette 47739
Juif	85875	gris-foncé	1909	Fernand 65262	Pâquerette 56382
Juif-Errant	86561	noir	1909	Méritant 65128	Fantine 84460
Juif-Errant	88867	gris	1909	Ludovic 47508	Farfadette 55460
Juif-Errant	88893	bai-brun	1909	Blésois 65917	Vaillante 45716
Juiff	85833	gris	1909	Croquis 68451	Biche 49379
Juignac	88659	gris-foncé	1909	Campigny-en-Rothea 54673	Cendrette 57046
Juigné	87914	gris-noir	1909	Laërte 68302	Marie-Stuart 55982
Juillac	83621	gris-foncé	1909	Actionnaire 64675	Erymanthe 38664
Juillac	83824	gris-vin.	1909	Vainqueur 62112	Kassetout 52575
Juillac	84837	noir	1909	Laricot 68469	Polka 61502
Juillac	85197	gris-clair	1909	Guillaume 65112	Lisette 54563
Juillac	85545	noir	1909	Pandore 68677	Pastille 64004
Juillac	85770	noir	1909	Lafrime 67501	Biche 47288
Juillac	86035	gris-f.-v.	1909	Coquet 69131	Chopine 64864
Juillac	87915	gris-foncé	1909	Alcazar 64710	Frisette 53625
Juillac	88661	noir	1909	Canadien 58355	Mouvette 75040
Juillan	84843	gris-clair	1909	Villers 61613	Pyramide 40483
Juillard	84060	gris	1909	Fier-à-Bras 65250	Castille 61344
Juillé	85289	noir	1909	Jolibois 66958	Madelon 49293
Juillet	83622	gris-foncé	1909	Actionnaire 64675	Rosalia 68844
Juillet	85428	gris-foncé	1909	Guillaume 65112	Morillo 52225
Juillet	85769	noir	1909	Carnot 66666	Bichette 57420
Juillet	86240	bai	1909	Clair-de-Lune 67183	Canette 67285

NOM	N°	ROBE	Naissance	PÈRE	MÈRE
Juillet	86783	noir	1909	Tamerlan 46369	Germaine 47266
Juillet	87315	gris-f.-v.	1909	Marathon 66841	Argentine 68097
Juillet	88339	noir	1909	Tamarin 66451	Bichette 47780
Juillet	89186	gris	1909	Décime 60587	Fauvette 51092
Jolly	84741	noir-zain	1909	Fier-à-Bras 65150	Marinette 47219
Jolly	87916	gris-noir	1909	Alcazar 64710	Gaillante 72190
Jolly	88755	gris	1909	Ermite 44360	Pâquerette 45191
Juin	83623	noir	1909	Glucose 62232	Turlurette 59200
Juin	84675	noir	1909	Olivier 58082	Souris 57501
Juin	84902	noir	1909	Fier-à-Bras 65250	Margot 48108
Juin	85268	noir	1909	Epinal 65631	Giselle 69389
Juin	85433	noir	1909	Villers 61613	Brillante 50207
Juin	85578	noir	1909	Jolibois 66958	Janneton 73427
Juin	86047	noir-zain	1909	Cyclone 67659	Lisette 49317
Juin	86243	noir	1909	Mortier 67879	Pimpante 56841
Juin	86572	noir	1909	Fanfaron 66860	Brillante 47305
Juin	86782	noir	1909	Tamerlan 46369	Pelotte 50176
Juin	87318	gris-vin.	1909	Gréviste 68719	Mouvette 51376
Juin	88341	gris-foncé	1909	Total 68392	Voltige 74993
Juin	88791	gris-foncé	1909	Primeur 68044	Frivole 68328
Ju-Jitsu	86781	noir	1909	Tamerlan 46369	Princesse 24550
Jujella	84841	noir	1909	Villers 61613	Carabie 81814
Jujube	83734	noir	1909	Agathon 65668	Ida 61505
Jujube	84961	noir-zain	1909	Vainqueur 62112	Civette 58356
Jujube	85434	gris-clair	1909	Villers 61613	Margot 50205
Jujube	86921	noir	1909	Mahkarof 63877	Fredaine 67323
Jujube	87064	gris	1909	Marindas 62414	Rosette 49827
Jujube	88699	gris-vin.	1909	Benjoin 62927	Valseuse 64912
Jujube	88988	gris-fer	1909	Erasme 60444	Polka 50531
Jujubier	85435	gris-clair	1909	Epinal 65631	Boulevardière 64459
Jujubier	86238	gris	1909	Clair-de-Lune 67183	Grimpante 70559
Jujubier	88342	noir	1909	Orgeval 59039	Bon-Espoir 50077
Jujuy	87065	noir	1909	Marindas 62414	Rustique 65344
Jujuy	88075	gris-bleu	1909	Michelet 65179	Cocotte 61444
Julary	85897	noir	1909	Méritant 65126	Printanière 84376
Julbert	85944	noir-rub.	1909	Cassan 66064	Rapide 47911
Julep	83636	noir	1909	Giacomo 66264	Biche 49383
Julep	83737	gris-vin.	1909	Agathon 65668	Rochette 66353
Julep	84899	gris	1909	Boileau 59048	Pistache 44129
Julep	85436	gris	1909	Paulus 58125	Jubine 49267
Julep	85812	gris-noir	1909	Trompeur 67881	Biche 50007
Julep	86010	noir	1909	Etudiant 59291	Sophie 50804
Julep	86244	noir	1909	Général 66386	Nicolette 55274
Julep	86920	noir	1909	Mahkarof 63877	Arégonde 51804
Julep	87083	noir	1909	Souack II 46965	Pâquerette 50040

NOM	N°	ROBE	Naissance	PÈRE	MÈRE
Julep	87319	noir	1909	Canadien 58355	Chiffony 64991
Julep	88063	noir	1909	Amilly 66447	Engeance 63475
Julep	88343	noir	1909	Orgeval 59039	Madérette 69095
Julep	89185	gris	1909	Anticosto 67745	Mathilde 31561
Jules	83643	noir	1909	Boileau 59048	Fabelle 62341
Jules	84069	noir	1909	Espiègle 64024	Pelote 54330
Jules	84095	gris-foncé	1909	Trompeur 67881	Gargamelle 70324
Jules	84249	noir	1909	Ixopo 68619	Divette 61519
Jules	85486	noir	1909	Clovis 67511	Margotte 61357
Jules	86432	noir	1909	Cyclone 65280	Badiane 43040
Jules	86737	noir	1909	Condé 59486	Bijou 50698
Jules	86860	gris	1909	Médaillon 48940	Acnée 60368
Jules	87052	noir	1909	Actionnaire 64675	Lisette 58772
Jules-César	88910	noir	1909	Ambassadeur 68700	Hermine 56540
Jules-Verne	88761	gris	1909	Facteur 53509	Frison 67567
Julex	85998	noir	1909	Complaisant 68761	Mousse 30471
Julian	85178	noir	1909	Faisan 68627	Mouvette 49684
Juliard	88150	noir	1909	Stanley 62078	Corisandre 68941
Julien	83561	gris-clair	1909	Guillaume 65112	Finaude 57628
Julien	83666	gris	1909	Labrador 66840	Gousse 62997
Julien	83761	noir-m.-t.	1909	Aspirant 65078	Rosette 56631
Julien	84763	noir-zain	1909	Croquis 68451	Pâquerette 49675
Julien	84898	gris	1909	Labrador 66840	Ponpette 45109
Julien	85775	noir	1909	Etudiant 59201	Frisée 62977
Julien	85810	noir	1909	Lafayette 67798	Mouvette 47909
Julien	86235	noir	1909	Général 66386	Colette 57034
Julien	86987	gris-noir	1909	Actionnaire 64675	Margot 58768
Julien	87316	gris-foncé	1909	Marathon 66841	Docile 68008
Julien	88344	noir	1909	Taupier 63548	Hernani 56597
Julien	89227	alezan	1909	Victorieux 64124	Bijou 31102
Julien	89332	noir	1909	Castor 62398	Gaspille 71596
Julien	89611	gris-foncé	1909	Castor 62398	Cornette 55294
Julio	88149	noir	1909	Taupier 63548	Gamine 72783
Juliobriga	88021	noir	1909	Faisan 68627	Lisette 78550
Juliopolis	86374	noir	1909	Michelet 65179	Aventure 62181
Juliopolis	86716	gris-fer-f.	1909	Domino 57067	Junon 59088
Julior	83569	gris-foncé	1909	Agathon 65668	Rigolette 53870
Julior	84169	noir	1909	Paulus 58125	Chopine 81854
Juliot	85179	gris	1909	Faisan 68627	Gada 71429
Juliot	88803	gris	1909	Ludovic 47508	Mina 56854
Julis	88078	gris-bleu	1909	Michelet 65179	Coquette 78539
Julium	87084	gris	1909	Souak II 46965	Margot 65340
Julium	88074	noir	1909	Michelet 65179	Castille 63974
Julius	83583	noir	1909	Lafayette 67798	Violette 49163
Julius	87064	noir	1909	Denonville-ex-Saribois 60531	Marguerite 65337

NOM	N°	ROBE	Naissance	PÈRE	MÈRE
Julius	89590	noir	1909	Amilly 66447	Faribole 87716
Julius	89612	noir	1909	Montargis 62402	Minerve 67445
Jules	85287	noir	1909	Exploit 67202	Diane 61400
Jules	87918	noir	1909	Blésois 65917	Glisseuse 72978
Julot	84131	noir	1909	Espiègle 64024	Esthelle 61815
Julot	85530	noir	1909	Fanfaron 66860	Fabienne 65618
Julot	86410	gris-foncé	1909	Madère 58886	Cyclamen 37565
Jumeau	84232	noir	1909	Buffalo 65614	Fanchon 67368
Jumeau	85439	noir	1909	Paulus 58125	Bijou 61315
Jumeau	86252	noir-m. t.	1909	Clair-de-Lune 67183	Pimpante 61252
Jumeau	86449	noir-zain	1909	Sistori 66964	Vésicule 57055
Jumeau	87080	noir	1909	Denonville-ex-Sarthois 60531	Biche 50254
Jumeau	87324	gris-foncé	1909	Christian 67392	Galette 70334
Jumeau	88065	bai-foncé	1909	Michelet 65179	Gredine 69996
Jumeau	88345	gris-foncé	1909	Taupier 63548	Coquette 49764
Jumeau	88964	noir	1909	Kado 68413	Fleurine 60794
Jumeaux	83617	noir	1909	Laricot 68469	Gantière 53949
Jumel	85172	noir	1909	Paulus 58125	Margot 49587
Jumel	87919	gris-bleu	1909	Guguste 64730	Mignonne 50575
Jumelé	85443	gris-clair	1909	Epinal 65631	Ariane 58188
Jumelé	88039	noir	1909	Michelet 65179	Gaillarde 87572
Jumelé	88346	noir	1909	Taupier 63548	Cérès 48124
Jumeler	86234	gris-foncé	1909	Général 66386	Cocotte 64384
Jumeler	87328	gris-noir	1909	Truc 67197	Plaisante 60184
Jumentaire	84699	gris	1909	Giacomo 66264	Jubine 49484
Jumentès	87329	noir	1909	Christian 67392	Mira 43043
Jumenteux	86547	noir	1909	Carnot 66666	Musette 43664
Jumet	83830	gris	1909	Vainqueur 62112	Rustique 43879
Jumet	85774	noir	1909	Fier-à-Bras 65150	Meunière 63266
Jumeuneuf	85275	gris	1909	Fernand 65262	Gazette 66743
Jumilhac	84034	noir	1909	Abdéram 66381	Tartine 57818
Jumilhac	85281	gris-noir	1909	Fandango 67590	Bayadère 62016
Jumillac	87920	noir-zain	1909	Blésois 65917	Eva 61507
Junay	85175	noir	1909	Casino 65452	Ingonde 51805
Junay	87922	noir	1909	Blésois 65917	Collerette 68956
Junetus	85800	gris	1909	Fanfaron 66860	Muscade 43021
Jungfrau	83618	gris	1909	Laricot 68469	Bertine 58247
Jungle	87086	gris	1909	Marindas 62414	Gamine 54166
Jungo	83567	noir	1909	Agathon 65668	Poireau 68648
Jungo	83774	noir	1909	Syndicat 65169	Gaudaine 70215
Jungo	84639	noir	1909	Carnot 66666	Tulipe 66398
Junhac	85176	bai-brun	1909	Jolibois 66958	Margot 61215
Junin	86954	gris-bleu	1909	Salvator 62673	Galissonnière 52545
Junin	87070	bai	1909	Denonville-ex-Sarthois 60531	Gamine 65347
Juniperius	84111	noir	1909	Général 66386	Biche 49449

NOM	N°	ROBE		PÈRE	MÈRE
Junipérus	84703	noir	1909	Souak II 46965	Biche 49423
Junipérus	87339	noir	1909	Marathon 66841	Urbaine 39196
Junipérus	88352	noir	1909	Fendlair 62699	Rébisonde 67747
Junier	83593	noir	1909	Lafayette 67798	Caroline 62127
Junier	83781	bai	1909	Calicot 66928	Ginette 69652
Junier	84704	noir-zain	1909	Labrador 66840	Delta 54303
Junier	84892	noir	1909	Albertus 65317	Pimpante 43930
Junier	85207	noir	1909	Berlucheur 65107	Ombrelle 50433
Junier	85262	noir	1909	Général 66386	Sidonie 58558
Junier	86230	noir-zain	1909	Mortier 67879	Chopine 47789
Junier	86500	noir-zain	1909	Buffon 66472	Castille 50784
Junier	86857	noir	1909	Médaillon 48940	Charmante 84507
Junier	87330	gris-clair	1909	Truc 67197	Pelote 47949
Junier	88351	gris foncé	1909	Orgeval 59039	Castille II 54298
Junier	88832	gris	1909	François 68332	Epatante 30377
Junier	89189	noir	1909	Vol-au-Vent 64112	Bichette 60499
Junier	89473	noir	1909	Bataclan 67152	Charmante 49632
Junius	83592	gris-ard.	1909	Trompeur 67881	Lisette 73374
Junius	84623	gris-noir	1909	Coco 46855	Biche 50314
Junius	88828	noir	1909	François 68332	Fleurie 68336
Junius	89583	gris	1909	Anticosto 67745	Gasconne 75143
Juniville	84035	gris	1909	Aiglon 66343	Normande 54646
Junmah	86955	noir	1909	Salvator 62673	Tracassée 58040
Junon	89337	noir	1909	Castor 62398	Maquette 75103
Junonis	87928	gris-bleu	1909	Faisan 68627	Amoureuse 59662
Junet	83591	gris-foncé	1909	Trompeur 67881	Mouvette II 53573
Junet	83620	bai-zain	1909	Fier-à-Bras 65250	Bellonne 48075
Junet	83752	gris	1909	Myrte 66768	Sirius 62032
Junet	83900	bai	1909	Buffalo 65614	Margot 50380
Junet	84036	noir-zain	1909	Boileau 59048	Florence 57750
Junet	84669	bai-br.-f.	1909	Duseau-ou-Palmier 59475	Moutonne 57302
Junet	85201	gris t. cl.	1909	Guillaume 65112	Froufrou 53112
Junet	85344	gris	1909	Fernand 65262	Escaloppe 59471
Junet	86366	noir	1909	Bellâtre 62312	Fumeterre 65355
Junet	87057	noir	1909	Marindas 62414	Bichette 49989
Junet	88892	gris	1909	Barnac 51162	Fleurie 56855
Junet	89228	gris	1909	Victorieux 64124	Camélia 41944
Junet	89339	gris-foncé	1909	Rolland 60321	Carolie 68821
Junet	89623	gris-foncé	1909	Exploit 67202	Lavandière 67604
Junto	87133	noir	1909	Actionnaire 64675	Gamine 72340
Jupille	89519	noir	1909	Vaillant 62401	Bichette 49822
Jupin	85230	gris	1909	Trompeur 67881	Grille 70897
Jupin	86482	noir	1909	Sistori 66964	Vermouth 50773
Jupin	87935	gris-bleu	1909	Faisan 68627	Serpolette 63868
Jupiter	83757	gris	1909	Abderam 66381	Mirca 57430

NOM	N°	ROBE	Naissance	PÈRE	MÈRE
Jupiter	83897	noir	1909	Paulus 58125	Liévrette 67233
Jupiter	84062	gris	1909	Faisan 68627	Lisa 35806
Jupiter	84177	gris-clair	1909	Guillaume 65112	Margot 61429
Jupiter	84727	gris-foncé	1909	Guillaume 65112	Fossette 68526
Jupiter	84750	noir	1909	Complaisant 68761	Danseuse 63235
Jupiter	85485	gris-clair	1909	Carnot 66666	Souveraine 43645
Jupiter	85690	noir	1909	Buffon 68472	Habitude 59313
Jupiter	85715	noir	1909	Guillaume 65112	Coquette 49406
Jupiter	86599	noir	1909	Souak II 46965	Castille 59737
Jupiter	86627	gris	1909	Bizot 67779	Orpheline 51292
Jupiter	86686	gris	1909	Cocantin 54388	Gothon 75015
Jupiter	86807	gris	1909	Tamerlan 46369	Colette 56561
Jupiter	86825	gris-foncé	1909	Madère 58886	Epatée 57395
Jupiter	87095	gris	1909	Actionnaire 64675	Cocotte 50046
Jupiter	87136	noir	1909	Souak II 46965	Girandole 72354
Jupiter	87932	alezan	1909	Paulus 58125	Charmante 16715
Jupiter	88062	noir	1909	Amilly 66447	Biche 78538
Jupiter	88668	gris	1909	Camail 67771	Sorette 59547
Jupiter	88792	gris-foncé	1909	Ludovic 47508	Charlotte 33717
Jupiter	88978	bai-brun	1909	Rivoli 58502	Danseuse 60948
Jupiter	89108	gris	1909	Dentiste 64398	Galinette 54497
Jupiter	89158	noir	1909	Décime 60587	Orpheline 55085
Jupiter	89287	gris-noir	1909	Siphon 60328	Bichette 49637
Jupiter	89364	noir	1909	Téméraire 62465	Margot 47774
Jupiter	89503	gris	1909	Vaillant 62401	Elster 31831
Jupiteu	84165	gris	1909	Epinal 65631	Rigolette 49466
Jupon	84094	noir	1909	Cyclone 65280	Miss Helyett 54567
Jupon	85426	gris-clair	1909	Aiguillon 66905	Pelote 54064
Jupon	85758	gris-foncé	1909	Buffon 66472	Etoile 54402
Jupon	86784	noir	1909	Tamerlan 46369	Biche 29117
Jupon	87332	gris-bleu	1909	Campigny-ex-Roblon 56073	Volage 55237
Jupon	87931	noir-zain	1909	Paulus 58125	Romaine 68927
Jupon	88354	noir	1909	Fendlair 62699	Thadéa 66047
Jura	83762	noir	1909	Bellâtre 62312	Campanule 66536
Jura	83901	noir	1909	Epinal 65631	Zélie 62182
Jura	84253	gris	1909	Guillaume 65112	Fauvette 67238
Jura	85118	noir	1909	Laricot 68469	Lisette 64307
Jura	85211	noir	1909	Paulus 58125	Devine 51603
Jura	85280	gris	1909	Brick 63206	Myrrhe 50386
Jura	85891	noir	1909	Complaisant 68761	Surprise 47810
Jura	86370	gris	1909	Général 66386	Gosseline 71266
Jura	86399	gris-noir	1909	Etudiant 59291	Anisette 64162
Jura	86665	noir	1909	Taupier 63548	Charmante 48244
Jura	86747	noir	1909	Madère 58886	Biche 84504
Jura	86874	noir	1909	Taupier 63548	Charmante 42646

NOM	N°	ROBE	Naissance	PÈRE	MÈRE
Jura	87131	gris-noir	1909	Denonville-ex-Sartholi 60531	Gerbe 72353
Jura	88460	noir	1909	Fendlair 62699	Charmante 81834
Jura	88773	gris-foncé	1909	Télémaque 68172	Dalila 60920
Jura	89283	noir-zain	1909	Cratère 69004	Czarine 49680
Jura	89480	noir	1909	Vaillant 62401	Souris 49650
Jurable	84705	noir	1909	Cornil 65315	Pimpolaise 69467
Jurable	85424	noir	1909	Aiguillon 66905	Genève 71162
Jurand	88092	noir-rub.	1909	Paulus 58125	Biche 87575
Juranien	84117	noir	1909	Epinal 65631	Amanda 55284
Juranien	84255	bai-foncé	1909	Epinal 65631	Collette 55124
Juranus	85208	noir	1909	Epinal 65631	Printanière 44124
Jurassien	84706	gris	1909	Vainqueur 62112	Doucette 63053
Jurassien	86253	gris-foncé	1909	Olivier 58082	Goguette 73194
Jurassien	88356	gris-foncé	1909	Cyclone 67659	Sophie 42686
Jurassique	87999	noir	1909	Amilly 66447	Fanchon 59669
Jurat	83637	noir	1909	Mortier 67879	Fanchon 50130
Jurat	84666	noir	1909	Célibat 64968	Musette 45652
Jurat	84795	noir	1909	Rupin 65256	Cocotte 54518
Jurat	84891	noir	1909	Calicot 66928	Pointilleuse 65356
Jurat	85219	gris	1909	Pépin 66724	Express 58570
Jurat	85423	noir	1909	Aiguillon 66905	Jubine 25433
Jurat	86227	gris	1909	Olivier 58082	Musique 53776
Jurat	87337	noir-zain	1909	Marathon 66841	Rigolette 61377
Jurat	88000	noir	1909	Cousin 69050	Fauvette 47283
Jurat	88362	noir	1909	Rataplan 66742	Coquette 68180
Juré	86548	gris	1909	Guillaume 65112	Laurette 63169
Juré	86748	noir	1909	Médaillon 48940	Pâquerette 84512
Juré	87063	bai	1909	Actionnaire 64675	Rigolette 57868
Juré	87338	noir	1909	Lablache 68289	Rosalie 52556
Juré	88022	noir	1909	Faisan 68627	Mignonne 87565
Juré	88360	noir	1909	Tamarin 66451	Lidie 68408
Jurement	86560	noir	1909	Sistori 66964	Polka 67300
Jurement	87981	noir	1909	Amilly 66447	Ferney 63869
Jurement	88364	noir	1909	Tamarin 66451	Grenadine 49781
Jureur	84896	bai-zain	1909	Boileau 59048	Florestine 69121
Jureur	85421	noir	1909	Fier-à-Bras 65250	Chipette 53970
Jureur	85918	gris-foncé	1909	Avocat 66303	Fanchette 69163
Jureur	88016	noir	1909	Faisan 68627	Rosette 87564
Jureur	88366	gris-foncé	1909	Sambetta 69149	Rosetta 57742
Juribilli	86008	gris-f.-v.	1909	Pépin 66724	Suzon 41984
Jurich	89071	noir	1909	Rolland 60321	Voyageuse 32423
Juridique	85420	noir	1909	Fier-à-Bras 65250	Fraizine 49234
Jurieu	83554	gris	1909	Paulus 58125	Pelote 81717
Jurieu	83764	noir-zain	1909	Bellâtre 62312	Gaufrette 69348
Jurieu	85044	gris-r.	1909	Buffon 66472	Guérite 59463

NOM	N°	ROBE	Naissance	PÈRE	MÈRE
Jurien	86629	bai	1909	Turlutin 68723	Orangère 50534
Jurisconsul	86393	noir	1909	Sistori 66964	La Brune 54620
Juriste	83952	gris	1909	Paulus 58125	Meunière 46439
Juriste	84697	noir	1909	Courbet 63077	Musha 67097
Juriste	85418	noir	1909	Faisan 68627	Coda 66879
Juriste	85589	noir	1909	Canadien 58355	Terrible 66806
Juriste	85855	gris-foncé	1909	Lafrime 67501	Vermouth 49166
Juriste	85927	gris-foncé	1909	Méritant 65126	Surprise 64789
Juriste	86559	noir	1909	Espiègle 64024	Sultane 64282
Juriste	87344	gris-foncé	1909	Marathon 66841	Bourreau 50121
Juriste	88369	noir-zain	1909	Doguet 69142	Médine 81839
Juriste	88868	gris	1909	Primeur 68044	Ninon 35770
Juristi	88093	noir l. r.	1909	Pistil 66076	Souris 61385
Jurjura	89299	noir	1909	Téméraire 62465	Marmotte 34136
Juron	83630	noir	1909	Etudiant 59291	Gourdine 70925
Juron	83631	gris-foncé	1909	Trompeur 67881	Raclette 64230
Juron	84635	gris	1909	Dollar 62383	Reinette 53711
Juron	85417	noir	1909	Faisan 68627	Pelote 61049
Juron	85795	noir	1909	Directeur 66448	La Glacière 58331
Juron	86221	gris	1909	Général 66386	Serpolette 64831
Juron	87129	rouan	1909	Colon 65462	Rigolette 59460
Juron	87345	gris-foncé	1909	Lablache 68289	Rochette 55933
Juron	88040	gris-v.-f.	1909	Amilcar 68213	Christine 87574
Juron	88369	noir	1909	Cyclone 67659	Charlotte 64835
Juron	88458	gris	1909	Civil-ex-Amateur 56125	Dantone 60322
Juron	89388	gris	1909	Cratère 69004	Rigolette 62484
Juron	89405	gris	1909	Mareuil 53313	Gandinette 72517
Juron	89463	gris-ard.	1909	Siphon 60328	Nina 63780
Juron	89474	noir	1909	Florentin II 67155	Georgette 84308
Juron	89591	noir	1909	Forbonet-ex-Orateur 65548	Mignonne 50606
Juret	83991	noir	1909	Lafayette 67798	Caroline 47797
Jury	83819	noir-zain	1909	Boileau 59048	Marmotte 58478
Jury	83951	gris	1909	Paulus 58125	Biche 50227
Jury	84885	noir-zain	1909	Myrthe 66768	Castagnette 30249
Jury	85416	gris	1909	Molière 65270	Poule 66019
Jury	85987	noir	1909	Lafrime 67501	Valse 67630
Jury	86581	noir	1909	Carnot 66666	Angélique 54556
Jury	86749	noir	1909	Madère 58886	Pâquerette 84511
Jury	87117	noir	1909	Aspirant 65078	Bichette 62553
Jury	87348	alezan	1909	Christian 67392	Bichette 50563
Jury	87998	gris	1909	Cousin 69050	Thérèse 53079
Jury	88370	noir-m.-t.	1909	Aviso 52116	Gaule 71699
Jury	88972	gris-foncé	1909	Duneau-ex-Palmier 59475	Irida 39161
Jury	89520	noir	1909	Castor 62398	Biche 53336
Jus	83953	noir	1909	Olivier 58082	Vinette 58640

NOM	N°	ROBE	Naissance	PÈRE	MÈRE
Jus	85419	noir	1909	Fier-à-Bras 65250	Claudine 35722
Jus	86218	gris	1909	Général 66386	Bijou 56966
Jus	87349	noir-m..t.	1909	Marathon 66841	Juliette 43329
Jus	88371	noir	1909	Triolet 66843	Prisca 48119
Jus	88462	noir	1909	Oscar 45901	Charmante 49355
Jusant	84013	noir	1909	Clair-de-Lune 67183	Rustique 58684
Jusant	85415	noir	1909	Molière 65270	Petite 50647
Jusant	85591	noir	1909	Laricot 68469	Lisette 78489
Jusant	86059	gris-foncé	1909	Etudiant 59291	Galipette 59372
Jusant	86219	noir	1909	Général 66386	Anna 68137
Jusant	86808	noir	1909	Vazy 53265	Frosine 78497
Jusant	86841	gris-foncé	1909	Cocantin 54388	Gysèle 71943
Jusant	87067	gris	1909	Marindas 62414	Virgule 65338
Jusant	87350	noir	1909	Gréviste 68719	Mignonne 64654
Jusant	88026	noir	1909	Abraham 66389	Charmante 87562
Jusant	88373	noir	1909	Cyclone 67659	Gentille 57543
Jusant	88701	gris	1909	Vaudemont 60507	Bavière 64984
Jus-de-Chique	86453	noir	1909	Triolet 66843	Réclame 64268
Jus-de-Tomate	86537	gris	1909	Véga 68250	Roulette 35393
Jusque	84696	gris	1909	Souak II 46965	Rosette 49513
Jusque	85414	noir	1909	Molière 65270	Miquette 50645
Jusque	85467	gris-fer	1909	Etudiant 59291	Tirelire 59522
Jusque	89568	gris	1909	Souak II 46965	Congestion 53044
Jusquiame	85283	gris t. f.	1909	Fandango 67590	Mouvette 49975
Jussey	83616	noir	1909	Laricot 68469	Hachette 62090
Jussieu	87125	noir	1909	Actionnaire 64675	Gémonie 72398
Jussieu	88890	noir	1909	François 68332	Emule 81831
Jussieu	88981	gris-foncé	1909	Duneau-et-Palmier 59475	Gastille 72183
Jussieu	84883	noir	1909	Boileau 59048	Biche 47968
Jussieu	86217	gris	1909	Général 66386	Grisette 56965
Jussieu	86988	gris	1909	Marindas 62414	Bijou 26348
Jussieu	87351	bai-b. t. f.	1909	Christian 67392	Bichette 68258
Jussieu	88012	noir	1909	Pandore 68677	Coquette 51692
Just	83559	gris	1909	Paulus 58125	Locharde 65042
Just	84066	noir	1909	Espiègle 64024	Musique 64821
Just	84735	noir	1909	Jolibois 66958	Lisette 61186
Just	85862	gris t. f.	1909	Fernand 65262	Frisette 63017
Just	86933	noir	1909	Condé 59486	Castille 78513
Justaposé	83821	noir	1909	Boileau 59048	Grive 81695
Justaucorps	88015	gris f.-f.	1909	Amilcar 68213	Galoppante 87564
Justaucorps	88378	noir-zain	1909	Acrobate 68416	Moustache 87588
Juste	84877	noir	1909	Dollar 62383	Favorie 47881
Juste	85597	noir	1909	Casino 65452	Alerte 57296
Juste	85878	noir	1909	Lafrime 67501	Coquette 54313
Juste	86212	noir	1909	Général 66386	Malice 55534

NOM	N°	ROBE	Naissance	PÈRE	MÈRE
Juste	86628	gris	1909	Vagabond 68854	Mutine 49951
Juste	86698	noir-m.-t.	1909	Cocantin 54388	Lisette 75027
Juste	86809	noir	1909	Asope ex Esope 46687	Irma 51673
Juste	87077	gris	1909	Marindas 62414	Rosine 50253
Juste	87122	gris	1909	Denonville-ex-Sarthois 60531	Galiotte 72399
Juste	88376	noir	1909	Cousin 69050	Flûte 56289
Juste	89428	noir	1909	Bataclan 67152	Mirabelle 35374
Justeaucorps	84689	noir	1909	Denonville-ex-Sarthois 60531	Cocotte 64498
Justel	83894	noir	1909	Jolibois 66958	Moulinette 61685
Justel	84734	noir	1909	Jolibois 66958	Bijou 61184
Justel	85694	gris	1909	Folichon 67442	Cavale 68669
Justel	86359	noir	1909	Olivier 58082	Jamaïque 51312
Justement	88013	noir	1909	Pandore 68677	Gondole 56811
Justement	88380	noir	1909	Casino 65452	Brillante 55402
Justian	85072	noir	1909	Laricot 68469	Manille 48207
Justian	85274	gris-clair	1909	Guillaume 65112	France 61653
Justiciable	85412	gris	1909	Molière 65270	Biche 50644
Justiciable	88043	noir	1909	Aiguillon 66905	Saïda 64838
Justicier	84098	gris-foncé	1909	Sistori 66964	Indiana 54498
Justicier	85165	noir	1909	Perdrix 34949	Biche 78495
Justicier	85403	noir	1909	Moulinet 68017	Coline 49486
Justicier	85409	noir	1909	Molière 65270	Margot 50634
Justicier	86210	noir	1909	Général 66386	Lisette 54476
Justicier	86985	bai-brun	1909	Denonville-ex-Sarthois 60531	Bijou 29593
Justicier	87354	noir	1909	Christian 67392	Castille 50112
Justicier	88102	noir	1909	Amilly 66447	Charmante 49323
Justicier	88382	noir	1909	Acrobate 68416	Bijou 49250
Justicier	88850	noir	1909	Télémaque 68172	Charlotte 75215
Justicier	89470	noir	1909	Canrobert 63005	Margot 49420
Justicier	89475	noir	1909	Martin 46912	Bésigue 49364
Justifiable	88122	noir	1909	Amilly 66447	Biche 47908
Justifiant	85413	noir	1909	Molière 65270	Jaune 50589
Justifiant	86468	noir	1909	Etudiant 59294	Gélatine 69931
Justifiant	87356	gris	1909	Gréviste 68719	Godiche 72081
Justifiant	88383	gris-foncé	1909	Oscar 45901	Groseille 72887
Justificatif	88044	gris-bleu	1909	Aiguillon 66905	Charmante 29209
Justifier	85411	noir	1909	Molière 65270	Biche 50646
Justifier	87361	noir	1909	Gréviste 68719	Torpille 60667
Justin	83528	noir	1909	Fier-à-Bras 65250	Rose 81654
Justin	83557	gris-foncé	1909	Paulus 58125	Rosette 81754
Justin	83816	noir	1909	Boileau 59048	Gisèle 69363
Justin	83891	noir	1909	Epinal 65631	Gaspille 69860
Justin	85042	gris	1909	Buffon 66472	Sentinelle 39540
Justin	85210	noir	1909	Villers 61613	Musette 22933
Justin	85395	noir	1909	Acrobate 68416	Charmante 57568

NOM	N°	ROBE	Naissance	PÈRE	MÈRE
Justin	85691	noir	1909	Carnot 66666	L'Amie 50659
Justin	86499	noir	1909	Buffon 66472	Minerve 59476
Justin	86832	gris	1909	Madère 58886	Frisée 58367
Justin	86911	noir-m.-t.	1909	Taupier 63548	Charmante 57544
Justin	86969	noir	1909	Denonville-ex-Sarthois 60531	Cocotte 31498
Justin	86978	noir	1909	Denonville-ex-Sarthois 60531	Robine 31497
Justin	88029	noir	1909	Abraham 66389	Biche 78552
Justin	88827	noir	1909	Ambassadeur 68700	Gascogne 73237
Justin	89161	noir	1909	Riquiès 63697	Doctoresse 58394
Justinien	83892	noir	1909	Olivier 58082	Plaisante 62034
Justinien	84059	noir	1909	Laricot 68469	Bichette 58324
Justinien	86382	noir	1909	Epinal 65631	Pelote 75034
Justinien	86470	noir-rub.	1909	Album 65329	Pelotte 57496
Justinien	86840	noir	1909	Médaillon 48940	Evangéline 62366
Justinien	86912	noir-m.-t.	1909	Taupier 63548	Castille 57405
Justinien	88103	noir-zain	1909	Taupier 63548	Castille 87360
Justinien	88780	gris-clair	1909	Néron 68346	Négresse 63713
Justinien	89469	noir	1909	Castor 62398	Bichette 49698
Justinier	87082	bai-zain	1909	Denonville-ex-Sarthois 60531	Cocotte 49818
Justus	83594	noir-rub.	1909	Lafayette 67798	Fauvette 81639
Jute	84614	gris	1909	Faisan 68627	Mouvette 61406
Jute	85408	noir	1909	Molière 65270	Rustique 50436
Jute	86900	gris	1909	Madère 58886	Charmante 29129
Jute	87076	noir	1909	Denonville-ex-Sarthois 60531	Bijou 40820
Jutebien	86001	gris	1909	Pépin 66724	Serpentine 53284
Juter	85592	gris-foncé	1909	Laricot 68469	Framboise 50527
Juter	86208	gris-foncé	1909	Général 66386	Biche 50703
Juter	87357	gris-foncé	1909	Gréviste 68719	Olga 56036
Juter	88384	gris-foncé	1909	Acajou 66387	Charmante 49636
Juteux	85879	noir	1909	Fier-à-Bras 65150	Rose II 63149
Juteux	87358	gris-noir	1909	Gréviste 68719	Castille 50805
Jutis	87060	bai	1909	Souak II 46965	Chérie 65343
Jutis	88019	gris-noir	1909	Pandore 68677	Pâquerette 57540
Jutland	83828	noir	1909	Calicot 66928	Cascabelle 47957
Jutland	85202	gris	1909	Jolibois 66958	Marquise 53646
Jutland	85357	gris-foncé	1909	Fanfaron 66860	Percali 46148
Jutland	86839	noir	1909	Médaillon 48940	Charmante 57533
Jutland	86885	noir	1909	Taupier 63548	Camériste 45959
Jutland	87078	noir	1909	Actionnaire 64675	Biche 49985
Jutland	88020	bai-cerise	1909	Pandore 68677	Rosette 28002
Jutun	86389	noir-zain	1909	Faisan 68627	Joyeuse 36055
Jutun	87071	noir	1909	Actionnaire 64675	Bijou 49990
Jutuntorum	88045	gris-noir	1909	Aiguillon 66905	Biche 61842
Jutur	87081	gris	1909	Denonville-ex-Sarthois 60531	Rosette 49819
Juturne	87980	noir	1909	Amilly 66447	Bichette 63870

NOM	N°	ROBE	Naissance	PÈRE	MÈRE
Juvanzé	85163	gris-fer	1909	Fanfaron 66860	Rosette 57473
Juvardell	85164	bai	1909	Fanfaron 66860	Lisette 53659
Juvardéll	85346	noir	1909	Jolibois 66958	Kléberte 56147
Juven	86970	noir	1909	Actionnaire 64675	Divine 25822
Juven	87856	noir	1909	Taupier 63548	Charmante 84552
Juvenal	83553	noir	1909	Paulus 58425	Charmante 54398
Juvenal	83763	noir	1909	Bellâtre 62312	Eglantine 54354
Juvenal	84125	noir	1909	Général 66386	Margot 61194
Juvénal	85394	gris	1909	Olivier 58082	Acaule 66589
Juvénal	86398	noir-zain	1909	Etudiant 59291	Lisette 50783
Juvénal	86875	gris	1909	Taupier 63548	Girouette 72782
Juvénal	86922	alezan-b.	1909	Mahkarof 63877	Brisavoine 59918
Juvenal	88743	noir	1909	Ermite 44360	Griselidis 51803
Juvénal	89571	gris	1909	Vol-au-Vent 64112	Quine 51094
Juvénil	83817	noir	1909	Boileau 59048	Duchesse 55298
Juvénil	86837	noir	1909	Mahkarof 63877	Grison 30427
Juvenilia	84616	gris-clair	1909	Villers 61613	Marquise 61421
Juvenilité	87364	gris-fer	1909	Fanchon 68253	Cadmée 41148
Juvenilité	88385	noir	1909	Acrobate 68416	Lisette 75023
Juvable	84876	gris	1909	Dollar 62383	Ermince 51870
Juvent	86990	gris	1909	Aspirant 65078	Galliote 72405
Juvignac	85167	noir	1909	Acajou 66587	Frenégonde 48151
Juvigné	85169	noir	1909	Villers 61613	Margot 49738
Juvigny	83615	bai-chat.	1909	Boileau 59048	Brebis 49275
Juvigny	84150	noir	1909	Coco 46855	Colette 39362
Juvigny	85198	gris	1909	Guillaume 65112	Denise 64946
Juvigny	86479	gris	1909	Total 68392	Grisette 48019
Juvigny	88747	noir	1909	Vaudemont 60507	Gentille 81578
Juvigny	88838	gris-clair	1909	Télémaque 68172	Coquette 50536
Juvigny	89592	gris-ard.	1909	Gréviste 68719	Rosette 84266
Juvin	84596	noir	1909	Espiègle 64024	Polka 73364
Juvisy	88887	gris-foncé	1909	Anticosto 67745	Elégante 57555
Juxtaposé	85763	noir	1909	Andrinople 65226	Cocotte 30978
Juxtaposé	86704	bai-b.-z	1909	Amilly 66447	Taragonaise 67854
Juxtaposé	86989	bai	1909	Actionnaire 64675	Margot 56705
Juxtaposer	87366	noir	1909	Christian 67392	Erymanthe 30608
Juz	83582	noir-zain	1909	Lafayette 67798	Ramette 55794
Juzgat	87054	gris	1909	Marindas 62414	Biche 49987
Jycompte	83552	gris-foncé	1909	Trompeur 67881	Cocotte 58259
Jyctère	85405	noir	1909	Etudiant 59291	Violette 34235
Jyll	86527	gris	1909	Véga 68250	Pelote 48255
Jygnore	86536	bai	1909	Véga 68250	Cléopàtre 41218
Jyp	89273	gris	1909	Bataclan 67152	Simonne 38582
Jypé	86057	gris-foncé	1909	Pépin 66724	Marquise 66604
Jymet	85359	gris t. f.	1909	Complaisant 68761	Lydie 62943

ERRATA

NOM	N°	ROBE	Naissance	PÈRE	MÈRE
Amand	61078	noir	1904	Pardon 46293	Rosita 47259
Amarillis	11513	noir	1886	Producteur 429	Brillante 8130
Architecte	11874	noir	1887	Producteur 429	Rosette 11873
Arnold	21089	noir	1887	Romulus 6923	Claudine 15395
Baba	33967	noir	1886	Dégourdi 1993	Lisette 33016
Bayard	56872	gris t. f.	1902	Passe-Avant 44284	La Touraine 3614
Blandin	9604	gris-clair	1884	Sandi 444	Baguette 5750
Bourdon	11492	noir	1884	Jupiter 4456	Pelotte 6334
Campi	33911	noir	1889	Niger 9755	Biche 21977
Cariolan	33958	noir	1888	Jean-le-Bon 6047	La Biche 16056
Chartrain	56524	noir	1902	Orangiste 45088	Sauvons-Nous 17...
Chicard	33948	noir	1887	Madère 5057	Margot 23846
Coco	15810	gris-clair	1885	Sultan 15808	Bijou 15809
Conquérant	7080	gris	1884	Madère 7870	Sophie II 4978
Gonzalès	17997	noir	1888	Sans-Pareil 6870	Fatma 15906
Grelot	18271	gris-noir	1886	Parfait 2355	L'Amie 16253
Gringalet	10704	gris-noir	1886	Vidocq 229	Brillanté 10703
Idieta	83349	gris	1908	Impérial 62270	Galva 81736
Iléon	82813	noir	1908	Ludovic 47508	Coquette 27902
Jean-Baptiste	33983	gris-bleu	1888	Picador II 5606	Sophie 23242
Jules	37124	noir	1894	Fidèle 30437	Minette 23772
L'Honorable	18738	noir	1888	Séducteur 7057	Finette 16556
Médec	5996	gris bleu	1885	Gérôme 436	Lisette 5992
Médec	10581	bai	1882	Mouton 4015	Biche 10580
Messire-Pierre	33985	noir	1888	Bojador 5944	Rapide 22172
Mondoubleau	7082	gris-p.	1881	Caporal 7968	Pauline 7081
Morandi	8706	gris-clair	1885	La Ferté 432	Cocotte 5493
Orizaba IV	11379	noir	1883	Chéri 2379	Biche 11378
Ripoupé	18466	noir	1887	Chérie 5644	Pauline 16371
Roi-de-Cœur	13792	noir	1886	King-of-Perche 6738	Charmante 8601
Roland	2232	noir	1882	Chéri	Rosette
Sénateur	2895	gris-bleu	1882	Marolle	Margot
Scott	5070	gris-vin.	1883	Normand	Boulo 5069
Suliman	2912	gris-bleu	1879	Valentin	La Bleue
Tanger	33921	noir	1889	Salvator 10359	Cocotte 20906
Turcouf	37113	gris	1894	Elégant 33127	Lisa 26508
Vaillant XXIV	14107	gris	1886	Favori 8022	Sophie 14106

STUD-BOOK PERCHERON

JUMENTS

STUD-BOOK PERCHERON

JUMENTS

NOM	Nº	ROBE	Naissance	PÈRE	MÈRE
…delle	87832	grise	1904	Polidor 46143	Pelote 57502
…erte	81713	noire	1903	Macdonald 51876	Biche 49257
…erte	81723	noire	1904	Calculateur 47532	La Coudre 37311
…dière	81825	gris-p.-c.	1900	Damala 2947	Calice 39158
…readie	84366	grise	1901	Fernando 34038	Malice 75231
…érézina	87783	gris-foncé	1905	Tarquin 51901	Ulmaire 47615
…iche	81735	gris-p.	1905	Ganaz 53075	Avarice 55267
…iche	81782	grise	1905	Coco 46855	Cocotte 54534
…iche	81842	noir-m.-t.	1904	Ermite 44360	Justine 20074
…iche	84388	gris-p.	1904	Beaudolé 34055	Valentine 33899
…iche	84504	noire	1902	Sangrado 22990	Charmante 23696
…iche	84527	gris-clair	1901	Stradéra 24281	Pastorale 36875
…iche	84528	gris-p.	1902	Stradéra 24281	Pastorale 36875
…iche	84531	gris-p.	1902	Perdrix 34949	Préférence 32431
…iche	84536	grise	1904	Oscar 45901	Castille 73385
…iche	87575	noire	1901	Bésigue 19602	Corvette 34748
…iche	87657	noire	1905	Rosier 53159	Risette 55442
…ichette	84501	gris-p.	1901	Miron 34000	Sophie 39434
…ien-à-Moi	81722	grise	1904	Coco 46855	Lisette 54235
…ijou	81785	noire	1904	Castel 52026	Jeanne 38992
…ijou	84471	gris-p.	1905	Robuste 48591	Rosette 39567
…ijou	84529	bai-clair	1905	Castillan 45009	Vera 37538
…ijou	87623	grise	1905	Neptune 51134	Princesse 24477
…obette	81824	bai-b.-f.	1901	Kléber 41423	Mascotte 24564
…raudière	81783	grise	1903	Lauriétin 44885	Pétronille 27239

NOM	N°	ROBE	Naissance	PÈRE	MÈRE
Brebis	81710	gris b.- p.	1900	Rodomont 43006	Nana 22845
Brebis	81725	noire	1903	Coco 46855	Brebis 29149
Brebis	84415	grise	1901	Giron 42519	Sultana 35947
Brebis	84521	noire	1903	Oscar 45901	Grison 30427
Brillante	81808	noire	1901	Caton 43489	Margot 50150
Camille	87741	noire	1905	Martin 46912	Pelote 57502
Capricieuse	87586	gris-p.	1901	Sangrado 22990	Biche 24667
Carabie	81814	grise t. p.	1904	Rossignol 46102	Madelon 25355
Carabie	84502	bai-chât.	1905	Castillan 45009	Charmante 23696
Castille	84378	noire	1901	Bon-Courage 42729	L'Amie 26705
Castille	84526	gris-p.	1904	Perdrix 34949	Talmette 35566
Castille	87560	noir-zain	1903	Mérignac 45649	Charmante 49323
Castille	87581	noir-m.-t.	1905	Biribi 46568	Coquette 57538
Castille	87585	noire	1904	Amilcar 19979	Biche 24667
Castille	87660	gris-fer	1905	Robuste 48591	Majestueuse 36761
Catherine	84414	gris-clair	1902	Artilleur 46769	Mouvette 50000
Césarée	87833	noir-zain	1903	Duchesnay 37117	Vesta 26036
Charlotte	84412	gris clair	1903	Casino 46875	Margot 54077
Charmante	81834	gris-clair	1902	Sangrado 22990	Biche 24667
Charmante	81836	noire	1905	Castillan 45009	Coquette II 33069
Charmante	84258	noire	1905	Oscar 45901	Polka 53560
Charmante	84392	gris-foncé	1905	Amilcar 19979	Alerte 57296
Charmante	84507	noire	1905	Castillan 45009	Charmante 25007
Charmante	84552	gris c.-m.	1901	Amilcar 19979	Surprenante 35080
Charmante	84553	noir-zain	1901	Amilcar 19979	Biche 16448
Charmante	87562	n. m.-t. r	1902	Brutus 34739	Marmotte 45604
Charmante	87584	baie	1905	Amilcar 19979	Charlotte 75017
Charmante	87661	grise	1904	Casino 46875	Morelle 40245
Charmante	87700	noire	1904	Brutus 34739	Bijou 33104
Chartreuse	84523	noire	1904	Oscar 45901	Droguette 35855
Chopine	81854	gris-r.	1905	Forbin 52299	Juliette 37622
Christine	87569	noire	1902	Bésigue 49602	Fleurette 34923
Christine	87574	gris-clair	1902	Bésigue 49602	Corvette 34748
Clairette	81786	noire	1904	Coco 46855	Cunaxa 41278
Claudine	86659	noire	1902	Matador 43400	Pâquerette 26369
Cocotte	81755	gris-clair	1900	Diogène 38209	Lisette 39397
Cocotte	81806	gris-c.-p.	1905	Coco 52279	L'Amie 42689
Cocotte	84450	noire	1905	Castillan 45009	Missouri 36768
Coquette	81746	gris-p.-t.	1904	Lutteur 45086	Colombe 32326
Coquette	81768	noire	1903	Négrier 45121	Forestière 47158
Coquette	81769	noire	1904	Athos 46479	Sabine 42238
Coquette	81807	noire	1904	Télémaque 44762	Sorbonne 47893
Coquette	84389	noire	1904	Beaudolé 34053	Fauvette 39519
Coquette	84495	noire	1905	Jury 51918	Brillante 39534
Coquette	84535	noir-zain	1905	Castillan 45009	Coquette 75212

NOM	N°	ROBE	Naissance	PÈRE	MÈRE
Coquette	87579	gris-pom.	1902	Méry 29834	Défense 39269
Coquette	87801	noire	1904	Oscar 45901	Charmante 16446
Cerisée	87635	gris-pom.	1903	Ligueur 45389	Mignonne 28179
Cécile	84419	gris-pom.	1904	Champion 37717	Poule 17329
Elfe	84434	noire	1904	Muscle 46359	Laconie 40799
Elvire	87614	noire	1904	Ulysse 42971	Crème 81579
Emilie	87766	noire	1904	Pistil 43712	Holdebierge 51566
Emule	81831	noire	1904	Champion 37717	Pétillante 35728
Epatante	87652	noire	1904	Besigue 19602	Biche 28150
Epinglette	81739	gris-pom.	1904	Ermite 44360	Didon 33864
Ergotine	81745	alezane	1904	Champion 37717	Bijou 50543
Esquille	87605	bai-foncé	1904	Descartes 46058	Calice 39158
Etoile	87655	baie	1903	Bésigue 19602	Charmante 25484
Etrive	87793	gris-clair	1904	Lérida III 42847	Margot 50634
Eveillée	81803	noire	1903	Bésigue 19602	Margot 61264
Pachoda	84425	grise	1905	Jeannot 35958	Sansonnet 32960
Facile	84407	grise	1905	Ermite 44360	Pâquerette 31215
Faenza	84426	gris-pom.	1905	Jeannot 35958	Féline 32668
Fagotte	84373	noire	1905	Doreur 51332	Castille 26392
Faisante	84398	gris-f.-p.	1904	Ténor 46328	Sabine 34412
Falaise	84427	gris-pom.	1905	Jeannot 35958	Niniche 35731
Falaise	87683	gris t.-c.	1905	Bibi 52612	Eugénie 37276
Fauchette	81852	noire	1905	Coco 52279	Française 38906
Fanchette	84403	gris-pom.	1905	Carton 45997	Bertine 56085
Fanchon	84449	noire	1905	Marceau 46706	Bijou 49482
Fanfare	81792	noire	1904	Sangrado 22990	Charmante 17821
Fannie	84411	gris-pom.	1904	Muscle 46359	Léda 43813
Fanny	87715	grise	1905	Coco 46855	La Coudre 37311
Fantine	84460	gris-pom.	1905	Arkadin 46598	Charmante 55172
Fantoche	84448	alezan-d.	1905	Oscar 45901	Fantoche 45244
Farandole	87777	gris-pom.	1905	Carton 45997	Mignonne 28179
Faribole	87716	noire	1904	Module 45648	Biche 16448
Faribole	87786	noire	1905	Lérida III 42847	Balladeuse 52046
Fathma	87684	gris-foncé	1905	Bibi 52612	Madoline 38141
Fatma	84386	rouan-c.	1904	Surveillé 44776	Pelote 53637
Faust	84428	gris bleu	1905	Champion 37717	Pauline 28123
Faust	84440	noire	1905	Marceau 46706	Poule 49976
Fauvette	81789	gris-pom.	1905	Ermite 44360	Verveine 53594
Fauvette	81850	gris-foncé	1905	Nerveux 51540	Pelote 26631
Fauvette	84374	noire	1904	Lerida III 42847	Lisette 9319
Fauvette	84506	noire	1905	Castillan 45009	Allida 32302
Fauvette	84540	noire	1904	Oscar 45901	Finette 42767
Fauvette	87697	gris-l.-v.	1905	Rubis 53488	Mignonne 49608
Faverie	81851	grise	1905	Coco 52279	Comtesse 27225
Favorite	81849	gris-foncé	1905	Nerveux 51540	Bijou 55980

NOM	N°	ROBE	Naissance	PÈRE	MÈRE
Favorite	87784	grise	1905	Athos 46479	Souveraine 43645
Félicitée	84437	grise	1905	Oscar 45901	Irma 13160
Ferluche	87613	noire	1905	Ulysse 42971	Crème 81579
Fernande	87743	noire	1905	Lérida III 42847	Rustique 49840
Finette	81726	noir-zain	1905	Castel 52026	Brebis 29149
Finette	84539	noir-zain	1905	Oscar 45901	Zézette 40572
Finette	87691	noire	1905	Martin 46912	Cocotte 31712
Flèche-d'Eau	84259	noire	1905	Jeannot 35958	Simonne 31842
Fleurette	87688	gris-foncé	1905	Bibi 52612	Biche 61230
Flore	84400	noir-zain	1905	Jury 51918	Spès 51826
Flore	84431	gris-p.-f.	1905	Rabelais 52359	Rosette 75053
Floride	84369	grise	1905	Dahomey 45008	Coquille 25908
Floride	87678	gris-p.t.c.	1905	Forbin 52299	Sultana 35947
Flotte	87705	grise	1905	Voltaire 52792	Fernande 81602
Fontaine	87704	gris-pom.	1905	Lérida III 42847	Qualité 42863
Fortune	84413	grise	1905	Artilleur 52035	Castella 47753
Fortune	84548	grise	1905	Robuste 48591	Eglantine 51517
Fougère	87748	gris-f.-p.	1905	Voyageur 44278	Lapinette 87721
Fougère	87792	gris-pom.	1905	Robuste 48591	Héliotrope 51544
Framée	87756	noire	1905	Bibi 52612	Laure 36647
Framée	87815	noir m.-t.	1905	Séguin 51857	Mariette 42325
Française	81853	noire	1905	Coco 52279	Charmante 61442
Franciade	81744	bai-brun	1905	Coco 52279	Brebis 16917
Francilla	81828	noire	1905	Jeannot 35958	Lisette 27016
Francine	84404	gris-pom.	1905	Lérida III 42847	Bruyère 45182
Francine	87656	gris-fer-p.	1904	Oscar 45901	Lisette 22090
Francine	87698	noir-m.-t.	1905	Dahomey 45008	Galée 57441
Frasque	87803	noir-zain	1905	Ganaz 53075	Biche 33082
Frédégonde	84362	gris-pom.	1905	Robuste 48591	Dulcinée 51474
Frégate	87644	grise	1905	Jeannot 35958	Gibelotte 38579
Frisée	84446	noire	1905	Avocat 53114	Mouvette 49975
Frisette	84436	gris-pom.	1905	Malakoff 53115	Docile 41458
Frisette	87796	gris-pom.	1905	Séguin 51857	Lisette 39568
Frisette	87841	noire	1905	Ermite 44360	Pelotte 21687
Frivole	84475	gris-pom.	1904	Muscle 46359	Mignonne 19742
Frivole	87790	noire	1905	Coco 52279	Mignonne 21415
Frosine	84496	noire	1904	Casino 46875	Drôlette 37239
Fulvia	84394	gris-clair	1904	Coulimer 46731	Vigoureuse 41419
Fulvie	84385	grise	1905	Coco 52279	Brigitte 54247
Furette	84439	gris-pom.	1905	Marceau 46706	Myrrhe 50386
Furette	84490	rouan-f.	1905	Jury 51918	Joyeuse 60696
Furette	87573	noire	1905	Forbin 52299	Corvette 34748
Furette	87718	gris-pom.	1901	Volcan 30056	Castille 50391
Futaie	84278	noire	1905	Lérida III 42847	Brillante 61256
Gabie	84343	noire	1906	Perdrix 34949	Jubine 20201

NOM	N°	ROBE	Naissance	PÈRE	MÈRE
Gabrielle	87690	bai-brun	1905	Martin 46912	Capucine 9355
Gaillarde	87572	noire	1905	Forbin 52299	Patouillarde 33389
Gaillarde	87654	noire	1905	Cosaque 52134	Charmante 25152
Galante	81716	noire	1906	Bath 54319	Charlotte 47211
Galante	84284	gris-foncé	1905	Sangrado 22990	Charmante 73337
Galante	84550	noire	1906	Malakoff 53115	Petite 28942
Galante	87557	grise	1906	Sherer 51770	Castille 28790
Galante	87578	gris-pom.	1905	Oscar 45901	Thadéa 51933
Galante	87830	noire	1906	Ramoneur 52112	Poule 50094
Galette	84447	grise	1906	Cambodge 55473	Léda 40407
Galette	87710	gris-f. f. p.	1905	Ignacio 51753	Charmante 31404
Galice	81743	gris-rou.	1906	Coco 52279	Bijou 25487
Galilée	81841	gris-pom.	1906	Robuste 48591	Vigoureuse 41419
Galilée	87638	noire	1906	Gabriel 51096	Mouvette 49975
Galilée	87669	grise	1906	Roseau 54871	Elise 58427
Galoppante	87561	noir-zain	1905	Cosaque 52134	Coquette 51692
Galva	81736	grise	1905	Duchesnay 37117	Juliette 39461
Gambie	87670	grise	1906	Roseau 54871	Pélagie 22175
Gamelle	87781	grise	1906	Ulysse 42971	Grisette 59080
Gamine	81802	noire	1906	Ermite 44360	Didon 33864
Gamine	84348	grise	1906	Dagada 55160	Pauline 15092
Ganette	81771	gris-vin.	1906	Buffalo 56754	Castella 47753
Garde	87612	alezan-ru.	1906	Descartes 46058	Bijou 27475
Garenne	81858	gris-foncé	1906	Faust 56381	Pascaline 60020
Gastille	84387	gris-bleu	1906	Malakoff 53115	Margot 61370
Gastille	84443	noire	1906	Faust 56381	Fleurette 42381
Gaule	81707	gris-roü.	1906	Turco 55333	Rose 60483
Gauloise	81712	gris-pom.	1906	Robuste 48591	Boulangère 20955
Gauloise	81830	noire	1906	Champion 37717	Tempête 30894
Gauloise	81844	grise	1906	Jeannot 35958	Justine 20074
Gavote	81709	baie	1906	Bazar 48777	Donzelle 54964
Gavotte	81724	noire	1906	Jeannot 35958	Diva 59375
Gavotte	84517	noire	1906	Castillan 45009	Allouette 33001
Gavotte	87633	noire	1906	Souak II 46965	Javotte 51070
Gaya	84418	gris-clair	1906	Coquet 57250	Rosette 75055
Gaza	84424	noire	1906	Jeannot 35958	Gibelotte 38579
Gaza	87571	noire	1905	Forbin 52299	Rose 23354
Gazelle	87570	noirl.rub.	1905	Forbin 52299	Carlotta 37219
Gazelle	87615	gris-fer-f.	1906	Ulysse 42971	Crème 81579
Gazelle	87776	noire	1906	Lérida III 42847	Rustique 49840
Gélatine	87708	grise	1906	Berland 55218	Suzanne 81567
Gemme	87738	gris-v.l.p.	1906	Gabriel 51096	Charlotte 60179
Généreuse	87558	noire	1906	Sherer 51770	Judith 17372
Genette	87735	gris-clair	1906	Ulysse 42971	Chérie 47728
Genève	84500	noire	1906	Lérida III 42847	Zélandaise 37503

NOM	N°	ROBE	Naissance	PÈRE	MÈRE
Geneviève	84274	noire	1906	Vercingétorix 51912	Redoutée 43841
Gentille	84441	gris-foncé	1906	Gabriel 51096	Célina 34108
Gentille	84520	noire	1903	Stradéra 24281	Gentille 31535
Gentille	84524	alezan	1906	Tamerlan 46369	Talmette 35566
Gentille	84534	baie	1906	Tamerlan 46369	Lisette 22297
Gentille	84538	noire	1906	Castillan 45009	Valentine 49940
Gentille	84546	noire	1906	Tamerlan 46369	Indiana 35494
Georgette	84308	noire	1906	Martin 46912	Voltige 39146
Gerace	84493	gris-vin.	1906	Robuste 48591	Docile 26763
Germaine	81832	noire	1906	Kaiser 59871	Bichette 22201
Germaine	87805	noire	1906	Fusain 53895	Lamie 49359
Gertrude	87650	gris-c.-p.	1906	Descartes 46058	La Poule 36190
Gibelotte	87788	grise	1906	Lérida III 42847	Esplanade 58720
Gila	87714	noire	1906	Courlis 57585	Boussole 47342
Giroflée	87738	noire	1906	Canton 57245	Bella 51243
Girone	84368	gris-bleu	1906	Dagobert 53736	Marquise 46390
Girone	87634	noire	1906	Dagada 55160	Rose 508
Girouette	87576	noire	1905	Castillan 45009	Cocotte 54535
Girouette	87577	noire	1905	Amilcar 49979	Biche 33831
Gisèle	84275	grise	1906	Vercingétorix 51912	Adelante 40364
Gisèle	84401	gris t. c.	1906	Robuste 48591	Mouvette 39408
Gisèle	87806	grise	1906	Alpin 54649	Canelle 59528
Gisette	87594	gris-pom.	1906	Amiral 56242	Biche 73392
Gitana	87566	g.-f.-f.-p.	1905	Forbin 52299	Gitana 34980
Gitane	81757	noire	1906	Vercingétorix 51912	Xérès 54751
Glaçonnière	84360	gris-foncé	1906	Ermite 44360	Querelleuse 42351
Glaneuse	81758	grise	1906	Vercingétorix 51912	Ripatonnette 52626
Glaneuse	87672	gris-bleu	1906	Charmeur 57290	Colombe 32326
Glèbe	87703	gris-pom.	1906	Lérida III 42847	Qualité 42863
Gloire	84270	grise	1906	Canton 57245	Divine 60039
Gloire	84438	noire	1906	Oscar 45901	Carpette 58436
Gloriette	87742	grise	1905	Lérida III 42847	Coquette 61397
Glorieuse	81727	gris foncé	1906	Harpiste 19815	Bijou 55980
Glorieuse	81845	noire	1906	Ermite 44360	Soumise 33084
Glorieuse	84272	gris-foncé	1906	Oscar 45901	Clara 36391
Glorieuse	84505	gris-pom.	1906	Castillan 45009	Allida 32302
Glorieuse	87631	grise	1906	Ermite 44360	Simonne 31842
Glorieuse	87827	grise	1906	Lérida III 42847	Margot 28232
Gloriole	87717	gris-c. f.	1906	Ulysse 42971	Mascotte 24564
Godille	87628	grise	1906	Chanzy 46553	Paquerette 45964
Gogosse	81730	gris-foncé	1906	Fusain 53895	Stora 18297 bis
Goguette	84363	noire	1906	Beaudolé 34085	Laconie 40799
Goguette	87589	gris-pom.	1906	Amiral 56242	Mignonne 39566
Golka	84408	noire	1906	Sénégal 55472	Colonna 43091
Golka	84551	noire	1906	Fusain 55841	Docile 41458

NOM	N°	ROBE	Naissance	PÈRE	MÈRE
Gondole	87653	noire	1905	Oscar 45901	Lisette 49672
Gorée	87662	gris-pom.	1906	Lérida III 42847	Sonnette 58660
Gosette	81734	gris-vin.	1906	Udier-ex-Brigadier 43758	Peronelle 42287
Gosseline	84273	gris-foncé	1906	Oscar 45901	Campette 57334
Gothie	87685	gris-foncé	1906	Oscar 45901	Finette 26358
Gousse	87767	noire	1906	Ermite 44360	Pelotte 21687
Gracieuse	84257	noire	1906	Oscar 45901	Alza 36739
Gracieuse	84346	noire	1906	Lérida III 42847	Amanda 58267
Gracieuse	84433	grise	1906	Oscar 45901	Gentille 38837
Gracieuse	84452	grise	1906	Asope ex Esope 46687	Castille 24897
Gracieuse	84519	gris-pom.	1906	Tamerlan 46369	Gentille 31535
Gracieuse	84532	grise	1906	Castillan 45009	Préférence 32431
Graciosa	84276	noir-zain	1906	Berland 55218	Rustique 44069
Granja	87639	gris l. p.	1906	Canton 57245	Myrrhe 50386
Grassette	87563	noire	1904	Fourire 46288	Brebis 39469
Gratienne	81729	noire	1906	Nerveux 51540	Gothon 75015
Grave	84312	grise	1906	Bazar 48777	Drogue 38574
Gravelote	84310	noir-m.-t.	1905	Martin 46912	Simonne 38582
Gravette	81714	baie	1906	Bazar 48777	Comtesse 59308
Grenelle	81859	noire	1906	Faust 56381	Mignonne 48175
Grive	81794	gris-foncé	1906	Fernando 34038	Biche 17801
Groseille	81846	noire	1906	Jeannot 35958	Lisa 23233
Guède	87724	noir-zain	1906	Décime 60587	Poule 39529
Gueuse	84457	grise	1906	Dagada 55160	Wandora 37505
Guyanne	87676	grise	1906	Descartes 46058	Mariette 41573
Hache	87762	gris-fer	1907	Figaro 60854	Coralie 47215
Hachette	81711	gris-noir	1907	Hocher 60022	Bertine 56085
Hachette	81741	gris l. p.	1907	Journaliste 60130	Sirène II 54251
Hachette	87649	grise	1907	Lérida III 42847	Judith 51730
Hachette	87772	gris-foncé	1907	Coquelin 55479	Fanchette 39409
Halte	84409	grise	1907	Journaliste 60130	Sultane 43405
Haltière	84406	noir-zain	1907	Journaliste 60130	Spès 51826
Hampe	87768	noire	1907	Ermite 44360	Pelotte 21687
Hanse	87744	grise	1907	Colbert 58500	Colombine 52967
Hardie	81779	noire	1907	Colbert 58500	Brillante 55168
Hardie	81798	noire	1907	Nandis 60192	Vesta 26056
Hardie	84260	noir-zain	1907	Utrecht 59586	Simonne 31842
Hardie	84356	noire	1907	Dimitri 58251	Carabie 26466
Hardie	84503	grise	1907	Castillan 45009	Charmante 23696
Hardie	84541	grise	1907	Tamerlan 46369	Clochette 52983
Hardie	87621	grise	1907	Jeannot 35958	Bibi 31564
Harlette	84435	gris-fer	1907	Hocher 60022	Léda 40407
Harlette	87791	noir f. r.	1907	Spot 57664	Ecolière 49979
Harmonie	81843	noire	1907	Ermite 44360	Justine 20074
Harmonie	81857	gris-foncé	1907	Orgeval 59039	Pascaline 60020

NOM	N°	ROBE	Naissance	PÈRE	MÈRE
Harmonie	84271	noire	1907	Diamant 60978	Etiquette 64231
Harmonie	84515	noire	1907	Tamerlan 46369	Lisette 84514
Harmonieuse	81740	noire	1907	Ermite 44360	Pauline 28123
Harmonieuse	84263	noire	1907	Oscar 45901	Marienne 81800
Harpe	87769	gris l. v.	1907	Ermite 44360	Eglantine 64071
Harpe	87835	noire	1907	Dauvergne 59713	Bamboche 54018
Haste	87773	grise	1907	Jeannot 35958	Gibelotte 38579
Hâture	87722	noir-zain	1907	Décime 60587	Bijou 20644
Hautaine	84262	noire	1907	Nandis 60192	Bichette 64506
Hautaine	84522	grise	1907	Perdrix 34949	Droguette 35855
Havane	81732	grise	1907	Ermite 44360	Cigarette 64970
Havane	84277	noir-zain	1907	Etudiant 59291	Mouvette 43803
Havane	84420	gris-vin.	1907	Darwin 60528	Docile 84419
Havane	87814	gris v. l. p.	1907	Journaliste 60130	Mariette 42325
Haydée	84313	grise	1907	Bazar 48777	Drogue 38574
Hébé	81818	noire	1907	Vidocq 59269	Mésange 59565
Hébé	87591	gris-foncé	1907	Dauvergne 59713	Croquette 64089
Hébé	87745	grise	1907	Jupiter 58231	Coquette 50587
Hébé	87824	noir-zain	1907	Tunisien 57574	Amanda 58267
Hébrides	84396	grise	1907	Ermite 44360	Manille 20684
Hécube	84265	noir-rub.	1907	Diamant 60978	Divine 60039
Hedjaz	84267	noire	1907	Diamant 60978	Dorée 60801
Hedjaz	84391	grise	1907	Diamant 60978	La Poule 26889
Hélène	81738	gris-pom.	1907	Favori 57781	Julie 17521
Hélène	81805	gris-foncé	1907	Coco 46855	Margot 61194
Hélène	87831	noire	1907	Vigoureux 55865	Balladeuse 52046
Hélice	81812	noire	1907	Colbert 58113	Marquise 37630
Hella	81788	gris-foncé	1907	Pâtre 55690	Radrelle 29223
Hella	87627	grise	1907	Diamant 60978	Amanda 49321
Helle	84423	gris-fer	1907	Malakoff 53115	Mignonne 49606
Helle	87592	gris-foncé	1907	Dauvergne 59713	Courageuse 17304
Hellée	87733	noire	1907	Dimitri 58251	Margotte 61357
Hellène	87619	blanche	1900	Champion 37717	Coquette 21625
Helmond	84352	gris-foncé	1907	Ermite 44360	Péronelle 42287
Héloïse	81742	noire	1907	Rolland 60321	Capucine 62397
Héloïse	81773	gris-foncé	1907	Dagada 55160	Bichette 48001
Helvétie	84422	grise	1907	Colbert 58500	Lacette 59010
Héminée	87789	noire	1907	Colbert 58500	Esplanade 58720
Hémione	84357	noire	1907	Dimitri 58251	Mouvette 26467
Henriette	81702	noire	1908	Berlan 64515	Castille 49289
Henriette	81721	noire	1907	Coco 46855	La Coudre 37311
Henriette	81728	noire	1907	Colbert 58113	Poule 50149
Henriette	81770	gris-foncé	1907	Dagada 55160	Paquerette 58488
Henriette	81829	noire	1907	Hocher 60022	Javotte 51714
Henriette	84458	noire	1907	Gladiateur 60007	Suzanne 29437

NOM	N°	ROBE	Naissance	PÈRE	MÈRE
Henriette	87616	noire	1907	Hocher 60022	Edda 42194
Héra	84390	noire	1907	Beaudolé 34055	Coquette 55963
Héra	84395	alezan-d.	1907	Ermite 44360	Pàquerette 31215
Héra	87822	noir-zain	1907	Tunisien 57574	Faisante 49388
Héraclés	84343	noire	1907	Fleurus 58414	Mignonne 31100
Hérésie	84379	grise	1907	Télégramme 58507	Lisette 48039
Héritière	84429	grise	1907	Chartres-ex-Coco 56130	Rosette 25082
Hérodiade	84462	grise	1907	Chartres-ex-Coco 56130	Irma 34856
Héroïne	84261	noire	1907	Turenne 60027	Missouris 36768
Héroïne	84533	alezane	1907	Tamerlan 46369	Lisette 22297
Hermine	81759	noire	1907	Moscou 60664	Margot 50595
Hermine	81847	noire	1907	Jeannot 35958	Henriette 46355
Hermine	84349	grise	1907	Hocher 60022	Frisette 73357
Hermine	84459	noire	1907	Gladiateur 60907	Célina 22506
Herminette	84264	noire	1907	Bréry-ex-Artus 52974	Plaisante 60184
Herminie	87559	noir l. r.	1907	Paulus 58125	Soumise 42966
Hésione	84483	gris-vin.	1907	Hocher 60022	Colombe 32326
Hésione	87823	noire	1907	Tunisien 57574	Margot 28232
Hesse	87663	gris-foncé	1907	Colbert 58500	Sonnette 58660
Hestia	84479	gris-fer	1907	Fleurus 58414	Uranie 51488
Hestia	87595	noire	1907	Philémon 60850	Juliette 60021
Hestia	87664	grise	1907	Colbert 58500	Louisa 59435
Heures	87596	noire	1907	Fleurus 56495	Brillante 56278
Hève	84442	noire	1907	Sangrado 22990	Bichette 61280
Hève	84486	gris-noir	1907	Hocher 60022	Marie-Portier 64718
Hibernie	84468	grise	1907	Descartes 46058	Glorieuse 29683
Hichette	81840	gris-foncé	1907	Galopin 59641	Charmante 33068
Hijou	81795	noire	1907	Etudiant 59291	Bichonnette 55966
Himière	84279	grise	1907	Etudiant 59291	Limande 46487
Himière	84488	bai-brun	1907	Diamant 60978	Anna 38791
Hippone	84361	noire	1907	Dacier 60154	Gérard 41418
Hirondelle	81799	noire	1907	Valory 58112	Pelotte 49428
Hirondelle	84332	gris-clair	1907	Bazar 48777	Mouthe 50712
Hirondelle	84399	noire	1907	Alger 58071	Charmante 54156
Hirondelle	87590	noire	1907	Dauvergne 59713	Charmante 81657
Hirondelle	87754	gris-clair	1907	Bibi 52612	Floride 43510
Hirondelle	87798	noire	1907	Sulpice 59070	Coquette 57538
Histoire	81720	grise	1907	Coco 46855	Gitana 34980
Histoire	81801	noire	1907	Jeannot 35958	Fatma 15966
Histoire	81848	gris-foncé	1907	Jeannot 35958	Cocotte 23234
Histoire	84375	grise	1907	Cantinier 54707	Frivole 48046
Historienne	81737	noire	1907	Hocher 60022	Julie 15090
Historiette	81731	grise	1907	Ermite 44360	Lisette 23229
Historique	84444	grise	1907	Diamant 60978	Myrrhe 50386
Hollande	81821	grise	1907	Coco 46855	Graziella 62960

NOM	N°	ROBE	Naissance	PÈRE	MÈRE
Hoquette	84464	noire	1907	Favori 57781	Charmante 64652
Hongrie	87682	noire	1907	Paulus 58125	Cocotte 54534
Honneur	87823	noire	1907	Tunisien 57374	Jo 48038
Honorée	81706	noire	1907	Colbert 58500	Biche 54259
Honorée	84315	grise	1907	Loriot 53836	Biche 50262
Horde	87749	gris-foncé	1907	Fleurus 56495	Sapinette 87721
Hortense	84549	noire	1907	Hocher 60022	Poule 50197
Hortensia	84381	gris-bleu	1907	Cantinier 54707	Manille 52960
Houlette	87725	noire	1907	Dauvergne 59713	Réséda 7006
Hovas	84432	gris-clair	1907	Majeur 60346	Juliette 64426
Huguenette	87620	grise	1907	Gladiateur 60907	Marguerite 47978
Huguette	87618	noire	1907	Barnac 51162	Redowa 40318
Hulotte	87622	gris n. t. f.	1907	Utrecht 59586	Bijou 19744
Huppe	87848	noir-zain	1907	Dacier 60134	Risette 56215
Hydra	87636	noire	1907	Diamant 60978	Poule 49976
Hyène	87629	noir-zain	1907	Seoul 60686	Polka 54433
Hygie	84509	gris pom.	1907	Perdrix 34849	Grisou 30427
Hygie	87637	gris-foncé	1907	Diamant 60978	Mouvette 49073
Ianina	84293	noire	1908	Martin 46912	Mabile 36618
Ianitza	84383	bai-foncé	1908	Taupier 63548	Espiègle 69074
Ibarra	87645	noire	1908	Dorceau 64215	Vanille 59083
Ibarra	87687	noire	1908	Taupier 63548	Bijou 53980
Ibéa	87646	noire	1908	Clamart 64207	Bijou 47230
Ibérides	81790	noire	1908	L'Avisé 61859	Mouvette 54431
Ibérie	81766	noire	1908	Lérida III 42847	Coquette 50445
Ibérie	84498	noire	1908	Glucose 62232	Coquette 54179
Ibérie	84518	grise	1908	Taupier 63548	Charmante 29204
Ibérie	84544	baie	1908	Tamerlan 46369	Poulotte 23202
Ibérie	87807	noire	1908	Boileau 59048	Etoile 66421
Ibérie	87846	noir l. r.	1908	Volcan 64533	Vénitienne 47172
Ibérique	84382	noire	1908	Gendarme 63132	Gigolette 53922
Ibride	81767	grise	1908	Célibat 64968	Mouvette 31361
Ibsée	84290	grise	1908	Mareuil 53313	Semelé 40631
Ica	84421	gris-foncé	1908	Pomard 63070	Elégante 57528
Ica	87811	gris l. v. p.	1908	Agricole 64757	Coquette 26226
Icaque	87785	gris-foncé	1908	Douvreur ex-Couvreur 58335	Violette 55856
Icaque	87797	noire	1908	Aiglon 64052	Guimauve 68140
Icarie	84296	noire	1908	Frontin 61650	Rita 30140
Icarie	87556	noire	1908	Marseillais 57679	Biche 61230
Icarie	87689	noire	1908	Didier 58581	Pavane 62772
Icase	87723	noir-zain	1908	Décime 60587	Lisette 42060
Icèle	84307	baie	1908	Martin 46912	Taupinette 30124
Icone	84292	grise	1908	Montargis 62402	Tendresse 32526
Icone	87694	noire	1908	Coco 46855	Fanchette 35805
Icone	87747	noire	1908	Oscar 45901	Jolie 69087

NOM	Nº	ROBE	Naissance	PÈRE	MÈRE
[illegible]	87763	grise	1908	Grisélidis 62038	Chaloupe 55348
[illegible]	87851	gris-foncé	1908	Chatel 57305	Castille 64553
[illegible]	84282	noire	1908	Vigoureux 55865	Margot 75111
[illegible]	87609	bai b. f.	1908	Tigris 68463	Fumaria 36998
[illegible]	81780	noire	1908	Conscrit 62063	Serpette 59020
[illegible]	84456	noire	1908	Coco 46855	Serpolette 64831
[illegible]	84319	grise	1908	Montargis 62402	Margot 50234
[illegible]	81787	noire	1908	Alger 58071	Alzina 44428
[illegible]	81791	noire	1908	Didier 58584	Paquerette 43031
[illegible]	84286	grise	1908	Vigoureux 55865	Biche 67225
[illegible]	84303	grise	1908	Martin 46912	La Gaîté 24506
[illegible]	84353	noire	1908	Maboule 56223	Brebis 67393
[illegible]	84372	noire	1908	Boileau 59048	Dégourdie 62102
[illegible]	84481	gris-vin.	1908	Hocher 60022	Charlotte 50036
[illegible]	84508	grise	1908	Tamerlan 46369	Allida 32302
[illegible]	87604	gris-noir	1908	Ermite 44360	Jouvencelle 14100
[illegible]	87810	bai-mar.	1908	Courbet 63077	Bijou 65037
[illegible]	87838	noir-zain	1908	Jeannot 35938	Fadrineta 35467
[illegible]	81748	noire	1908	Vigoureux 55865	Polkette 32263
[illegible]	81817	grise	1908	Dorceau 64215	Sauvons-Nous 33793
[illegible]	84306	gris-foncé	1908	Téméraire 62465	Madoline 38141
[illegible]	87732	gris-foncé	1908	Conscrit 62063	Malice 48110
[illegible]	87834	gris-foncé	1908	Cupidon 63338	Fredaine 67323
[illegible]	87845	noire	1908	Actionnaire 64675	Cerise 47087
[illegible]	87695	gris-foncé	1908	Paulus 58125	Lisa 35806
[illegible]	87778	gris-foncé	1908	Aigrin 64638	Farandole 87777
[illegible]	87850	gris-vin.	1908	Resultat 63375	Petite-Chance 87849
[illegible]	87752	noire	1908	Oscar 45901	Coquette 75020
[illegible]dèle	84322	baie	1908	Mareuil 53313	Biche 49898
[illegible]dèle	84326	grise	1908	Siphon 60328	Cocotte 49994
[illegible]dèle	84358	noire	1908	Benonville-ex-Sarthois 60531	Bijou 27481
[illegible]dèle	87782	noire	1908	Clamart 64207	Mignonne 21415
[illegible]otée	87707	grise	1908	Clamart 64207	Erica 68318
[illegible]otée	87799	gris-foncé	1908	Jasmin 63914	Mouvette 75010
[illegible]ria	84370	noire	1908	Lérida III 42847	Finaude 57971
[illegible]umée	84299	gris ord.	1908	Téméraire 62465	Brigitte 35859
[illegible]dylle	84300	noire	1908	Robinson 58894	Rozitta 32321
[illegible]dylle	84999	noire	1908	Bellâtre 62312	Rigolette 63151
[illegible]dylle	87709	noire	1908	Clamart 64207	Castille 61108
[illegible]dylle	87729	noire	1908	Alger 58071	Charmante 54156
[illegible]dylle	87794	gris-clair	1908	Jolivet 63463	Louisa 59435
[illegible]dylle	87844	grise	1908	Actionnaire 64675	Brillante 54149
[illegible]éna	84337	noire	1908	Madère 58886	Valentine 49940
[illegible]ésa	84294	grise	1908	Frontin 61650	Féodora 33815
[illegible]glésias	84351	grise	1908	Dégel 45100	Bijou 54340

NOM	Nº	ROBE	Naissance	PÈRE	MÈRE
Igname	87706	noire	1908	Dorceau 64215	Flotte 87705
Ignatie	87731	noire	1908	Alger 58071	Hirondelle 60329
Ignatie	87751	gris-foncé	1908	Valory 58112	Furette 87718
Ignée	87641	gris-foncé	1908	Ecluzelles-ex-Lucas 64445	Lamie 87640
Ignorée	84325	grise	1908	Frontin 61650	Jolie 49878
Igualada	84350	grise	1908	Dégel 45100	Reinette 53714
Igue	87696	noir-zain	1908	Alger 58071	Cunaxa 41278
Igue	87730	noire	1908	Alger 58071	Biche 54158
Ilda	87624	noire	1908	Vol-au-Vent 64112	Didon 33864
Ilda	87809	noir-zain	1908	Actionnaire 64675	Paquerette 54555
Ile	87602	noire	1908	Martin 46912	Robine 25534
Ile	87736	gris-fer	1908	Enjoleur 63649	Rosette 47730
Ili	83547	gris-bleu	1908	Chartres-et-Coco 56130	Mira 33568
Iliade	84297	noire	1908	Frontin 61650	Stura 30571
Illiade	84256	noire	1908	Criquet 62029	Pintade 46101
Illiade	87601	noire	1908	Martin 46912	Rosette 23164
Illiate	87787	bai-ch.-f.	1908	Medoc 64557	Surprise 55373
Illustre	84311	grise	1908	Vigoureux 55865	Simonne 38582
Illyrie	84445	noire	1908	Eclair 63280	Myrrhe 50386
Ilote	84345	noire	1908	Hocher 60022	Sournoise 38185
Image	81708	gris-vin.	1908	Robinson 58894	Pastille 39144
Image	84305	noire	1908	Martin 46912	Pélagie 30292
Image	84321	noire	1908	Marengo 64028	Marquise 49044
Image	87632	grise	1908	Taupier 63548	Linote 60612
Image	87692	gris-clair	1908	Couvreur-ex-Couvreur 58335	Blanchette 54576
Image	87750	gris-foncé	1908	Valory 58112	Lapinette 87721
Image	87774	noir f. r.	1908	Fanfaron 58170	Mignonne 68285
Image	87854	noir-zain	1908	Lérida III 42847	Castille 57928
Imbertine	81750	noire	1908	Vigoureux 55865	Fanny 38254
Imbres	81747	noire	1908	Montargis 62402	Barette 32259
Iména	81753	noire	1908	Martin 46912	Rita 41300
Imérina	87828	noire	1908	Loustic 58105	Charmante 23395
Immortelle	87737	gris-vin.	1908	Enjoleur 63649	Etincelle 63631
Imola	84298	noire	1908	Montargis 62402	Négresse 38958
Imola	87658	baie	1908	Ali 61925	Reinette 45156
Impartiale	84289	noire	1908	Canrobert 63005	Frosine 63580
Impatiente	87770	gris-vin.	1908	Ermite 44360	Jachère 36119
Impossible	84752	noire	1908	Loriot 53836	Margot 50028
Impeste	87727	gris-fer	1908	Agricole 64757	Polka 57484
Impeste	87804	grise	1908	Aubourg 55628	Rosette 84266
Impresse	87728	grise	1908	Agricole 64757	Calcédoine 41150
Ina	84318	noire	1908	Mareuil 53313	Canette 50242
Incidente	84340	baie	1908	Robinson 58894	Carmen 66092
Incisive	84336	grise	1908	Martin 46912	Robine 55730
Inconnue	87617	noire	1908	Barnac 51162	Redowa 40518

NOM.	N°	ROBE	Naissance	PÈRE	MÈRE
…constante	87600	noire	1908	Frontin 61650	Favorite 30874
…royable	84339	noire	1908	Martin 46912	Capucine 66091
…	84301	noire	1908	Robinson 58894	Mirabelle 35374
…iana	87855	noir-zain	1908	Neigeux 63009	Bêtise 64058
…enne	84304	noire	1908	Robinson 58894	Olga 34328
…ienne	84330	baie	1908	Vigoureux 55865	Biche 49493
…ienne	84465	grise	1908	Chartres-ex-Coco 56130	Surfine 66757
…ienne	87626	grise	1908	Victorieux 64124	Bergère 51073
…ienne	87765	noire	1908	Oscar 45901	Docile 69140
…ienne	87779	noir t. l. r.	1908	Aigrin 64638	Docile 26763
…gante	84309	noire	1908	Robinson 58894	Capucine 36198
…omptable	87648	gris-foncé	1908	Alger 58071	Cadette 50609
…ore	84470	gris-foncé	1908	Aigrin 64638	Lamie 43403
…ra	87597	noire	1908	Cupidon 63338	Guitare 65007
…re	84316	noire	1908	Montargis 62402	Cocotte 50259
…re	84463	grise	1908	Douvreur-ex-Couvreur 58335	Tablette 33589
…ase	87753	gris-foncé	1908	Grisélidis 62038	Floride 43541
…ase	87761	noire	1908	Lérida III 42847	Criquette 57566
…ase	87802	noire	1908	Oscar 45901	Damoiselle 55757
…ustrie	87665	noire	1908	Francinet 63627	Paquerette 47703
…erte	84302	baie	1908	Mareuil 53313	Verveine 25992
…erte	84329	baie	1908	Siphon 60328	Margot 49886
…	87607	bai-brun	1908	Eclair 63280	Cupide 57329
…	87813	noir l. r.	1908	Aigrin 64638	Docile 69199
…ersale	84335	grise	1908	Frontin 61650	Poule 55868
…ortune	84285	noire	1908	Téméraire 62465	Ripette 75109
…gambe	84288	grise	1908	Marengo 64028	Fabrice II 42222
…énue	84284	noire	1908	Marengo 64028	Maquette 75103
…énue	87726	grise	1908	Hocher 60022	Fernande 30111
…grate	84314	baie	1908	Frontin 61650	Drogue 38574
…grie	87666	noire	1908	Kalydor 64213	Camille 56770
…grie	87693	noire	1908	Brûlé II 63045	Chopinette 65020
…grie	87712	grise	1908	Paulus 58125	La Coudre 37311
…itiée	84328	grise	1908	Robinson 58894	Souris 49900
…née	81820	grise	1908	L'Avisé 61859	Coquette 73446
…nascente	84341	noire	1908	Arton 56344	Bézigue 54497
…ne	84317	gris-foncé	1908	Montargis 62402	Biche 50258
…ne	84555	gris-foncé	1908	Marseillais 57679	Alerte 57934
…struite	87701	grise	1908	Lérida III 42847	Créoline 64843
…surgée	87702	noire	1908	Lérida III 42847	Esplanade 54945
…time	84287	noire	1908	Marengo 64028	Colinette 66452
…uline	81819	grise	1908	Bellâtre 62312	Paysanne 47786
…uline	87734	noire	1908	Canrobert 63005	Castille 49271
…ele	84338	noir-zain	1908	Robinson 58894	Mascote 39595
…ele	87667	grise	1908	Kalydor 64213	Lisette 44140

NOM	N°	ROBE	Naissance	PÈRE	MÈRE
Ionie	84324	grise	1908	Martin 46912	Cocotte 49903
Ionie	84371	grise	1908	Lérida III 42847	Rustique 49664
Ionienne	87757	grise	1908	Alger 58071	Jubine 22606
Ioug	87686	noire	1908	Taupier 63548	Finette 26358
Ipette	81749	grise	1908	Vigoureux 55863	Bichette 55864
Iphigénie	84472	grise	1908	Fructueux 64723	Zéphirine 42968
Iphigénie	87795	noire	1908	Abricotier 64736	Célina 34108
Iquique	81835	gris-fer	1908	Orgeval 59039	Dulie 33870
Iquique	84333	grise	1908	Frontin 61650	Mouthe 50712
Iquique	84489	gris-foncé	1908	Hocher 60022	Joyeuse 60696
Ira	84291	noire	1908	Rolland 60321	Carolie 68821
Iranie	84337	noire	1908	Téméraire 62465	Ablette 65258
Irascible	87852	gris t. f.	1908	Francinet 63627	Pinsonnette 68411
Ire	87775	noire	1908	Taupier 63548	Campanule 68913
Irène	81751	noire	1908	Bichonné 37879	Cérès 50222
Irène	81763	noire	1908	Lycéen 64918	Castille 54401
Irène	81796	gris t. f.	1908	Gendarme 63132	Bichonnette 55066
Irène	81827	gris-foncé	1908	Jeannot 35958	Diaphane 50832
Irène	84402	noire	1908	Diamant 60978	Ribaude 57387
Irène	87719	noire	1908	Sangrado 22900	Belle-de-Nuit 5642
Irène	87819	noire	1908	Espiègle 64024	Armida 47837
Irène	87843	grise	1908	Canrobert 63005	Gabrielle 41736
Irénée	84331	noire	1908	Marengo 64028	Petit-Noir 49602
Irénée	87674	noir-zain	1908	Coco 46855	Pelotte 54501
Iriane	87837	noire	1908	Rolland 60321	Révérence 87836
Iris	81718	noire	1908	Beauchêne 64157	Frusquette 63263
Iris	84478	gris-fer	1908	Bourail 55585	Rosette 84477
Irlandaise	84453	alezan	1908	Dorceau 64215	Hébé 66215
Irlandaise	87567	gris fer	1908	Vatel 59623	Eclipse 59852
Irlande	87611	gris-foncé	1908	Enjôleur 63649	Sérieuse 34451
Irma	81764	gris-r.	1908	Mylord 63163	Robine 28930
Irma	81784	gris-p.	1905	Castel 52026	Falaise 49515
Irma	84440	gris-foncé	1908	Châtel 57305	Ecolière 49079
Irma	84516	noire	1908	Condé 59486	Lisette 84514
Irma	87746	gris-foncé	1908	Alger 58071	Rosine 24195
Irma	87853	noire	1908	Taupier 63548	Clara 36391
Irmanie	81701	noire.	1908	Espiègle 64024	Castille 49238
Irène	87847	gris l. v.	1908	Abricotier 64736	Fougère 87748
Ironie	87677	grise	1908	Horace 62722	Rigolade 53921
Irouette	84377	gris vin.	1908	Criquet 62029	Bijotte 43806
Irritée	84320	gris-foncé	1908	Robinson 58894	Souris 50251
Irsute	84293	grise	1908	Frontin 61650	Elysée 36753
Irsute	84453	grise	1908	Olivier 58082	Sultane 28119
Irune	87630	baie	1908	Neptune 60632	Polka 54455
Irvine	81856	bai t. f.	1908	Oscar 45901	Mouvette 75018

NOM	N°	ROBE	Naissance	PÈRE	MÈRE
[illegible]	87818	noire	1908	Espiègle 64024	Sansonnette 49389
[illegible]	81705	grise	1908	Dorceau 64215	Turgote 29823
[illegible]	81733	noire	1908	Canrobert 63005	Amanda 58267
[illegible]	81760	noire	1908	Moscou 60664	Bijou 50759
[illegible]	81775	gris-fer	1908	Sahara 61893	Coquette 47872
[illegible]	81793	grise	1908	Clamart 64207	Rustique 15091
[illegible]	81809	grise	1908	Paulus 58125	Braisette 50332
[illegible]	84355	noire	1908	Maboule 56223	Bichette 66020
[illegible]	84454	g.-i. r.-m.	1908	Coco 46855	Louison 16990
[illegible]	87673	noire	1908	Coco 46855	Poësie 58661
[illegible]	87808	gris-vin.	1908	Lérida III 42847	Poule 56821
[illegible]	84417	noire	1908	Alger 58071	Logette 64994
[illegible]	87675	noire	1908	Oscar 45901	Misaine 67674
[illegible]	87755	noire	1908	Paulus 58125	Juliette 43216
[illegible]	87839	noire	1908	Victorieux 64124	Justine 20074
[illegible]	84327	baie	1908	Siphon 60328	Gélique 49871
[illegible]	87599	grise	1908	Vigoureux 55865	Frosine 31673
[illegible]	84397	grise	1908	Victorieux 64124	Cévenne 66744
[illegible]	87771	gris-foncé	1908	Agricole 64757	Docile 35823
[illegible]	87817	noir-zain	1908	Espiègle 64024	Faisante 49388
[illegible]	87842	noire	1908	Canrobert 63005	Giralda 37521
[illegible]	81765	noire	1908	Courbet 63077	Souriante 47843
[illegible]	81762	bai-rub.	1908	Conscrit 62063	Berthe 43853
[illegible]	84430	gris-fer	1908	Picoteur II 58623	Mouvette 43211
[illegible]	84497	grise	1908	Taupier 63548	Pelote 50688
[illegible]	87610	noire	1908	Enjoleur 63649	Bella 41156
[illegible]	87668	grise	1908	Kalydor 64213	Elise 58427
[illegible]	87764	gris-vin.	1908	Loustic 58105	Lisette 49858
[illegible]	87826	gris-r.	1908	Menot 61981	Lisette 64855
[illegible]	84494	noire	1908	Fructueux 64723	Poule 43404
[illegible]	87671	grise	1908	Kalydor 64213	Belladonne 48045
[illegible]	87820	noir-zain	1908	Espiègle 64024	Ponnette 45109
[illegible]	87593	gris-foncé	1908	Oscar 45901	Marienne 81800
[illegible]	87680	noir-zain	1908	Paulus 58125	Française 38906
[illegible]	87780	gris-foncé	1908	Paulus 58125	Brodeuse 47076
[illegible]	87816	noire	1908	Espiègle 64024	Margot 28232
[illegible]	81797	noir-zain	1908	Jupiter 58231	Castille 48177
[illegible]	81810	noire	1908	Paulus 58125	Mouvette 50335
[illegible]	84367	baie	1908	Gradin 57599	Lisette 62820
[illegible]	87679	noire	1908	Paulus 58125	Mireille 59981
[illegible]	81774	noir-rub.	1908	Horace 62722	Rochette 37668
[illegible]	84416	noire	1908	Etudiant 59291	Claudine 47848
[illegible]	81772	noire	1908	Horace 62722	Cocotte 64460
[illegible]	84334	baie	1908	Robinson 58894	Rigolette 55866
[illegible]	87812	gris-vin.	1908	Agricole 64757	Bayadère 62016

NOM	N°	ROBE	Naissance	PÈRE	MÈRE
Itéa	84323	noire	1908	Frontin 61650	Cocotte 49895
Itéa	84342	baie	1908	Arton 56344	Bleue 54496
Iule	87681	noire	1908	Paulus 58125	Lisette 54235
Ive	87760	grise	1908	Lérida III 42847	Lisette 49263
Ivette	84354	noire	1908	Denonville-ex-Sarthois 60531	Finette 65045
Ivette	84513	grise	1908	Vazy 53265	Charmante 25607
Ivette	87598	baie	1908	Frontin 61650	Bleue 31365
Ivette	87603	grise	1908	Arton 56344	Martine 44247
Ivette	87608	gris-foncé	1908	Erasme 60444	Bichette 75077
Ivette	87625	grise	1908	Victorieux 64124	Paquerette 55982
Ivraie	84384	gris-f.-f.	1908	Salvator 62673	Mirabelle 44474
Ivraie	87759	grise	1908	Lérida III 42847	Coquette 61128
Ivraie	87840	grise	1908	Ermite 44360	Paquerette 31245
Ivrée	87713	noire	1908	Genest 61686	Rincette 61700
Ivrée	87821	grise	1908	Espiègle 64024	Coquette 50439
Jabèle	86654	noire	1909	Marindas 62414	Cocotte 17842
Jabès	83768	gris-vin.	1909	Calicot 66928	Gauloise 62709
Jabès	84774	noire	1909	Villers 61613	Jambette 65586
Jabès	85548	noire	1909	Paulus 58125	Mouvette 61426
Jabès	86069	gris-foncé	1909	Coco 46855	Marquise 54364
Jabès	88478	noire	1909	Cyclone 65280	Sultane 62858
Jabesh	84685	noire	1909	Epinal 65631	Poule 75198
Jabesh	87368	gris-bleu	1909	Gréviste 68719	Pauline 43037
Jabette	89465	noire	1909	Martin 46912	Cocotte 50259
Jabite	85973	noire	1909	Lafrime 67501	Vermouth 74974
Jablière	85093	noire	1909	Laricot 68469	Coquette 65581
Jablière	86174	noire	1909	Lama 68543	Coquette 21406
Jabline	87513	gris-noir	1909	Fructueux 64723	Chicane 41176
Jabline	88399	noire	1909	Quinquina 68945	Boxelane 57103
Jabline	88760	gris-foncé	1909	Ronchon 68123	Lisette 57531
Jablines	85158	noire	1909	Berlucheur 65107	Japonaise 66906
Jablines	85506	noire	1909	Folichon 67442	Négresse 53840
Jablines	86294	gris-foncé	1909	Coco 46855	Galice 81743
Jableire	88939	noir-m.-t.	1909	Vandemont 60507	Calamine 68716
Jabotage	86045	noire	1909	Français 61885	Rigole 60540
Jabote	87093	grise	1909	Denonville-ex-Sarthois 60531	Sixte 53547
Jaboteuse	83875	noire	1909	Boileau 59048	Altesse 47263
Jaboteuse	83896	noire	1909	Coquet 69131	Rigolette 75203
Jaboteuse	85703	noire	1909	Etudiant 59291	Brillante 59487
Jaboteuse	86096	gris-foncé	1909	Guillaume 65112	Rose 50114
Jabotière	83645	gris-foncé	1909	Boileau 59048	Systéma 54756
Jabotière	84840	noire	1909	Guillaume 65112	Brunette 55285
Jabotière	85661	grise	1909	Lafrime 67501	Silhouette 66829
Jabotière	85705	noire	1909	Fanfaron 66860	Perrette 53718
Jabotière	86095	gris-foncé	1909	Guillaume 65112	Angora 65390

NOM	N°	ROBE	Naissance	PÈRE	MÈRE
[illegible]	87161	grise	1909	Canadien 58355	Coquette 49272
[illegible]	89073	noire	1909	Exploit 67202	Lumière 63441
[illegible]	85908	noire	1909	Méritant 65126	Suzon 67301
[illegible]	86744	noire	1909	Vazy 53265	Lisette 84514
[illegible]	88401	noire	1909	Acajou 66587	Castille 57553
[illegible]	83749	baie	1909	Bellâtre 62312	Nina 68614
[illegible]	83767	noire	1909	Courbet 63077	Mouvette 57935
[illegible]	84772	gris-foncé	1909	Villers 61613	Coquette 61214
[illegible]	85550	noire	1909	Pandore 68677	Canne 65209
[illegible]	85675	bai-brun	1909	Sistori 66964	Rigolote 52654
[illegible]	86071	gris-foncé	1909	Coco 46855	Margot 78423
[illegible]	86141	grise	1909	Célibat 64968	Violette 64524
[illegible]	86383	noire	1909	Vésuve 67514	Fleur-de-Mai 38326
[illegible]	86593	noire	1909	Souak II 46965	Cordelia 64311
[illegible]	87144	noire	1909	Truc 67197	Torpille 56012
[illegible]	87367	gris-foncé	1909	Gréviste 68719	Ritournelle 47945
[illegible]	88482	noire	1909	Cyclone 65280	Lasouris 53502
[illegible]	89025	noire	1909	Enjoleur 63649	Chérie 47728
[illegible]	89191	noire	1909	Anticosto 67745	Fleur-de-Mai 65672
[illegible]	85271	noire	1909	Glucose 62232	Gelée 71417
Jacaute	89532	baie	1909	Siphon 60328	Biche 49257
Jacanthe	89285	noire	1909	Siphon 60328	Souris 50243
Jacasse	83608	grise	1909	Aspirant 65078	Rosine 32393
Jacasse	84174	noir-zain	1909	Batelier 58094	Pintade 46101
Jacasse	84682	grise	1909	Rupin 65256	Pantine 54521
Jacasse	85659	noire	1909	Fanfaron 66860	Jalouse 67642
Jacasse	85707	noire	1909	Fanfaron 66860	Pâquerette 61322
Jacasse	86098	gris-foncé	1909	Guillaume 65112	Lisette 50058
Jacasse	86778	baie	1909	Condé 59486	Pelotte 42086
Jacasse	87162	bai-chât.	1909	Canadien 58355	Grugette 72071
Jacasse	88157	noire	1909	Exploit 67202	Tranquille 50792
Jacasse	88665	grise	1909	Zéphir 57402	Colette 65472
Jacasse	88909	grise	1909	Ambassadeur 68700	Pervenche 50538
Jacasserie	83883	grise	1909	Boileau 59048	Berluchette 73355
Jacasserie	85235	grise	1909	Complaisant 68761	Galette 52692
Jacasseuse	86508	grise	1909	Makaroff 63245	Narew 34554
Jacassine	85911	noire	1909	Méritant 65126	Manie 60046
Jacée	83675	gris-foncé	1909	Labrador 66840	Gabrielle 69280
Jacée	83977	noire	1909	Jolibois 66958	Marguerite 49391
Jacée	84844	noir-zain	1909	Moulinet 68017	Raphaël 61276
Jacée	84868	baie	1909	Buffon 66472	Rosette 66341
Jacée	85563	noire	1909	Myrte 66768	Courtisane 49686
Jacée	85658	grise	1909	Buffon 66472	Bijou 49162
Jacée	85708	baie	1909	Fanfaron 66860	Bégasse 45077
Jacée	86048	noire	1909	Triolet 66843	Charmante 50198

NOM	N°	ROBE	Naissance	PÈRE	MÈRE
Jacée	86099	grise	1909	Guillaume 65112	Gravette 66573
Jacée	86648	gris-foncé	1909	Calibre 68952	Fauvette 61468
Jacée	86821	noire	1909	Madère 58886	Biche 57457
Jacée	87163	noire	1909	Canadien 58355	Ergotine 64224
Jacée	88161	gris-foncé	1909	Français 61885	Giboyeuse 70340
Jacée	88941	noire	1909	Ermite 44360	Galère 72080
Jacente	85087	noir-zain	1909	Fier-à-Bras 65250	Aiglette 64295
Jacente	85709	noire	1909	Fanfaron 66860	Margot 75042
Jacente	85949	noire	1909	Canadien 58355	Biche 49278
Jacente	86102	noire	1909	Paulus 58125	Godille 47935
Jacente	86172	grise	1909	Olivier 58082	Rosette 73420
Jacente	88942	bai-foncé	1909	Benjoin 62927	Berline 62929
Jacérée	85946	grise	1909	Canadien 58355	Santine 34472
Jacette	83864	noire	1909	Dollar 62383	Gaine 61029
Jacette	84633	noire	1909	Croquis 68451	Pâquerette 61112
Jachère	83674	gris-clair	1909	Labrador 66840	Margot 50369
Jachère	83812	noire	1909	Furibond 68662	Lisette 50204
Jachère	83981	noire	1909	Boileau 59048	Gélatine 71015
Jachère	85086	gris-foncé	1909	Fier-à-Bras 65250	Rustique 47889
Jachère	85341	gris-ard.	1909	Cyclone 65280	Génératrice 69694
Jachère	85711	noire	1909	Fanfaron 66860	Minette 68684
Jachère	86770	noire	1909	Tamerlan 46369	Pastille 47082
Jachère	86999	noire	1909	Actionnaire 64675	Bijou 27481
Jachère	88162	gris-foncé	1909	Cousin 69050	Railleuse 63746
Jachère	88680	grise	1909	Verdun 41665	Flore 53751
Jachère	88783	gris-r.	1909	Télémaque 68172	Polka 41444
Jachère	88896	grise	1909	Ambassadeur 68700	Fleurette 63703
Jachère	88993	noire	1909	Recenseur 68887	Régente 56975
Jachère	89074	gris-foncé	1909	Guillaume 65112	Poulot 73341
Jachère	89316	baie	1909	Castor 62398	Margot 75111
Jachère	89392	grise	1909	Cratère 69004	Patronne 50288
Jachère	89415	grise	1909	Cratère 69004	Genita 71631
Jachères	79967	grise	1909	Paulus 58125	Lisette 49599
Jacinthe	83676	noire	1909	Directeur 66448	Frasie 35940
Jacinthe	83990	noire	1909	Paulus 58125	Biche 78422
Jacinthe	84560	gris-bleu	1909	Faisan 68627	Opérette 66872
Jacinthe	84845	gris-noir	1909	Célibat 64968	Sansonnette 61355
Jacinthe	84970	grise	1909	Fier-à-Bras 65250	Coquette 46704
Jacinthe	85606	noire	1909	Clair-de-Lune 67183	Pompadour 67442
Jacinthe	85657	noire	1909	Lafrime 67501	Grivoise 69984
Jacinthe	85712	noire	1909	Etudiant 59291	Justine 64020
Jacinthe	86103	noire	1909	Coco 46855	Gelée 70064
Jacinthe	86615	gris-vin.	1909	Victorien dit-Valançan 52005	Glorieuse 29683
Jacinthe	86828	noir-zain	1909	Madère 58886	Jubine 73404
Jacinthe	86906	noire	1909	Taupier 63548	Greffe 72822

NOM	Nº	ROBE	Naissance	PÈRE	MÈRE
Jacinthe	88167	noire	1909	Pirus 59613	Sylvie 60763
Jacinthe	88682	grise	1909	Verdun 41665	Gaffe 72741
Jacinthe	88911	noire	1909	Ambassadeur 68700	Eugénie III 12922
Jacinthe	88997	baie	1909	Erasme 60444	Pâquerette 49805
Jacinthe	89019	gris-foncé	1909	Directeur 68271	Biche 25227
Jacinthe	89352	noir-zain	1909	Castor 62398	Bijou 75097
Jacinthe	89455	noire	1909	Castor 62398	Souris 49648
Jacinthe	89496	grise	1909	Florentin II 67155	Margot 49892
Jacktèle	86417	gris-foncé	1909	Sistori 66964	Lisette 50629
Jacobée	84971	noire	1909	Fier-à-Bras 65250	Pompon 66505
Jacobée	85660	baie	1909	Lafrime 67501	Grispie 69986
Jacobée	85713	noire	1909	Fanfaron 66860	Loterie 66630
Jacobée	85802	gris-ard.	1909	Andrinople 65226	Criquette 53927
Jacobée	86104	gris-foncé	1909	Moulinet 68017	Fauvette 55227
Jacobée	87170	grise	1909	Pelletan 69096	Georgetta 72905
Jacobée	87964	grise	1909	Cousin 69050	Charmante 73337
Jacobée	88169	noire	1909	Pirus 59613	Brebis 54505
Jacobetta	84882	noire	1909	Boileau 59048	Dégourdie 62102
Jacobitte	86488	noire	1909	Album 65329	Croquette 52433
Jacobine	85945	noire	1909	Sistori 66964	Castille 54487
Jacobine	86046	gris-foncé	1909	Sistori 66964	Cornillère 63688
Jacobine	87167	noir-m.-t.	1909	Major 60014	Thérésa 59969
Jacobine	87944	gris-bleu	1909	Cousin 69050	Rustique 49537
Jacobine	88830	noire	1909	Primeur 68044	Lisa 50387
Jacobine	88912	grise	1909	Ambassadeur 68700	Mireille 50541
Jacobine	88931	grise	1909	Ermite 44360	Citadine 68954
Jacobiste	88907	noir-m.-t.	1909	Sultan 68896	Lison 35652
Jacobite	87962	noire	1909	Paulus 58125	Lâcheuse 63509
Jacoline	85371	gris-foncé	1909	Pandore 68677	Vesta 25764
Jacoline	88785	noire	1909	Néron 68346	Margueritte 47978
Jacotte	88856	gris-foncé	1909	Télémaque 68172	Gauloise 72867
Jacque	87369	gris-foncé	1909	Lablache 68289	Frivole 84475
Jacqueline	83653	noire	1909	Clair-de-Lune 67183	Kersaint 52078
Jacqueline	83794	grise	1909	Myrte 66768	Aurette 64701
Jacqueline	83996	noir-rub.	1909	Directeur 66448	Orsinie 57614
Jacqueline	84860	grise	1909	Fier-à-Bras 65150	Gauloise 69283
Jacqueline	85376	noire	1909	Macaron 67982	Bijou 27680
Jacqueline	85559	gris-fer-f.	1909	Amilcar 68213	Margot 78540
Jacqueline	85680	noire	1909	Carnot 66666	Rustique 54294
Jacqueline	86073	noire	1909	Coco 46855	Fullia 67505
Jacqueline	86871	noire	1909	Taupier 63548	Gauloise 35789
Jacqueline	86877	noire	1909	Taupier 63548	Polka 53560
Jacqueline	87370	noir-m.-t.	1909	Christian 67392	Poule 84476
Jacqueline	88088	noire	1909	Paulus 58125	Trompette 67512
Jacqueline	88317	noire	1909	Oscar 45901	Rose 57459

NOM	N°	ROBE	Naissance	PÈRE	MÈRE
Jacqueline	88467	noire	1909	Faisan 68627	Musette 51346
Jacqueline	88484	noire	1909	Exploit 67202	Juliette 60021
Jacqueline	88945	grise	1909	Vaudemont 60507	Suzanne 20097
Jacqueline	89192	noire	1909	Ambassadeur 68700	Tulipe 65674
Jacqueline	89426	baie	1909	Frontin 61650	Elysée 36753
Jacquemine	86562	bai-cerise	1909	Lafrime 67501	Négresse 42249
Jacquerie	84686	baie	1909	Epinal 65631	Mouvette 84359
Jacquerie	84777	noire	1909	Fanfaron 66860	Valeureuse 58242
Jacquerie	85555	grise	1909	Epinal 65631	Epopée 67032
Jacquerie	85716	noire	1909	Canrobert 63005	Gencive 70662
Jacquerie	86075	gris t. f.	1909	Faisan 68627	Griffon 55064
Jacquerie	86105	grise	1909	Avocat 66303	Coudette 55497
Jacquerie	86142	noire	1909	Moulinet 68017	Biche 54532
Jacquerie	87179	noire	1909	Major 60014	Charmante 55862
Jacquerie	87377	gris-vin.	1909	Christian 67392	Poulette 84484
Jacquerie	87960	noire	1909	Faisan 68627	Anodine 60300
Jacquerie	88170	gris-foncé	1909	Cyclone 67659	Pauline 61199
Jacquerie	88485	noire	1909	Cyclone 65280	Dolorès 68087
Jacquerie	88915	gris-foncé	1909	Laerte 68302	Carmen 40517
Jacquerie	88944	gris-r.	1909	Calibre 68952	Berceuse 62928
Jacquette	84559	bai-brun	1909	Canrobert 63005	Biche 78543
Jacquette	85568	grise	1909	Moulinet 68017	Rigolette 73436 bis
Jacquette	88852	noire	1909	Vésuve 67514	Eglantine 52523
Jacquine	85872	grise	1909	Fanfaron 66860	Gaulette 70958
Jacquote	89028	gris-foncé	1909	Enjoleur 63649	Fourmie 67585
Jacta	88787	noire	1909	Télémaque 68172	Docile 49907
Jactance	83596	noire	1909	Buffon 66572	Massuette 55178
Jactance	83678	grise	1909	Laricot 68469	Pastille 62773
Jactance	83782	gris-noir	1909	Calicot 66928	Altesse 66414
Jactance	84191	grise	1909	Agathon 65668	Bijou 50725
Jactance	84900	noire	1909	Amilly 66447	Biche 50145
Jactance	85601	noire	1909	Clair-de-Lune 67183	Sidonie 64444
Jactance	85662	grise	1909	Etudiant 59291	Rigolette 61196
Jactance	85717	grise	1909	Canrobert 63005	Massuette 62049
Jactance	86106	noire	1909	Myrte 66768	Perruche 65533
Jactance	86177	noire	1909	Berlucheur 65107	Insigne 54655
Jactance	86376	noire	1909	Michelet 65179	Eclipse 59852
Jactance	86680	noire	1909	Madère 58886	Polka 84451
Jactance	86800	alezan	1909	Vazy 53265	Gentille 84346
Jactance	86884	grise	1909	Taupier 63548	Lisette 78547
Jactance	87174	bai-brun	1909	Ronchon 68123	Elisette 73433
Jactance	88172	noire	1909	Waterloo 64589	Garonne 71274
Jactance	88741	gris-foncé	1909	Calibre 68952	Soubrette 51020
Jactance	88913	gris-fer	1909	Ambassadeur 68700	Courtisanne 48184
Jactance	89343	noire	1909	Frontin 61650	Lina 49877

NOM	N°	ROBE	Naissance	PÈRE	MÈRE
Jactation	85602	gris-clair	1909	Villers 61613	Follette 55163
Jactation	87178	gris-ard.	1909	Pelletan 69096	Mouvette 57460
Jactelle	86531	gris-foncé	1909	Véga 68250	Surprise 50275
Jactelle	88839	grise	1909	Néron 68346	Coquette 28282
Jactiesse	85807	noir-zain	1909	Lafayette 67798	Tamerline 58515
Judaïsme	87933	gris-fer-f.	1909	Faisan 68627	Poulotte 54019
Jade	83874	noire	1909	Boileau 59048	Mutine 65295
Jade	85234	bai-chât.	1909	Complaisant 68764	Perette 55765
Jade	85663	gris-foncé	1909	Etudiant 59291	Lisette 68837
Jade	87173	noir-zain	1909	Mézarnou 66049	Sophie 69097
Jadelle	85772	noire	1909	Etudiant 59291	Audace 56144
Jalisette	89552	noire	1909	Siphon 60328	Cocotte 39626
Jadmire	86455	noir-zain	1909	Cyclone 65280	Rocheuse 48020
Jaduse	89459	grise	1909	Castor 62398	Frisette 50233
Jadore	86582	noire	1909	Batelier 58094	Zaïma 38795
Jaen	84576	gris-r.	1909	Pandore 68677	Pimpante 68047
Jaen	84962	noire	1909	Rupin 65256	Thironne 43898
Jaen	85556	gris-foncé	1909	Epinal 65631	Frosine 54406
Jaen	86077	alezan	1909	Buffalo 65614	Poule 57940
Jaen	86143	noire	1909	Moulinet 68017	Rosa 66460
Jaen	88486	noire	1909	Cyclone 65280	Libellule 51399
Jaffa	83795	noire	1909	Myrte 66768	Hébé 53071
Jaffa	84796	noire	1909	Fanfaron 66860	Greloteuse 71164
Jaffa	85017	noire	1909	Boileau 59048	Arcadie 84366
Jaffa	85462	noire	1909	Dégel 45100	Coquette 49658
Jaffa	85503	grise	1909	Berlucheur 65107	Guidette 69534
Jaffa	85681	noire	1909	Espiègle 64024	Marseilláise 47830
Jaffa	85827	gris-foncé	1909	Trompeur 67881	Danse 61596
Jaffa	85847	noire	1909	Fanfaron 66860	Romance 52746
Jaffa	86026	noire	1909	Cassan 66064	Cigarette 60492
Jaffa	86078	gris-r.	1909	Berlucheur 65107	Larra 67058
Jaffa	86377	gris-fer-f.	1909	Michelet 65179	Lisa 54234
Jaffa	86392	gris-foncé	1909	Piqueur 68432	Clarade 51923
Jaffa	86924	grise	1909	Mahkarof 63877	Lisette 50624
Jaffa	87378	gris-foncé	1909	Lafayette 67728	Contagieuse 52421
Jaffa	88489	gris-vin.	1909	Cyclone 65280	Genève 71404
Jaffa	89058	gris-foncé	1909	Marathon 66841	Agrafe 64646
Jahde	85684	noire	1909	Ixopo 68619	Amanda 62824
Jahde	85828	gris-foncé	1909	Trompeur 67881	Souplesse 66853
Jahde	87379	g.-f. l. v.	1909	Gréviste 68719	Pluvieuse 67455
Jahde	89045	grise	1909	Directeur 68271	Irma 68886
Jahde	89193	grise	1909	Anticosto 67745	Banane 44076
Jahel	83659	noire	1909	Trompeur 67881	Ecume 59208
Jahel	83801	noire	1909	Calicot 66928	Toto 26680
Jahel	84231	gris-cl.-v.	1909	Beau-Poil 67273	Fillette 63412

NOM	N°	ROBE	Naissance	PÈRE	MÈRE
Jahel	84692	gris-clair	1909	Waterloo 64589	Mouvette 49581
Jahel	84786	noire	1909	Général 66386	Doucette 55165
Jahel	84934	gris-foncé	1909	Adjudant 65658	Bijou 54548
Jahel	85204	noir zain	1909	Etudiant 59291	Castille 63999
Jahel	85381	noire	1909	Pandore 68677	Alexandra 45226
Jahel	85586	noire	1909	Général 66386	Pimpante 50397
Jahel	85686	grise	1909	Lama 68543	Soizette 64783
Jahel	86082	gris-foncé	1909	Villers 61613	Rose 69191
Jahel	87148	gris-foncé	1909	Ronchon 68123	Biche 50504
Jahel	88490	noire	1909	Français 61885	Amande 54636
Jahel	88719	gris-foncé	1909	Verdun 41665	Cochenille 67964
Jahel	89050	grise	1909	Guguste 64730	Lia 39175
Jahel	89194	noire	1909	Ambassadeur 68700	Coquette 12024
Jahel	89358	noire	1909	Général 66386	Coquette 64887
Jaicune	85240	noire	1909	Biberon 67515	Marionnette 65038
Jaigne	87514	gris-fer	1909	Blésois 65917	Frisette 20003
Jaiklisse	85278	gris-foncé	1909	Etudiant 59291	Lisette 50441
Jailateque	86454	noire	1909	Cyclone 65280	Gréziline 70843
Jaille	84708	gris-fer	1909	Lafayette 67798	Joséphine 65427
Jaille	85189	grise	1909	Guillaume 65112	Elvétia 65502
Jaille	85306	noire	1909	Pandore 68677	Biche 54078
Jaille	85507	grise	1909	Guillaume 65112	Poule 44159
Jaille	86298	noire	1909	Mortier 67879	Marquise 64904
Jaille	86934	grise	1909	Candidat 65166	Biche 84528
Jaille	87515	noire	1909	Blésois 65917	Pomponnette 00198
Jaille	88402	gris-foncé	1909	Casino 65452	Madère 57549
Jaillie	85404	gris-foncé	1909	Guillaume 65112	Sandie 49313
Jaillie	86424	grise	1909	Canadien 58355	Rigolette 47994
Jaillissante	85839	grise	1909	Glucose 62232	Etudiante 55971
Jaillissante	88934	grise	1909	Ermite 44360	Jouvencelle 14100
Jainvillette	85064	gris clair	1909	Laricot 68469	Pelote 52106
Jainvillette	88413	gris-vin.	1909	Orgeval 59039	Frange 42766
Jaipine	85882	noire	1909	Fier-à-Bras 65150	Epine 63900
Jaire	83829	grise	1909	Vainqueur 62112	Bichette 48013
Jaire	84153	noire	1909	Conscrit 62063	Joupa 54466
Jaire	84768	noir-zain	1909	Glucose 62232	Gamine 49070
Jaire	85771	bai brun	1909	Lafrime 67501	Sirène 41772
Jaire	85910	noire	1909	Méritant 65126	Sauda 52679
Jaire	87380	noire	1909	Lablache 68289	Biche 49851
Jairythe	86469	noire	1909	Syndicat 65169	Biche 44095
Jaivince	85912	alezane	1909	Directeur 66448	Cocotte 50489
Jakale	86517	noire	1909	Sistori 66964	Glissade 57077
Jalage	84192	gris-clair	1909	Guillaume 65112	Pelotte 43796
Jalage	85664	noire	1909	Etudiant 59291	Biche 47232
Jalage	86557	noire	1909	Carnot 66666	Mireille 42968

NOM	N°	ROBE	Naissance	PÈRE	MÈRE
Jalage	87172	noire	1909	Coquet 69131	Absinthe 39581
Jalaisette	85850	gris t. f. r.	1909	Complaisant 68761	Madelon 43805
Jalap	86834	noire	1909	Madère 58886	Laura 84545
Jalapa	83802	noire	1909	Calicot 66928	Ritournelle 44142
Jalapa	85383	gris foncé	1909	Epinal 65631	Poule 54274
Jatapa	86083	gris-foncé	1909	Pandore 68677	Biche 74978
Jalapa	86148	grise	1909	Célibat 64968	Rizette 51172
Jalapa	87150	grise	1909	Marathon 66841	Paradisia 35380
Jalapa	87383	gris-vin.	1909	Gréviste 68719	Romance 47944
Jalapa	88492	noir-zain	1909	Pirus 59613	Malice 64832
Jalapa	88938	noire	1909	Ermite 44360	Coquette 50390
Jalapine	84972	noire	1909	Fier-à-Bras 65250	Pâquerette 66503
Jalapine	85609	bai-foncé	1909	Olivier 58082	Gouttelette 73084
Jalapine	85719	noire	1909	Epinal 65631	Lisette 78501
Jalapine	88174	noire	1909	Exploit 67202	Marquise 75210
Jalaxe	85894	noir-zain	1909	Méritant 65126	Pimente 66433
Jale	83681	noire	1909	Labrador 66840	Abeille 47200
Jale	83974	gris-clair	1909	Olivier 58082	Biche 49287
Jale	84846	gris-foncé	1909	Villers 61613	Reinette 44926
Jale	84973	noire	1909	Fier-à-Bras 65250	Assurance 54778
Jale	85088	gris-foncé	1909	Conscrit 62063	Mouvette 49179
Jale	86108	gris-noir	1909	Myrte 66768	Biche 50341
Jale	86178	gris-vin.	1909	Berlucheur 65107	Mandoline 58325
Jale	86485	grise	1909	Cousin 69050	Brillante 52404
Jale	88175	noire	1909	Waterloo 64589	Charmante 49765
Jale	89077	grise	1909	Anticosto 67745	Jachère 36119
Jalentine	86414	grise	1909	Sistori 66964	Visite 52671
Jaleache	88409	noire	1909	Tamarin 66451	Coquette 49745
Jalette	83924	noire	1909	Salvator 62673	Faribole 56581
Jalette	85089	noire	1909	Conscrit 62063	Margot 75248
Jalette	85378	noire	1909	Major 60014	Menda 49773
Jalette	89284	gris-foncé	1909	Cratère 69004	Souris 50251
Jaleuse	83682	noire	1909	Labrador 66840	Brillante 50128
Jaleuse	83975	noire	1909	Paulus 58125	Rapide 66552
Jaleuse	84193	noire	1909	Paulus 58125	Négresse 49762
Jaleuse	84848	gris-foncé	1909	Coco 46855	Gazelle 46530
Jaleuse	84974	noire	1909	Fier-à-Bras 65250	Sibérie 46662
Jaleuse	85090	gris-clair	1909	Conscrit 62063	Mouvette 61461
Jaleuse	85722	grise	1909	Paulus 58125	Pincette 54723
Jaleuse	87169	noire	1909	Conquérant 65975	Algérie 64938
Jaleuse	88179	noire	1909	Exploit 67202	Mouvette 50770
Jaleuse	89078	grise	1909	Ambassadeur 68700	Coquette 28076
Jalice	85019	noire	1909	Célibat 64968	Lisette 84365
Jaligny	84792	noire	1909	Laricot 68469	Pâquerette 54555
Jallange	87516	gris-noir	1909	Blésois 65917	Muscade 38559

NOM	N°	ROBE	Naissance	PÈRE	MÈRE
Jallange	88410	gris-foncé	1909	Orgeval 59039	Mignonne 48173
Jalle	85895	noire	1909	Méritant 65126	Actualité 52042
Jallerange	87517	gris-bleu	1909	Blésois 65917	Mariette 42325
Jallière	85993	noire	1909	Buffalo 65614	Veilleuse 52578
Jalenne	83927	noire	1909	Coco 46855	Olga 62661
Jalenne	86794	noire	1909	Condé 59486	Frondeuse 47689
Jalenne	87180	gris-foncé	1909	Canadien 58355	Gérance 73121
Jalenneuse	88935	grise	1909	Benjoin 62927	Bravoure 63187
Jalouse	83930	noir-zain	1909	Salvator 62673	Coquette 63486
Jalouse	85577	grise	1909	Mortier 67879	Splendide 60447
Jalouse	85666	noire	1909	Lafrime 67501	Fabette 62884
Jalouse	85782	gris-foncé	1909	Buffon 66472	Histoire 62796
Jalouse	85976	noire	1909	Etudiant 59291	Fille de-l'Air 53544
Jalouse	86408	baie	1909	Vazy 53265	Mila 47086
Jalouse	86578	bai-foncé	1909	Cousin 69050	Serpette 54238
Jalouse	86795	baie	1909	Tamerlan 46369	Bichonnette 47688
Jalouse	86901	noire	1909	Madère 58886	Gizelle 72751
Jalouse	87181	noir-m.-t.	1909	Canadien 58355	Mascotte 63864
Jalouse	87945	noir-m.-t.	1909	Amilly 66447	Mouvette 51584
Jalouse	88137	gris-fer-f.	1909	Amilly 66447	Biche 49813
Jalouse	88700	gris-vin.	1909	Facteur 53509	Verveine 57398
Jalouse	88917	noire	1909	Laerte 68302	Irène 38159
Jalousie	85308	noir-zain	1909	Etudiant 59291	Manchette 52606
Jalousie	85726	noire	1909	Guillaume 65112	Fabiola 61880
Jalousie	87016	noire	1909	Souak II 46965	Olga 58063
Jalousie	88901	gris-foncé	1909	Barnac 51462	Ninon 41873
Jalousie	88936	noir-zain	1909	Benjoin 62927	Calcédoine 67729
Jalta	85077	gris-clair	1909	Conscrit 62063	Rigolette 50649
Jalyse	83925	gris-fer-f.	1909	Faisan 68627	Reinette 63531
Jalyse	89370	noire	1909	Montargis 62402	Rita 30140
Jam	83670	grise	1909	Complaisant 68761	Turbine 54581
Jamaïque	83804	gris-foncé	1909	Labrador 66840	Colette 30768
Jamaïque	83928	gris-fer	1909	Faisan 68627	Charmante 73401
Jamaïque	83931	noire	1909	Buffalo 65614	Gisèle 66912
Jamaïque	84831	noire	1909	Cyclone 65280	Lisette 50705
Jamaïque	84935	bai-brun	1909	Adjudant 65658	Mécum 61056
Jamaïque	84943	grise	1909	Abdéram 66381	Opérette 52918
Jamaïque	84963	gris-vin.	1909	Cornil 65315	Hyperbole 40036
Jamaïque	86085	noire	1909	Olivier 58082	Divette 62948
Jamaïque	86645	grise	1909	Bizot 67779	Boulotte 46272
Jamaïque	87020	grise	1909	Denonville-ex-Sarthois 60531	Fatma 40847
Jamaïque	87151	gris-noir	1909	Marathon 66841	Ficelle 39224
Jamaïque	87385	baie	1909	Ronchon 68123	Mouvette 49361
Jamaïque	88059	noire	1909	Amilly 66447	Margot 54492
Jamaïque	88497	noire	1909	Pirus 59613	Malaise 47909

NOM	N°	ROBE	Naissance	PÈRE	MÈRE
Jamaïque	88902	grise	1909	Vésuve 67514	Fanchette 39409
Jamaïque	88940	noire	1909	Benjoin 62927	L'Amie 55858
Jamaïque	89035	grise	1909	Directeur 68271	Elégante 64170
Jamaïque	89195	noir-zain	1909	Ermite 44360	Blanche 19971
Jamaïque	89320	noire	1909	Vaillant 62401	Critique 63137
Jambage	87182	noire	1909	Canadien 58355	Mandarine 59831
Jambe	83837	grise	1909	Vainqueur 62112	Chartreuse 66625
Jambe	84211	noire	1909	Cousin 69050	Pauline 48133
Jambe	84976	noir-zain	1909	Fier-à-Bras 65250	Margot 54043
Jambe	85669	grise	1909	Lama 68343	Pelotte 53975
Jambe	85786	noire	1909	Fier-à-Bras 65150	Chenille 63013
Jambe	86109	grise	1909	Myrte 66768	Coquette 48180
Jambe	86180	noire	1909	Berlucheur 65107	Galathée 70474
Jambe	88181	noire	1909	Exploit 67202	Charmante 46134
Jambe	89080	noire	1909	Tigris 68463	Houle 78366
Jambée	85730	noire	1909	Paulus 58125	Ablette 64897
Jambelette	85595	noire	1909	Folichon 67442	Plaisanterie 58174
Jambette	83845	noire	1909	Abdéram 66381	Zélie 54769
Jambette	84216	noire	1909	Arton 56344	Margot 65844
Jambette	84978	grise	1909	Agathon 65668	Française 60778
Jambette	85569	noire	1909	Etudiant 59291	Chimique 54306
Jambette	85600	noir-zain	1909	Souak II 46965	Lisette 54349
Jambette	85670	grise	1909	Pépin 66724	Lisette 75137
Jambette	85731	gris-foncé	1909	Paulus 58125	Ernestine 42024
Jambette	86111	grise	1909	Directeur 66448	Gazelle 71047
Jambette	86803	grise	1909	Vazy 53265	Taloche 47855
Jambette	86810	gris-foncé	1909	Castillan 45009	Frisée 60375
Jambette	86870	noire	1909	Taupier 63548	Clochette 67981
Jambette	87183	gris-foncé	1909	Pelletan 69096	Fauvette 34541
Jambette	88186	gris-foncé	1909	Acrobate 68416	Pâquerette 87582
Jambette	88737	gris-foncé	1909	Egrain-ex-Etranger 64269	Georgette 74968
Jambette	88817	grise	1909	Ludovic 47508	Thérèsa 33767
Jambie	83926	noire	1909	Salvator 62673	Rose 50316
Jambière	84979	grise	1909	Agathon 65668	Mouvette 54458
Jambière	85596	grise	1909	Folichon 67442	Zélie 44170
Jambière	86395	grise	1909	Sistori 66964	Volage 55098
Jambière	88023	grise	1909	Oscar 45901	Consigne 50683
Jambière	88736	noire	1909	Ermite 44360	Souveraine 57196
Jambière	88900	noir m. t.	1909	Barnac 51162	Mignonne 50546
Jambline	88433	noire	1909	Madère 58886	Fatma 56603
Jamblique	87386	noire	1909	Marathon 66841	Divette 43331
Jambenette	87951	gris-foncé	1909	Waterloo 64589	Urgente 61097
Jambeannette	89488	noire	1909	Mareuil 53313	Rozitta 32331
Jambville	87520	noire	1909	Accessit 64700	Spès 51826
Jambville	88411	gris-foncé	1909	Orgeval 59039	Face 67704

NOM	N°	ROBE	Naissance	PÈRE	MÈRE
Jame	85884	noire	1909	Biberon 67515	Rosette 54045
Jameleuse	85814	noire	1909	Marathon 66841	Mouvette 69208
James	85990	grise	1909	Etudiant 59291	Autruche 49290
Jameize	85917	noire	1909	Croquis 68451	Défaite 64054
Jamette	85965	noire	1909	Biberon 67515	Divette 63604
Jandelle	85078	noire	1909	Conscrit 62063	Pensive 67452
Jandelle	88435	gris-foncé	1909	Bambocheur 62018	Sylvia 69061
Jane	84064	noire	1909	Laricot 68469	Aldégonde 51752
Jane	85212	noire	1909	Paulus 58125	Margot 54014
Jane	89643	noire	1909	Carnot 66666	Etrive 87793
Jane-d'Arc	85767	grise	1909	Lafrime 67501	Soyeuse 47092
Janedarc	86380	noir-zain	1909	Carnot 66666	Pécadie 47101
Janère	86406	noir m. t.	1909	Abderam 66381	Malice 61968
Janetière	86050	noire	1909	Triolet 66843	Luisante 54838
Janette	85328	grise	1909	Sistori 66964	Gaffe 70967
Janicule	84076	noire	1909	Conscrit 62063	Margot 53618
Janicule	84937	grise	1909	Abd el Moumen 66380	Kaoline 43308
Janicule	85461	noire	1909	Fanfaron 66860	Rigoletta 60505
Janicule	85587	grise	1909	Guillaume 65112	Blandine 52484
Janicule	86086	noire	1909	Olivier 58082	Coquette 53537
Janicule	86150	gris-noir	1909	Directeur 66448	Mouvette 48005
Janicule	86423	noire	1909	Canadien 58355	Sans-Tache 66740
Janicule	87146	noire	1909	Marathon 66841	Nigra 58601
Janicule	87387	bai-chât.	1909	Marathon 66841	Mouvette 47675
Janicule	88495	gris-foncé	1909	Exploit 67202	Graziella 62281
Janicule	89041	grise	1909	Directeur 68271	Frisette 67479
Janicule	89199	noire	1909	Victorieux 64124	Sarcelle 50668
Janicule	89357	grise	1909	Général 66386	Fauvette 60846
Janie	83688	noire	1909	Calicot 66928	Flora 57738
Janie	83807	noir-zain	1909	Labrador 66840	Vanille 54971
Janie	83905	gris-clair	1909	Ixopo 68619	Mistoufle 54321
Janie	84849	gris-foncé	1909	Villers 61613	Galante 62326
Janie	84980	bai-mar.	1909	Boileau 59048	Julietta 40004
Janie	85611	grise	1909	Pasteur 63046	Biche 53610
Janie	85671	grise	1909	Ixopo 68619	L'Amie 48090
Janie	85733	noire	1909	Paulus 58125	Rigolette 53008
Janie	86114	grise	1909	Moulinet 68017	Pompeuse 63144
Janie	88189	noire	1909	Fendlair 62699	Justice 64408
Janielle	86471	noire	1909	Furibond 68662	Cigarette 66617
Janière	83576	gris-foncé	1909	Trompeur 67881	Coquette 54179
Janière	83770	grise	1909	Célibat 64968	Blaisine 53758
Janière	86710	noire	1909	Sistori 66964	Esplanade 64144
Janina	84008	noire	1909	Waterloo 64589	Fanfare 81792
Janina	84047	grise	1909	Dollar 62383	Coquette 53884
Janina	85585	noire	1909	Général 66386	Rosière 53800

NOM	N°	ROBE	Naissance	PÈRE	MÈRE
[illegible]	85952	gris-foncé	1909	Croquis 68451	Trompette 53465
[illegible]	86386	noire	1909	Accessit 64700	Sinégonde 51748
[illegible]	87390	bai-b. t. f.	1909	Lablache 68289	Bamboche 33046
[illegible]	88496	gris-foncé	1909	Pirus 59613	Coquette 24716
[illegible]	88734	grise	1909	Ermite 44360	Charlotte 42124
[illegible]	88984	grise	1909	Rivoli 58502	Charlotte 50384
[illegible]	89039	grise	1909	Guguste 64730	Egalité 64172
[illegible]	89202	grise	1909	Anticosto 67745	Biche 81842
[illegible]	89356	noire	1909	Général 66386	Eva 60815
[illegible]	89593	gris-foncé	1909	Tigris 68463	Conquise 41373
[illegible]	89067	grise	1909	Carnot 66666	Perle 47985
[illegible]	87032	noire	1909	Souak II 46965	Raphaëla 40845
[illegible]	88046	gris t. f.	1909	Guillaume 65112	Mirabelle 54020
[illegible]	88834	noire	1909	François 68332	Sournoise 38185
[illegible]	85843	gris-clair	1909	Fernand 65262	Araignée 52539
[illegible]	85841	noire	1909	Lafrime 67501	Nina 53125
[illegible]	86878	noire	1909	Taupier 63548	Coquette 41544
[illegible]	86848	noire	1909	Bambocheur 62018	Galère 73118
[illegible]	87194	gris-n.-z.	1909	Chartres-ex-Coco 56130	Hunégonde 51807
[illegible]	84080	noire	1909	Espiègle 64024	Bouillabaise 60511
[illegible]	88091	alezan	1909	Paulus 58125	Biche 61361
[illegible]	88430	noire	1909	Quinquina 68945	Lisa 49812
[illegible]	83689	noire	1909	Calicot 66928	Géline 69410
[illegible]	83971	noire	1909	Faisan 68627	Tapette 64823
[illegible]	84134	aubère	1909	Fier-à-Bras 65150	Margotine 43231
[illegible]	84632	gris-foncé	1909	Epinal 65631	Lisette 50115
[illegible]	84981	noire	1909	Boileau 59048	Margot 40003
[illegible]	85665	noire	1909	Andrinople 65226	Coquette 59169
[illegible]	85734	noire	1909	Jolibois 66958	La Fère 63310
[illegible]	86117	noire	1909	Célibat 64968	Minerve 58416
[illegible]	86759	grise	1909	Madère 58886	Sans-Gène 43409
[illegible]	87190	grise	1909	Campigny-ex-Roblon 56073	Pelote 48040
[illegible]	88191	gris-foncé	1909	Conquérant 65975	Cocotte 49932
[illegible]	88716	noir-m.-t.	1909	Verdun 41665	Alerte 60304
[illegible]	89088	grise	1909	Kado 68443	Polka 54455
Janthine	83690	noire	1909	Calicot 66928	Gélatine 69411
Janthine	83808	grise	1909	Labrador 66840	Gentille 64494
Janthine	84221	noire	1909	Fanfaron 66860	Mira 50728
Janthine	84627	gris-clair	1909	Galetas 72194	Méduline 56218
Janthine	84982	grise	1909	Agathon 65668	Europa 57590
Janthine	85931	noir-zain	1909	Véga 68250	Sentinelle 55372
Janthine	86118	noire	1909	Célibat 64968	Mascotte 33847
Janthine	87192	grise	1909	Douvreur-ex-Couvreur 58335	Rosette 51266
Janthine	88192	gris-foncé	1909	Aviso 52116	Pélagie 64432
Janthine	89092	noire	1909	Ambassadeur 68700	Fauvette 68004

NOM	N°	ROBE	Naissance	PÈRE	MÈRE
Jantière	84983	baie	1909	Agathon 65668	Furette 65634
Jantière	85627	bai-foncé	1909	Epinal 65631	Coquette 64854
Jantière	88200	gris-foncé	1909	Pelletan 69006	Lisette 26584
Jantille	83972	noire	1909	Faisan 68627	Sidonie 66922
Jantille	84984	noire	1909	Agathon 65668	Saragosse 57598
Jantille	85735	noire	1909	Jolibois 66958	Galipette 52609
Jantille	88193	gris-vin.	1909	Pelletan 69006	Bichette 57202
Janvière	85238	grise	1909	Fernand 65262	Aigrette 52343
Janvière	85527	gris-noir	1909	Fernand 65262	Bichonnette 75242
Janville	83918	gris-rou.	1909	Bellâtre 62312	Marquise 46544
Janville	84802	noire	1909	Laricot 68469	Gosseline 71583
Janville	85190	grise	1909	Guillaume 65112	Grivois 61873
Janville	85356	bai chât.	1909	Fanfaron 66860	Tapette 45123
Janville	85970	gris t. f.	1909	Furibond 68662	Surprise 36888
Janville	87441	gris-noir	1909	Directeur 68271	Sucrette 84491
Janville	88412	bai-cerise	1909	Gambetta 69149	Coquette 28295
Janville	89048	grise	1909	Directeur 68271	Fibula 36971
Janville	89203	grise	1909	Ermite 44360	Cévenne 66744
Janzéenne	88849	noire	1909	Néron 68346	Charmante 53608
Japette	87987	noire	1909	Faisan 68627	Inattaquable 57020
Japhète	89420	baie	1909	Florentin II 67155	Rosette 58907
Japhète	89536	noire	1909	Cratère 69004	Clochette 54643
Japhette	86858	noire	1909	Médaillon 48940	Indiana 35494
Japie	88847	gris-foncé	1909	Télémaque 68172	Attalie 68344
Japlique	86441	gris rou.	1909	Sistori 66984	Vivette 68427
Japonaise	83809	noire	1909	Boileau 59048	Frivole 73445
Japonaise	85171	gris-foncé	1909	Guillaume 65112	Finesse 04376
Japonaise	85246	gris-foncé	1909	Villers 61613	Opérette 63882
Japonaise	85619	gris-clair	1909	Olivier 58082	Mouvette 61198
Japonaise	85736	noire	1909	Jolibois 66958	Bazélie 44792
Japonaise	85419	grise	1909	Moulinet 68017	Lizette 61288
Japonaise	86760	noire	1909	Madère 58886	Gentille 78491
Japonaise	87196	gris-noir	1909	Campigny-ex-Roblon 56073	Rapidité 33924
Japonaise	88195	noire	1909	Espiègle 64024	Bleue 49441
Japonaise	88888	baie	1909	Anticosto 67745	Eglantine 57556
Japonaise	88926	noire	1909	Facteur 53509	Cantilène 67770
Japonaise	89204	noire	1909	Anticosto 67745	Caline 60999
Japonaise	89403	grise	1909	Mareuil 53313	Margot 49894
Japonerie	83973	grise	1909	Faisan 68627	Risette 63284
Japonerie	84222	noire	1909	Fanfaron 66860	Castille 54297
Japonerie	86485	grise	1909	Berlucheur 65107	Madère 64983
Japonerie	87198	grise	1909	Campigny-ex-Roblon 56073	Brillante 64562
Japonerie	88197	noir-zain	1909	Pelletan 69006	Grammaire 71707
Jappante	84570	noire	1909	Général 66386	Oubliette 47222
Jappeuse	84223	gris-foncé	1909	Espiègle 64024	Liseuse 48142

NOM	N°	ROBE	Naissance	PÈRE	MÈRE
Jappeuse	85630	noire	1909	Espiègle 64024	Pivoine 58319
Jappeuse	86120	noire	1909	Avocat 66303	Bigorne 68641
Jappeuse	88203	noire	1909	Oscar 45901	Biche 57456
Jarache	85868	noir-zain	1909	Croquis 68451	Martiale 58754
Jaque	83709	noir-rub.	1909	Labrador 66840	Coquette 44055
Jaque	83968	noire	1909	Epinal 65631	Bonne-Fille 58476
Jaque	84693	alezan-r.	1909	Waterloo 64589	Mouvette 50002
Jaque	84987	noire	1909	Dollar 62383	Gevraise 69958
Jaque	85631	grise	1909	Espiègle 64024	Révérence 44144
Jaque	88205	gris-foncé	1909	Aviso 52116	Charlotte 23368
Jacqueline	83969	grise	1909	Fanfaron 66860	Pierrette 57885
Jacqueline	85907	noire	1909	Batelier 58094	Castille 47080
Jacqueline	87200	grise	1909	Douvreur-ex-Couvreur 58335	Sentinette 62750
Jacqueline	88757	noire	1909	Etudiant 59291	Orange 47746
Jacqueline	88206	gris-foncé	1909	Cyclone 65280	Olympia 59888
Jacqueline	89274	noire	1909	Cratère 69004	Cocotte 53320
Jacqueline	89355	noire	1909	Florentin II 67155	Petit-Noir 49692
Jacqueline	89387	noire	1909	Florentin II 67155	Biche 50262
Jacquerie	86555	gris-noir	1909	Carnot 66666	Stella 52098
Jaquette	84145	grise	1909	Fernand 65262	Sauvons-Nous 81697
Jaquette	86121	noire	1909	Avocat 66303	Nissa 51184
Jaquette	86851	noire	1909	Mahkarof 63877	Bijoux 47074
Jaquette	87202	grise	1909	Campigny-ex-Roblon 56073	Tapette 55343
Jaquette	88925	gris-clair	1909	Vaudemont 60507	Gazelle 72879
Jaquette	88995	noire	1909	Eclair 63280	Cupide 57329
Jaculère	85626	gris-clair	1909	Villers 61613	Angélique 57462
Jacquine	89275	grise	1909	Cratère 69004	Biche 49876
Jarasse	85377	gris-foncé	1909	Paulus 58125	Gentille 40149
Jarde	83629	gris-foncé	1909	Buffon 66472	Sarah 48098
Jarde	83938	gris-foncé	1909	Andrinople 65226	Lisette 59400
Jarde	84228	noire	1909	Mortier 67879	Carpette 53804
Jarde	84626	alezan	1909	Galetas 72194	Guadeloupe 72967
Jarde	84856	bai-mar.	1909	Lafrime 67501	Opérette 57780
Jarde	84988	gris-foncé	1909	Abdéram 66381	Castille 57822
Jarde	85074	noire	1909	Laricot 68469	Bichette 57924
Jarde	85635	noire	1909	Folichon 67442	Lisette 73435
Jarde	86122	noir-zain	1909	Moulinet 68017	Bicyclette 52694
Jarde	86181	baie	1909	Berlucheur 65107	Follette 42365
Jarde	86299	gris-foncé	1909	Clair-de-Lune 67183	Coquette 25141
Jarde	88208	gris-foncé	1909	Cyclone 65280	Caissière 60312
Jardie	86992	noire	1909	Marindas 62414	Déesse 58253
Jardinage	87212	noire	1909	Marathon 66841	Perdrix 66805
Jardine	86040	noire	1909	Triolet 66843	Gêne 69752
Jardine	89464	noire	1909	Bataclan 67152	Cocotte 49895
Jardineuse	84991	grise	1909	Agathon 65668	Mirza 37733

NOM	N°	ROBE	Naissance	PÈRE	MÈRE
Jardineuse	85633	noire	1909	Buffalo 65614	Marcelle 61888
Jardineuse	88210	noire	1909	Piqueur 68432	Conchita 67918
Jardinière	84992	grise	1909	Abdéram 66381	Furette 44215
Jardinière	85634	grise	1909	Buffalo 65614	Rustique 75149
Jardinière	85777	noir-zain	1909	Etudiant 59291	Bichette 49396
Jardinière	87206	noire	1909	Bouvreur-ex-Couvreur 58335	Ursuline 53873
Jardinière	88049	gris-fer	1909	Waterloo 64589	Dauphine 39307
Jardinière	88211	gris-foncé	1909	Piqueur 68432	Charmante 50699
Jardinière	88683	noire	1909	Condé 59486	Pauline 73386
Jardinière	88795	noire	1909	Ludovic 47508	Grenadine 69181
Jardinière	88851	gris-r.	1909	Vésuve 67514	Caprice 50539
Jardre	88415	gris-foncé	1909	Orgeval 59039	Mouvette 54478
Jarente	85080	grise	1909	Villers 61613	Salicorne 60782
Jaretelle	89650	noire	1909	Siphon 60328	Boussole 65046
Jaretière	87947	bai brun	1909	Cousin 69050	Epreuve 67050
Jargenne	85480	noire	1909	Oscar 45901	Marquise 50617
Jargenne	88051	noire	1909	Paulus 58125	Brillante 53993
Jarguette	89421	noire	1909	Cratère 69004	Souris 49900
Jaricotte	86463	gris-noir	1909	Pépin 66724	Visière 64146
Jarinette	89286	noire	1909	Rolland 60321	Drogue 38574
Jarite	89637	grise	1909	Florentin II 67155	Révérence 87836
Jarlette	83586	noire	1909	Lafayette 67798	Charlotte 53946
Jarlette	83775	noire	1909	Syndicat 65169	Finette 52945
Jarnage	86425	noire	1909	Coquet 69131	Vaillante 50573
Jarnage	87404	grise	1909	Truc 67197	Risette 33712
Jarnage	87521	noire	1909	Hidalgo 68111	Blanche 64722
Jarnage	88426	noire	1909	Quinquina 68945	Laurette 61639
Jarne	85521	baie	1909	Myrte 66768	Hacrise 51457
Jarne	86303	noire	1909	Pandore 68677	Maixentaise 62139
Jarne	88420	gris-foncé	1909	Faisan 68627	Verveine 52504
Jarnesse	85065	gris-clair	1909	Villers 61613	Poule 54007
Jarnesse	85193	noire	1909	Guillaume 65112	Ténébreuse 47338
Jarnesse	85523	grise	1909	Ixopo 68619	Neigeuse 45091
Jarnesse	87522	gris-foncé	1909	Campigny-ex-Robion 56073	Julie 35822
Jarnesse	88421	gris-foncé	1909	Sistori 66964	Lucette 43330
Jarosse	83846	bai-mar.	1909	Dégel 45100	Rustique 49967
Jarosse	84854	gris-foncé	1909	Buffon 66472	Rosette 54138
Jarosse	84995	baie	1909	Agathon 65668	Linotte 47317
Jarosse	86127	noir-zain	1909	Avocat 66303	Florette 45178
Jarosse	86768	noire	1909	Tamerlan 46369	Grisette 72498
Jarosse	87207	noire	1909	Ronchon 68123	L'Amie 60159
Jarosse	88212	gris-foncé	1909	Cyclone 65280	Courageuse 49642
Jarousse	84227	grise	1909	Mortier 67879	Tite 60382
Jarousse	85177	noire	1909	Jolibois 66958	Etonnante 36140
Jarousse	85636	grise	1909	Fanfaron 66860	Bichette 64290

NOM	N°	ROBE	Naissance	PÈRE	MÈRE
rousse	88816	noire	1909	Télémaque 68172	Gertrude 72814
arre	83693	bai-chât.	1909	Albertus 65317	Francine 62881
arre	83844	noire	1909	Abderam 66381	Directrice 22811
arre	83966	grise	1909	Guillaume 65112	Grisette 55281
arre	84857	bai-m.	1909	Etudiant 59291	La Sarthe 46046
arre	84996	noire	1909	Pirot 67431	Transaction 64292
arre	85779	noire	1909	Pépin 66724	Galba 70369
arre	86126	noire	1909	Avocat 66303	Giroflée 72106
arre	86182	noire	1909	Berlucheur 65107	Pelotte 26400
arre	86188	baie	1909	Berlucheur 65107	Valérie 30325
arre	86368	noire	1909	Paulus 58125	Margot 61264
arre	87204	grise	1909	Campigny-ex-Robion 56073	Girouette 72830
arre	88214	noire	1909	Pirus 59613	Génésiaque 69690
Jarre	89091	grise	1909	Directeur 68271	Globine 72673
Jarretée	84582	gris-vin.	1909	Furibond 68662	Mina 19930
Jarretée	85638	grise	1909	Etudiant 59291	Coudrette 43326
Jarretée	87208	noir-zain	1909	Ronchon 68123	Givette 72080
Jarretelle	84093	noir-zain	1909	Cyclone 65280	Thérésa 54568
Jarretelle	88127	noire	1909	Faisan 68627	Comtesse 46440
Jarretière	83923	gris-noir	1909	Faisan 68627	Berthine 68107
Jarretière	84049	noire	1909	Labrador 66840	Flora 38146
Jarretière	85637	noire	1909	Buffalo 65614	Justine 55398
Jarretière	86928	alezan	1909	Madère 58886	Biche 75213
Jarretière	87105	noire	1909	Denonville-ex-Sarthois 60531	Giglette 72431
Jarretière	87211	noire	1909	Marathon 66841	Solange 49923
Jarretière	87410	gris-foncé	1909	Gréviste 68719	Coquette 48216
Jarretière	88499	noire	1909	Cousin 69050	Gélatine 60311
Jarretière	88685	n.-m.-t.-z.	1909	Africain 48571	Bécasse 61565
Jarretière	88885	gris-foncé	1909	Ambassadeur 68700	Lisa 23603
Jarretière	88963	noire	1909	Erasme 60444	Lygie 56995
Jarretière	89049	grise	1909	Directeur 68271	Charmille 75079
Jarrette	84099	noire	1909	Lafrime 67501	Farette 73396
Jarrie	83648	noire	1909	Boileau 59048	Bichette 54262
Jarrie	84805	noire	1909	Boileau 59048	Rustique 49454
Jarrie	85525	noir-m.-t.	1909	Fier-à-Bras 65250	Biche 49227
Jarrie	86305	noire	1909	Mortier 67879	Pelotte 44946
Jarrie	87407	noire	1909	Adjudant 68232	Justine 38082
Jarrie	87523	noire	1909	Alcazar 64710	Frisette 53096
Jarrie	88422	gris-foncé	1909	Sistori 66964	Laure 67108
Jarrie	88500	noire	1909	Acrobate 68416	Riante 67977
Jarrie	88759	noire	1909	Pirus 59613	Plaisante 60340
Jarrie	89050	noire	1909	Directeur 68271	Florence 75078
Jarrie	89209	grise	1909	Anticosto 67745	Justine 20074
Jarrie	89237	noire	1909	Glucose 62232	Margot 54475
Jarrière	85066	grise	1909	Villers 61613	Sirène 64866

NOM	N°	ROBE	Naissance	PÈRE	MÈRE
Jarrow	84085	grise	1909	Andrinople 65226	Rodogune 40569
Jarrow	85184	grise	1909	Paulus 58125	Follette 66918
Jarrow	86151	gris-noir	1909	Moulinet 68017	Grenouille 70211
Jarrow	88501	gris-foncé	1909	Cassan 66064	Follette 53549
Jartelle	89533	noire	1909	Castor 62398	Donzelle 54964
Jarville	85309	grise	1909	Moulinet 68017	Linette 78498
Jarville	87524	gris-fer	1909	Blésois 65917	Iris 42997
Jarville	88428	noire	1909	Taupier 63548	Timbale 48936
Jasée	89539	noir-zain	1909	Florentin II 67155	Rigolette 56740
Jaserie	84731	noire	1909	Jolibois 66958	Bijou 50083
Jaserie	85097	noire	1909	Conscrit 62063	Chaînette 67788
Jaserie	85329	alezan-b.	1909	Myrte 66768	Poupoule 57419
Jaserie	86128	noir-zain	1909	Glucose 62232	Tempête 36534
Jaserie	86190	noire	1909	Berlucheur 65107	Geneviève 70679 bis
Jaserie	87213	grise	1909	Bouvreur ex Couvreur 58335	Précieuse 66783
Jaserie	88221	noir zain	1909	Piqueur 68432	Biche 50574
Jaserie	88946	grise	1909	Vaudemont 60507	Mélie 45201
Jaserie	89093	noir-zain	1909	Anticosto 67745	Myosotis 38300
Jaserie	85793	gris-ard.	1909	Dollar 62383	Coquette 50339
Jaseuse	83803	noire	1909	Labrador 66840	Coquette 73354
Jaseuse	83841	noire	1909	Boileau 59048	Nicolette 47747
Jaseuse	84634	noire	1909	Croquis 68451	Poule 61292
Jaseuse	85098	gris-foncé	1909	Laricot 68469	Mascotte 47733
Jaseuse	85458	gris-foncé	1909	Buffon 66472	Minerve 44090
Jaseuse	85993	grise	1909	Fernand 65262	Anémone 44149
Jaseuse	86016	noire	1909	Batelier 58094	Castille 75241
Jaseuse	86129	noire	1909	Glucose 62232	Renoncule 35048
Jaseuse	86757	noire	1909	Médaillon 48940	Cascade 78492
Jaseuse	86883	baie	1909	Taupier 63548	Gâte-Sauce 71962
Jaseuse	86902	gris-foncé	1909	Mahkarof 63877	Gentille 71598
Jaseuse	86913	noire	1909	Mahkarof 63877	Finette 33628 bis
Jaseuse	86930	noire	1909	Valory 58112	Coquette 75008
Jaseuse	88048	noir-zain	1909	Paulus 58125	Gironde 66694
Jaseuse	88688	noire	1909	Tamarin 66451	La Besnière 19856
Jaseuse	88836	noire	1909	Ludovic 47508	Célinette 41437
Jaseuse	88874	alezan	1909	Néron 68346	Orpheline 41060
Jaseuse	88965	grise	1909	Directeur 68271	Fleurette 68043
Jaseuse	89000	gris-foncé	1909	Forbonel ex-Orateur 65548	Argentine 47873
Jasion	88027	gris-bleu	1909	Abraham 66389	Galante 87578
Jasmine	86741	grise	1909	Vazy 53265	Colette 42302
Jasmine	86798	grise	1909	Tamerlan 46369	Biche 84531
Jasmine	86929	noire	1909	Bambocheur 62048	Cocotte 75012
Jasminée	85640	noire	1909	Carnot 66666	Loulou 53542
Jasminée	86526	gris-foncé	1909	Lafrime 67501	Gamine 71019
Jasminée	88947	grise	1909	Facteur 53509	Gavotte 38804

NOM	N°	ROBE	Naissance	PÈRE	MÈRE
Jason	84602	noir-zain	1909	Espiègle 64024	Joyeuse 57578
Jason	88977	noire	1909	Rivoli 58502	Farine 67587
Jaspage	87215	gris n. z.	1909	Marathon 66841	Surfine 66757
Jaspe	84186	gris-foncé	1909	Pépin 66724	Castille 48097
Jaspe	85095	grise	1909	Laricot 68469	Givette 69963
Jaspe	85318	noire	1909	Avocat 66303	Duchesse 58588
Jaspe	87025	noire	1909	Actionnaire 64675	Réséda 52680
Jaspée	88031	noire	1909	Faisan 68627	Bénévole 59722
Jaspeuse	86510	noire	1909	Complaisant 68761	Ecolière 62861
Jaspire	85478	noire	1909	Fier-à-Bras 65150	Ampoule 55761
Jaspure	85001	grise	1909	Pirot 67431	Rustique 47665
Jaspure	85100	gris-clair	1909	Laricot 68469	Sulfine 49573
Jaspure	85642	noire	1909	Carnot 66666	Mouvette 49351
Jaspure	85794	noire	1909	Lafrime 67501	Reprise 64083
Jaspure	86192	noire	1909	Clair-de-Lune 67183	Malvina 68751
Jaspure	87216	gris n. z.	1909	Marathon 66841	Stella 51928
Jaspure	88168	noire	1909	Piqueur 68432	Fanchette 47209
Jaspure	88929	grise	1909	Facteur 53509	Cadence 68717
Jaspure	89095	grise	1909	Numéro 68880	Gibelotte 38579
Jaspure	89431	grise	1909	Bataclan 67152	Poule 64765
Jasse	83848	noire	1909	Dégel 45100	Rosette 49790
Jasse	85789	gris-ard.	1909	Andrinople 65226	Mandoline 18244
Jasse	85953	gris t. f.	1909	Biberon 67515	Myrza 42225
Jasse	86307	grise	1909	Clair-de-Lune 67183	Vaillante 49621
Jasse	87527	bai-brun	1909	Accessit 64700	Mouvette 81628
Jasse	88439	noire	1909	Quinquina 68945	Mazia 60986
Jasse	89567	gris-vin.	1909	Dégel 45100	Castille 68764
Jasseine	88436	noir zain	1909	Bambocheur 62018	Coquette 50074
Jazzy	88503	noire	1909	Exploit 67202	Gazelle 56238
Jateuse	86175	noire	1909	Général 66386	Rosette 68626
Jativa	84043	grise	1909	Berlucheur 65107	Brillantine 55334
Jativa	84807	bai-brun	1909	Fier-à-Bras 65250	Cocodette 69268
Jativa	85023	noire	1909	Epinal 65631	Pâquerette 53589
Jativa	86152	noire	1909	Directeur 66448	Biche 47710
Jativa	87411	gris-foncé	1909	Gréviste 68719	Marquise 41250
Jativa	88504	gris-foncé	1909	Français 61885	Ninette 39480
Jatropha	85932	gris-foncé	1909	Véga 68250	Diablette 66374
Jatte	83956	noire	1909	Coco 46855	Bijou 50759
Jatte	84732	grise	1909	Jolibois 66958	Française 38906
Jatte	85101	noire	1909	Conscrit 62063	Langoureuse 61413
Jatte	85515	grise	1909	Lafayette 67798	Gabès 70290
Jatte	85643	noire	1909	Buffalo 65614	Charlotte 78486
Jatte	86132	gris-noir	1909	Moulinet 68017	Fleurette 57953
Jatte	86194	noire	1909	Olivier 58082	Camille 49845
Jatte	87037	grise	1909	Aspirant 65078	Cuba 41276

NOM	N°	ROBE	Naissance	PÈRE	MÈRE
Jatte	87217	noire	1909	Marathon 66841	Gribiche 73058
Jatte	88456	noire	1909	Paulus 58425	Cavale 58203
Jatte	89094	grise	1909	Canada 66484	Raymonde 56360
Jatte	89306	grise	1909	Montargis 62402	Jubine 49676
Jatte	89626	noire	1909	Ducat 68923	Zélandaise 36456
Jattée	83805	noire	1909	Labrador 66840	Albane 66867
Jattée	85002	noire	1909	Abdéram 66381	Catalina 57601
Jattée	85105	noir-zain	1909	Fier-à-Bras 65250	Chaton 68810
Jattée	86195	noire	1909	Olivier 58082	Lisa 57303
Jaudonnière	85062	alezan b.	1909	Villers 61613	Bijou 54289
Jaudonnière	87529	bai brun	1909	Doris 67974	Leda 56063
Jaudonnière	88441	gris-foncé	1909	Acajou 68587	Jongleuse 68024
Jaser	84967	noire	1909	Bellâtre 62312	Brillantine 52884
Jaser	88505	noire	1909	Cyclone 67659	Gentille 75006
Jauge	83695	noire	1909	Albertus 65317	Camille 30763
Jauge	85003	noire	1909	Pirot 67431	Lisette 47903
Jauge	85106	noir-zain	1909	Fier-à-Bras 65250	Cocotte 59203
Jauge	85509	gris-foncé	1909	Lafayette 67798	Cochenille 62003
Jauge	86735	grise	1909	Tamerlan 46369	Lisette 50200
Jauge	86820	gris-foncé	1909	Madère 58886	Margot 75024
Jauge	87218	gris-clair	1909	Christian 67392	Poule 68255
Jauge	88005	gris-foncé	1909	Faisan 68627	Pelote 59776
Jauge	89006	noir m. t.	1909	Enjoleur 63649	Gapone 72903
Jaugeage	86196	noire	1909	Coco 46855	Germaine 71118
Jaulde	88446	noir-zain	1909	Casino 65452	Castille 73382
Jaulge	88449	noir-zain	1909	Quinquina 68945	Rigolette 61022
Jaulne	87533	noire	1909	Marathon 66841	Docile 47048
Jaumière	83783	noire	1909	Calicot 66928	Biche 52947
Jaumière	84568	noire	1909	Jolibois 66958	Célina 57744
Jaumière	84652	grise	1909	Olivier 58082	Mirabelle 61309
Jaumière	85010	grise	1909	Boileau 59048	Mazurka 69228
Jaumière	85107	noire	1909	Fier-à-Bras 65250	Yrma 68866
Jaumière	85363	gris l. f.	1909	Mortier 67879	Pelote 50645
Jaumière	89006	baie	1909	Anticosto 67745	Galantine 72204
Jaunasse	83899	bai c. f.	1909	Méritant 63126	Rizette 63220
Jaunâtre	85785	bai-mar.	1909	Etudiant 50204	Lointaine 63174
Jaune	84940	grise	1909	Colon 65402	Rigolette 50163
Jaune	87412	grise	1909	Blésois 63947	Chérie 28821
Jaunette	83784	grise	1909	Calicot 66928	Souris 63969
Jaunette	83964	noire	1909	Epinal 65631	Poulette 57807
Jaunette	85007	noire	1909	Albertus 65317	Rustique 73369
Jaunette	85108	gris-clair	1909	Villers 61613	Fauvette 75133
Jaunette	86378	gris-bleu	1909	Domino 57067	Villette 51348
Jaunette	87990	gris-noir	1909	Faisan 68627	Rosette 63956
Jaunière	85808	noire	1909	Lafayette 67798	Grenade 47856

NOM	N°	ROBE	Naissance	PÈRE	MÈRE
Jaunisse	83849	noir-rub.	1909	Giacomo 66264	Clavette 55157
Jaunisse	85173	bai-cerise	1909	Faisan 68627	Fanfare 56609
Jaunisse	85469	gris-fer	1909	Lafrime 67501	Alfa 61272
Jaunisse	85644	grise	1909	Carnot 66666	Carpette 58436
Jaunisse	88230	gris foncé	1909	Quinquina 68945	Sylvie 73380
Jaure	87537	noire	1909	Marathon 66841	Amoureuse 64747
Jaure	88455	noire	1909	Ermite 44360	Brillante 56371
Jaute	86734	noire	1909	Tamerlan 46369	Rosetta 58560
Java	83646	grise	1909	Boileau 59048	Galante 69164
Java	83657	gris foncé	1909	Paulus 58125	Marquise 62327
Java	84172	noire	1909	Cousin 69050	Puce 68391
Java	84678	noir-m.-t.	1909	Rivoli 58502	Essence 63916
Java	84811	grise	1909	Guillaume 65112	Biche 50337
Java	85646	grise	1909	Espiègle 64024	Chloe 67840
Java	86153	noire	1909	Moulinet 68017	Flora 64972
Java	87153	noire	1909	Ronchon 68123	Vaillante 64566
Java	87413	baie	1909	Vésuve 67514	Coquette 42105
Java	88118	noire	1909	Oscar 45901	Duchesse 63984
Java	88506	gris-foncé	1909	Cyclone 67659	Eve 57095
Java	89054	noire	1909	Directeur 68274	Flore 75080
Javalie	86007	noire	1909	Lafrime 67501	Aiguille 66902
Javanaise	83560	noire	1909	Guillaume 65112	Chopinette 65020
Javanaise	83696	gris foncé	1909	Labrador 66840	Pervenche 47163
Javanaise	84048	noire	1909	Labrador 66840	Sidonia 68622
Javanaise	85351	grise	1909	Lafrime 67501	Guégette 69980
Javanaise	85645	grise	1909	Carnot 66666	Jubine 49718
Javanaise	86199	grise	1909	Olivier 58082	Brebis 81710
Javanaise	87029	noire	1909	Souak II 46965	Agate 40928
Javanaise	87137	alezan	1909	Souak II 46965	Gendrine 72371
Javanaise	87986	grise	1909	Faisan 68627	Césarine 46641
Javanaise	88231	gris-foncé	1909	Acajou 66587	Midinette 59916
Javanaise	88744	n.-m.-t.-z.	1909	Benjoin 62927	Valseuse 57404
Javanaise	89097	grise	1909	Anticosto 67745	Coquetta 33764
Javanaise	89497	noire	1909	Bataclan 67152	Juliette 39596
Javanne	88105	noire	1909	Amilly 66447	Madère 61261
Javarde	86483	noire	1909	Complaisant 68761	Avenue 64203
Javarette	89487	noir-zain	1909	Mareuil 53313	Stura 30571
Javarette	89527	noire	1909	Siphon 60328	Cocotte 49994
Javarette	89635	alezan-z.	1909	Castor 62398	Bézigue 54497
Javel	87534	noire	1909	Sambetta 69149	Immortel 38884
Javel	88450	gris-foncé	1909	Quinquina 68945	Cécile 61021
Javelée	83785	grise	1909	Calicot 66928	Distinguée 54744
Javelée	85008	grise	1909	Lafrime 67501	Biche 43623
Javelée	87222	gris-noir	1909	Lablache 68289	Chique 64869
Javelée	88006	gris-f.-f.	1909	Faisan 68627	Cléopâtre 41520

NOM	N°	ROBE	Naissance	PÈRE	MÈRE
Javelée	88232	noire	1909	Casino 65452	Guéteuse 70282
Javeleuse	84565	alezan-b.	1909	Folichon 67442	Rose 54414
Javeleuse	86780	grise	1909	Tamerlan 46369	Biche 53591
Javelina	89597	noire	1909	Brick 63206	Bijou 49443
Javeline	83712	noire	1909	Albertus 65317	Rustique 47275
Javeline	83843	noire	1909	Abderam 66381	Cocotte 59494
Javeline	85009	gris-clair	1909	Lafrime 67501	Belleaude 54982
Javeline	85333	grise	1909	Moulinet 68017	Corinthe 51182
Javeline	85354	gris-foncé	1909	Lafrime 67501	Lisette 75185
Javeline	85961	noire	1909	Fernand 65262	Gigogne 69871
Javeline	86200	noire	1909	Général 66386	Clairette 57035
Javeline	86203	grise	1909	Jolibois 66958	Rosa 56842
Javeline	86618	grise	1909	Victorien-dit Valançan 52005	Boulotte 47683
Javeline	86731	noir-zain	1909	Madère 58886	Valence 58694
Javeline	86914	noire	1909	Malkarof 63877	Lisette 69174
Javeline	86932	noire	1909	Bambocheur 62018	Coquette 75212
Javeline	87225	gris-clair	1909	Lablache 68289	Mouvette 57295
Javeline	87984	grise	1909	Faisan 68627	Criquette 57193
Javeline	88233	bai-foncé	1909	Oscar 45901	Charlotte 75017
Javeline	88686	noir-m.-t.	1909	Facteur 53509	Ida 42184
Javeline	88815	noire	1909	Ermite 44360	Mignonne 27633
Javeline	88918	gris-t.-f.	1909	Laerte 68302	Étincelle 68261
Javeline	89113	grise	1909	Anticosto 67745	Fleurette 64044
Javeline	89373	gris-foncé	1909	Siphon 60328	Marguerite 50277
Javeline	89586	gris-fer	1909	Accessit 64700	Églantine 54517
Javelinette	88864	grise	1909	Primeur 68044	Vénitienne 54018
Javelinette	88865	noire	1909	Primeur 68044	Fany 74988
Javelle	83697	grise	1909	Labrador 66840	Malice 66333
Javelle	84720	grise	1909	Sistori 66964	Urgente 67839
Javelle	85326	grise	1909	Sistori 66964	Frivole 63256
Javelle	85649	grise	1909	Espiègle 64024	Soubrette 65486
Javelle	85845	noire	1909	Biberon 67515	Suzon 49292
Javelle	86201	noire	1909	Jolibois 66958	Margot 54113
Javelle	86364	noire	1909	Étudiant 59291	Levrette 54429
Javelle	87985	noire	1909	Faisan 68627	Gabés 72775
Javelle	88674	gris-vin.	1909	Facteur 53509	Bibi 44358
Javelle	88784	grise	1909	Télémaque 68472	Labiche 49910
Javelle	88790	noire	1909	Ludovic 47508	Frisette 40964
Javelle	89011	gris-foncé	1909	Directeur 68271	Mouvette 49187
Javelle	89311	noire	1909	Vaillant 62401	Gélatine 50282
Javelle	89418	noire	1909	Florentin II 67455	Prudence 57789
Javelle	89479	noire	1909	Vaillant 62401	Système 67796
Javelle	89585	gris-foncé	1909	Blésois 65917	Héliotrope 51514
Javelle	89627	gris-foncé	1909	Quinquina 68945	Hébé 25939
Javelle	89634	noire	1909	Guillaume 65112	Généreuse 54726

NOM	N°	ROBE	Naissance	PÈRE	MÈRE
Javelle	89639	gris-foncé	1909	Sambetta 69149	Petite-Chance 87849
Javelote	85819	alezan	1909	Glucose 62232	Mouvette 54390
Javelette	85975	noir-zain	1909	Etudiant 59291	Fauvette 67528
Javelette	87983	noire	1909	Faisan 68627	Poupoule 63471
Javelette	88106	noir l. r.	1909	Amilly 66447	Charmante 61269
Javelette	88862	grise	1909	Frondeur 68350	Hellène 87619
Javeluse	86550	noire	1909	Etudiant 59291	Marguiène 47320
Javette	85842	gris-fer	1909	Buffon 66472	Poule 50403
Javette	89348	noire	1909	Rolland 60321	Boursette 45681
Javette	89457	noire	1909	Mareuil 53343	Rita 66095
Javette	89492	noire	1909	Florentin II 67155	Pauline 45914
Javette	89534	baie	1909	Florentin II 67155	Sensitive 55893
Javide	89424	noire	1909	Montargis 62402	Tendresse 32526
Javie	84809	grise	1909	Fanfaron 66860	Minette 46430
Javie	85026	bai-mar.	1909	Fier-à-Bras 65250	Bichette 54125
Javie	85471	noir-zain	1909	Conscrit 62063	Laure 58458
Javie	86154	noire	1909	Moulinet 68017	Polka 56097
Javie	87414	gris c. v.	1909	Vésuve 67514	Couronne 61281
Javie	88453	gris fer	1909	Rataplan 66742	Balsamine 69217 *bis*
Javie	89053	grise	1909	Directeur 68271	Serpolette 36966
Javie	89261	gris-foncé	1909	Avocat 66303	Charmante 54299
Javie	89578	gris-foncé	1909	Oscar 45901	Mayonne 87699
Javise	83857	grise	1909	Dollar 62383	Tombola 49384
Javise	85791	gris-noir	1909	Etudiant 59291	Coulisse 54828
Javise	86583	noir-zain	1909	Batelier 58094	Castille 56122
Javetine	88801	grise	1909	Ludovic 47508	Ora 49572
Javette	83698	noire	1909	Célibat 64968	Pelote 60971
Javette	83756	grise	1909	Labrador 66840	Caline 57352
Javette	85170	bai-brun	1909	Aiguil'on 66905	Jouvence 84364
Javette	85340	noire	1909	Avocat 66303	Aurélie 55212
Javette	85399	noire	1909	Souak II 46965	Margot 49470
Javette	86202	noire	1909	Jolibois 66958	Bijou 61191
Javette	86501	noire	1909	Carnot 66666	Fagotte 84373
Javette	86610	grise	1909	Andrinople 65226	Rosette 64343
Javette	86743	grise	1909	Tamerlan 46369	Perdrix 50193
Javette	86745	noire	1909	Condé 59486	Mignonne 84525
Javette	86755	noire	1909	Madère 58886	Galante 56318
Javette	86779	noire	1909	Condé 59486	Flora 38408
Javette	86850	noire	1909	Mahkarof 63877	Altesse 63535
Javette	86865	grise	1909	Madère 58886	Bijou 73389
Javette	86889	grise	1909	Madère 58886	Ducasse 66810
Javette	86927	noire	1909	Valory 58112	Finette 84539
Javette	86966	grise	1909	Denonville-ex-Sarthois 60531	Léa 41846
Javette	87123	alezan	1909	Colon 65462	Thérèse 57577
Javette	87228	gris-noir	1909	Marathon 66841	Brillante 16510

NOM	N°	ROBE	Naissance	PÈRE	MÈRE
Javotte	88237	noire	1909	Oscar 45901	Mouvette 75018
Javotte	88860	noire	1909	Télémaque 68172	Colombine 36095
Javotte	89115	grise	1909	Anticosto 67745	Poule 31512
Javotte	89124	noire	1909	Ambassadeur 68700	La Poule 19737
Javotte	89159	grise	1909	Riqulès 63697	Capucine 57026
Javotte	89323	noire	1909	Siphon 60328	Marguerite 65712
Javotte	89633	grise	1909	Castor 62398	Bleue 54496
Jayotte	85934	gris-foncé	1909	Makaroff 63245	Choucroute 60488
Jayles	85856	noir-rub.	1909	Croquis 68451	Ronflette 59390
Jazelle	86601	grise	1909	Souak II 46965	Fauvette 52890
Jazenne	87538	bai-b.-f.	1909	Truc 67197	Vigoureuse 42130
Jazenne	88454	gris-cend.	1909	Ermite 44360	Lisa 50626
Jeandelize	87539	gris-foncé	1909	Romancier 64606	Agate 39093
Jeanne	83663	noire	1909	Pandore 68677	Kerguelein 52077
Jeanne	83739	gris-foncé	1909	Fier-à-Bras 65250	Causette 54734
Jeanne	84771	noir-zain	1909	Epinal 65631	Lutéce 46017
Jeanne	85229	noire	1909	Lafrime 67501	Gigolette 52371
Jeanne	86160	noire	1909	Avocat 66303	Indianaise 68654
Jeanne	87145	gris-clair	1909	Campigny ex-Roblon 56073	Mousette 57514
Jeanne	87418	grise	1909	Blésois 65917	Fifine 40810
Jeanne	88508	noire	1909	Acrobate 68416	Mouvette 49183
Jeanne	89214	grise	1909	Anticosto 67745	Pâquerette 31215
Jeanne	89504	noire	1909	Bataclan 67152	Veloutine 59236
Jeanne	89630	noire	1909	Rolland 60321	Biche 58814
Jeanne-d'Arc	83640	gris-clair	1909	Clair-de-Lune 67183	Bijou 54385
Jeanne-d'Arc	85488	noire	1909	Furibond 68662	Lucréce 61081
Jeanne d'Arc	88928	noire	1909	Vaudemont 60507	Radieuse 40833
Jeanne-Hachette	89062	gris-foncé	1909	Ermite 44360	Frivole 40521
Jeanneton	88842	baie	1909	Néron 68346	Pilule 49906
Jeannette	83699	noire	1909	Célibat 64968	Cocotte 61487
Jeannette	83866	grise	1909	Boileau 59048	Malice 50200
Jeannette	84250	grise	1909	Agathon 65668	Absinthe 44216
Jeannette	85011	grise	1909	Agathon 65668	Gentille 56830
Jeannette	85226	grise	1909	Biberon 67515	Gondole 70071
Jeannette	85355	grise	1909	Moulinet 68017	Favorie 47715
Jeannette	86623	grise	1909	Victorien-dit-Valançan 52005	Tyre 29464
Jeannette	87230	gris-foncé	1909	Marathon 66841	Vigoureuse 43597
Jeannette	88667	noir-m.-t.	1909	Zéphir 57402	Camélia 65469
Jeannette	88765	grise	1909	Avocat 66303	Brillante 54365
Jeannette	88906	grise	1909	Sultan 68896	Lisette 24619
Jeannette	88930	gris-foncé	1909	Facteur 53509	Impérieuse 36292
Jeannette	89005	gris-foncé	1909	Civil-ex Amateur 56125	Garde 87612
Jeannette	89314	baie	1909	Castor 62398	Fauvette 58901
Jeannette	89498	noire	1909	Bataclan 67152	Névada 37370
Jeannette II	89471	noire	1909	Canrobert 63005	Jeannette 61263

NOM	N°	ROBE	Naissance	PÈRE	MÈRE
Jeannine	87139	noire	1909	Actionnaire 64675	Giselle 72321
Jeante	87543	noire	1909	Marathon 66841	Bichette 56068
Jeaunette	86619	gris-fer	1909	Lilas 67751	Lisette 53645
Jebiffe	86028	grise	1909	Véga 68250	Ecrevisse 64045
Jebouzille	86412	noire	1909	Biberon 67315	Elégante 63866
Jécaille	84858	noire	1909	Agathon 65668	Algérienne 64881
Jécale	84865	noire	1909	Labrador 66840	Coquette 50091
Jecca	86993	bai-brun	1909	Denonville-ex-Sarthols 60531	Souris 54122
Jéclisse	84866	grise	1909	Labrador 66840	Aubépine 53674
Jécaute	84867	grise	1909	Labrador 66840	Poule 67460
Jectisses	85653	noire	1909	Epinal 65634	Judith 47129
Jéda	83869	noire	1909	Dollar 62383	Malice 48110
Jefferson	84591	grise	1909	Villers 61613	Gardienne 58459
Jeffraye	85823	bai-brun	1909	Méritant 65126	Mignonne 81622
Jefille	85920	noire	1909	Méritant 65126	Histoire 68465
Jehanne	84957	grise	1909	Vainqueur 62112	Margot 61338
Jélie	86539	gris-foncé	1909	Véga 68250	Véra 38850
Jelimine	85896	gris-foncé	1909	Méritant 65126	Mousseline 66428
Jeliette	85848	noire	1909	Fanfaron 66860	Gonzesse 54858
Jeliette	86478	gris-foncé	1909	Total 68392	Blague 62001
Jeliette	87419	gris-foncé	1909	Vésuve 67514	Charlotte 60688
Jeliette	89652	noire	1909	Coquet 69131	Vesta 26056
Jellachich	85887	noir-zain	1909	Méritant 65126	Bijou 22513
Jemaye	84838	grise	1909	Guillaume 65112	Cocotte 54357
Jemaye	88576	noire	1909	Campigny-ex-Roblon 56073	Marjolaine 32452
Jemmapes	83740	baie	1909	Fier-à-Bras 65250	Prudente 54736
Jemmapes	85860	grise	1909	Lafrime 67501	Griotte 70819
Jemmapes	86437	noire	1909	Cyclone 65280	Négresse 64928
Jemmapes	87423	gris-noir	1909	Rataplan 66742	Poule 22195
Jemmapes	88511	noire	1909	Ronchon 68123	Serpette 54419
Jencarte	85760	bai-brun	1909	Etudiant 59291	Fusée 64877
Jénille	86545	noir-zain	1909	Etudiant 59291	Noisette 54933
Jennetière	84558	gris-f.-v.	1909	Espiègle 64024	Calinette 64937
Jennle	83922	noire	1909	Général 66386	Fantine 22730
Jennie	83960	noire	1909	Paulus 58125	Follette 55315
Jenny	83700	noire	1909	Albertus 65317	Rosette 68794
Jenny	83955	grise	1909	Général 66386	Négresse 43763
Jenny	84651	noir-zain	1909	Dégel 45100	L'Amie 67017
Jenny	85015	grise	1909	Buffon 66472	Mouvette 50107
Jenny	85311	grise	1909	Carnot 66666	Wladi 63606
Jenny	86137	gris-noir	1909	Avocat 66303	Gigolette 71517
Jenny	86281	noire	1909	Général 66386	Pelouse 47827
Jenny	87236	gris-noir	1909	Marathon 66841	Brillante 51256
Jenny	88243	noire	1909	Macaron 67982	Coquette 48217
Jenny	88821	grise	1909	Blésois 65917	Coquette 81574

NOM	N°	ROBE	Naissance	PÈRE	MÈRE
Jenny	88878	noire	1909	Frondeur 68350	Garotte 73047
Jenece	86528	gris-foncé	1909	Véga 68250	Frosine 31631
Jensaguière	88572	bai-foncé	1909	Oscar 45901	Frosine 23396
Jentille	83970	grise	1909	Paulus 58125	Athalie 66628
Jeuvresse	85873	noire	1909	Fanfaron 66860	Fumette 59615
Jesire	84738	noire	1909	Paulus 58125	Musique 58306
Jephtée	89367	noire	1909	Téméraire 62465	Rusette 49893
Jeptene	89516	noire	1909	Siphon 60328	Biche 49500
Jérémiade	83847	noire	1909	Dollar 63383	Bichette 65184
Jérémiade	85784	gris-foncé	1909	Pépin 66724	Mouvette 50480
Jérémiade	87235	grise	1909	Marathon 66841	Galantine 49973
Jérémiade	88067	bai-mar.	1909	Taupier 63548	Radégonde 37708
Jérémiade	88245	noir m. t.	1909	Madère 58886	Rosette 57561
Jérémiade	88693	noire	1909	Vaudemont 60507	Gramme 81580
Jérémiade	88831	grise	1909	Ambassadeur 68700	Girandole 72878
Jérémiade	89117	grise	1909	Anticosto 67745	Débutante 35954
Jérémiade	89561	noire	1909	Abraham 66389	Francine 87656
Jérémie	84801	gris-fer	1909	Fernand 65262	Lydie 58652
Jérémie	86435	grise	1909	Piqueur 68432	Cigarette 54835
Jérémie	86512	gris-foncé	1909	Cyclone 65280	Balafrée 61111
Jérémie	87110	noire	1909	Actionnaire 64675	Grimpette 72322
Jérémie	87425	noire	1909	Blésois 65917	Adresse 64660
Jérémie	89215	grise	1909	Anticosto 67745	Furette 74987
Jérémie	89322	noire	1909	Siphon 60328	Pauline 66142
Jérémie	89341	grise	1909	Rolland 60321	Olga 50053
Jérémie	89570	grise	1909	Vol-au-Vent 64112	Carmen 66486
Jerès	84029	noire	1909	Aiguillon 66905	Pâquerette 55450
Jerès	84563	noir-zain	1909	Taupier 63548	Voltige 67988
Jérès	85391	noire	1909	Epinal 65631	Gallia 73350
Jerès	86166	noire	1909	Myrte 66768	Sonnette 47115
Jérès	87431	gris-foncé	1909	Fanfaron 58170	Garantie 72158
Jérès	88523	noire	1909	Macaron 67082	Guitare 72027
Jéricho	84760	gris-foncé	1909	Epinal 65631	Taupette 55334
Jéricho	86168	noire	1909	Bellâtre 62312	Ribi 28320
Jéricho	86496	gris-foncé	1909	Lafrime 67504	Vermouth 49414
Jéricho	87155	noire	1909	Ronchon 68123	Joyeuse 64565
Jérichotte	83886	noire	1909	Dollar 62383	Mouvette 43942
Jérichotte	86589	grise	1909	Buffalo 65614	Souveraine 47933
Jerose	86025	gris-foncé	1909	Cyclone 65280	Fileuse 61009
Jerosette	83602	noire	1909	Laricot 68469	Angot 61657
Jersayaise	85921	noire	1909	Méritant 65126	Gentille 47951
Jersette	89295	gris ord.	1909	Canrobert 63005	Gertrude 71585
Jersey	84590	gris-clair	1909	Villers 61613	Globule 70742
Jersey	87432	noir-zain	1909	Laërte 68302	Brillante 60631
Jersey	88524	gris-foncé	1909	Macaron 67082	Mizerte 51405

NOM	N°	ROBE	Naissance	PÈRE	MÈRE
…érusalem	83573	noire	1909	Buffon 66472	Pavane 62772
…érygne	83817	bai-chat.	1909	Lafayette 67798	Vrille 63060
…érys	84185	noire	1909	Fernand 65262	Valentine 65596
…esette	89556	noire	1909	Bataclan 67152	Pelouze 56488
…essie	83958	noire	1909	Paulus 58125	Brigitte 54247
…estane	89513	noire	1909	Castor 62398	Oder 31844
…esthime	85937	bai-foncé	1909	Canadien 58355	Granale 69745
…etage	87234	grise	1909	Marathon 66841	Lancette 44007
Jetée	83710	gris-foncé	1909	Labrador 66840	Levrette 57737
Jetée	83954	noire	1909	Général 66386	Bijou 61865
Jetée	84168	grise	1909	Ixopo 68619	Pelotte 81776
Jetée	86134	gris-noir	1909	Glucose 62232	Poule 49976
Jetée	86509	noire	1909	Triolet 66843	Alcide 64309
Jetée	88010	gris fer-f.	1909	Faisan 68627	Chartreuse 67856
Jetée	88248	gris-foncé	1909	Valory 58112	Castille 49529
Jetée	89126	grise	1909	Victorieux 64124	Pâquerette 32613
Jetée	89376	grise	1909	Martin 46912	Mabile 36618
Jetée	89618	grise	1909	Faisan 68627	Bergeronnette 67398
Jetenquine	85866	noire	1909	Fernand 65262	Gambette 69915
Jetermine	85252	noire	1909	Biberon 67515	Venise 66953
Jeteuse	89128	grise	1909	Vol-au-Vent 64112	Furette 39284
Jétisses	83788	grise	1909	Calicot 66928	Drôlesse 62119
Jétrille	85279	gris-foncé	1909	Etudiant 59291	Glucose 71121
Jettatura	84636	grise	1909	Agathon 65668	Frivole 49756
Jettatura	85016	grise	1909	Buffon 66472	Biche 50106
Jettature	84567	noire	1909	Aiguillon 66905	Poule 49626
Jettature	87239	noire	1909	Marathon 66841	Pâquerette 69204
Jeufosse	86312	noire	1909	Jolibois 66958	Brillante 57036
Jeufosse	87548	gris foncé	1909	Directeur 68271	Adjointe 68230
Jeufosse	88577	gris-foncé	1909	Campigny ex-Robion 56073	Rigolette 49511
Jeune	86554	noire	1909	Carnot 66666	Biche 39629
Jeune	87240	noire	1909	Marathon 66841	Gazelle 72108
Jeune	88876	noire	1909	Ambassadeur 68700	Flèche 67741
Jeune-Mère	89596	noire	1909	Télémaque 68172	Sylvie 56882
Jeunesse	83790	noir-zain	1909	Fier-à-Bras 65250	Colomb 38009
Jeunesse	84242	grise	1909	Calicot 66928	Rondelle 54444
Jeunesse	85445	bai-t.-f. z.	1909	Epinal 65631	Pauline 54030
Jeunesse	85783	noire	1909	Andrinople 65226	Révision 64256
Jeunesse	85846	noire	1909	Biberon 67515	Trépide 52725
Jeunesse	87044	noire	1909	Denonville-ex-Sartbois 60531	Poule 29595
Jeunesse	87242	gris noir	1909	Rataplan 66742	Julie 19014
Jeunesse	88117	gris-fer-f.	1909	Oscar 45901	Camisole 47905
Jeunesse	88255	noir-zain	1909	Valory 58112	Charmante 54346
Jeunesse	88698	gris-noir	1909	Facteur 53509	Canicule 67710
Jeunesse	88768	grise	1909	Blésois 65917	Cocotte 47988

NOM	N°	ROBE	Naissance	PÈRE	MÈRE
Jeunesse	88805	noire	1909	Néron 68346	Guitare 60823
Jeunesse	89004	noire	1909	Ardent 68170	Fumaria 36998
Jeunesse	89430	grise	1909	Anticosto 67745	Nonantine 50339
Jeunesse	89372	grise	1909	Siphon 60328	Rosa 49890
Jeunesse	89530	noire	1909	Castor 62398	Comtesse 59308
Jeunette	84644	noire	1909	Fier-à-Bras 65250	Pâquerette 54134
Jeunette	87245	gris-noir	1909	Rataplan 66742	Bijou 55877
Jeunette	88138	noir-m.-t.	1909	Taupier 63548	Pauline 73400
Jeunette	88733	n.m.t.l.r.	1909	Vaudemont 60507	Fauvette 81789
Jeunette	89346	grise	1909	Castor 62398	Rosette 49880
Jeuneuse	84564	gris-clair	1909	Villers 61613	Mignonne 44937
Jeuneuse	89427	gris-foncé	1909	Bataclan 67152	Marquise 49875
Jeurre	84836	grise	1909	Laricot 68469	Fauvette 63351
Jeurre	87549	noire	1909	Directeur 68271	Fourmi 36985
Jeurre	88578	noire	1909	Campigny-ex-Roblou 56873	Garenne 81858
Jézabel	83601	grise	1909	Laricot 68469	Mariette 61658
Jézabel	83741	noire	1909	Fier-à-Bras 65250	Coquette 69232
Jézabel	83914	noire	1909	Bellâtre 62312	Frivole 65615
Jézabel	84224	noire	1909	Taupier 63548	Monique 64425
Jézabel	85251	gris-foncé	1909	Fernand 65262	Cocotte 47137
Jézabel	85744	noire	1909	Paulus 58125	Charmante 54308
Jézabel	86169	noire	1909	Myrte 66768	Margot 49580
Jézabel	87040	noire	1909	Denonville-ex-Sarthois 60531	Bichette 66044
Jézabel	87433	grise	1909	Rataplan 66742	Coquette 37110
Jézabel	88525	noire	1909	Macaron 67982	Sophie 49528
Jézabel	88720	gris-foncé	1909	Facteur 53509	Gélatine 59164
Jezabel	89217	grise	1909	Anticosto 67745	Eurydice 36935
Jézabelle	88769	noire	1909	Blésois 65917	Gondole 72952
Jézabelle	88877	noire	1909	Néron 68346	Gérance 72819
Jézabeth	86697	noire	1909	Fanoir-ex-Demon 66264	Tragique 63470
Jezraël	84024	noire	1909	Paulus 58125	Biche 54323
Jezraël	85743	noire	1909	Aiguillon 66905	Louisette 75134
Jezraël	86462	noire	1909	Pépin 66724	Geleine 69408
Jezraël	87435	gris-foncé	1909	Laërte 68302	Docile 68758
Jezraël	89218	grise	1909	Ermite 44360	Lisette 31684
Jezraël	89364	noire	1909	Pandore 68677	Jubine 50594
Jhering	84589	alezan-b.	1909	Villers 61613	Brillante 63124
Jiberne	88338	gris-cend.	1909	Campigny-ex-Roblou 56873	Indienne 62278
Jichette	83721	gris-rou.	1909	Albertus 65317	Wilhemine 51058
Jicrète	89538	noire	1909	Rolland 60324	Victorieuse 56751
Jidoine	86994	noire	1909	Denonville ex-Sarthois 60531	Gaspille 72402
Jifle	89292	gris-foncé	1909	Téméraire 62465	Courte 40883
Jigolette	87948	noir-m.-t.	1909	Faisan 68627	Pelote 54490
Jigolette	89574	noire	1909	Michelet 65479	Allumette 63582
Jimenès	87453	gris-bleu	1909	Sultan 68896	Muscle 68183

NOM	N°	ROBE	Naissance	PÈRE	MÈRE
Jiménès	88526	noire	1909	Macaron 67982	Toupie 64413
Jaguette	86296	noire	1909	Pandore 68677	Lisette 60338
Jitalie	89529	noire	1909	Castor 62398	Ombrelle 59408
Jitemir	84023	noire	1909	Aiguillon 66903	Frisette 54354
Jitemir	84578	gris-clair	1909	Ixopo 68619	Equilibriste 54698
Jitemir	86171	grise	1909	Bellâtre 62312	Pelote 54212
Jitemir	88531	noire	1909	Macaron 67982	Adalis 51533
Joade	89366	noire	1909	Téméraire 62465	Ablette 65258
Joaillerie	84571	noire	1909	Pasteur 63046	Canebière 59830
Joaillerie	84643	noire	1909	Etudiant 59291	Rigolette 57979
Joaillerie	88260	noire	1909	Cyclone 67659	Viens Poupoule 61902
Jeanice	85206	noire	1909	Abraham 66389	Pauline 61356
Jeanice	87107	baie	1909	Colon 65462	Cocotte 29594
Jeanne	85387	grise	1909	Avocat 66303	Musculeuse 67822
Jeanne	85742	bai-brun	1909	Paulus 58125	Charmante 50189
Jeanne	87436	noire	1909	Vésuve 67514	Ermanie 51838
Jeanne	89219	noire	1909	Victorieux 64124	Tamatave 40854
Jobarde	85510	noir-rub.	1909	Lafayette 67798	Cavalcade 47755
Jobarde	85991	bai-chât.	1909	Lafrime 67501	Rigolette 47822
Jobarde	88114	gris-bleu	1909	Faisan 68627	Christine 40063
Jobarde	88872	gris-foncé	1909	Télémaque 68172	Fadrineta 35467
Jobarderie	84644	gris-noir	1909	Fanfaron 66860	Pâquerette 57423
Jobarderie	88262	gris-foncé	1909	Triolet 66843	Castille 38603
Jobardie	85311	noire	1909	Fier à-Bras 65250	Bérézina 58756
Jobie	88099	noire	1909	Taupier 63548	Arcadie 62305
Jobie	89375	grise	1909	Castor 62398	Souris 50232
Jocasse	83717	noire	1909	Labrador 66840	Lisette 59141
Jocasse	85029	noir-zain	1909	Lafayette 67798	Mouvette 47924
Jocasse	86206	grise	1909	Olivier 58082	Surprise 64513
Jocasse	87250	grise	1909	Vésuve 67514	Houssette 54291
Jocasse	88264	noire	1909	Ronchon 68123	Cunégonde 51773
Jocasse	89131	grise	1909	Vol-au-Vent 64112	Mascarade 38301
Jocasse	89628	noire	1909	Oscar 45901	Lisette 87800
Jocassine	86515	grise	1909	Makaroff 63245	Poule 56821
Jocaste	83979	gris-clair	1909	Ixopo 68619	Farandole 28778
Jocaste	85242	bai-cerise	1909	Méritant 65126	Conquête 56221
Jocaste	85386	gris-foncé	1909	Canrobert 63005	Rigolette 84403
Jocaste	87113	noire	1909	Denonville-ex-Sarthois 60531	Gaëtane 72382
Jocaste	87437	gris-vin.	1909	Stentor 65378	Artisane 33555
Jocaste	88507	noire	1909	Oscar 45901	Furia 63745
Jocaste	88721	gris-vin.	1909	Facteur 53509	Discrétion 73321
Jocaste	89230	grise	1909	Anticosto 67745	Violette 30068
Jocaste	89575	grise	1909	Coco 46855	Coquette 50398
Jocaste	89607	grise	1909	Etudiant 59291	Girondine 42932
Jocaste	83746	noire	1909	Fier-à-Bras 65250	Girouette 70114

NOM	N°	ROBE	Naissance	PÈRE	MÈRE
Jecaste	89651	gris-foncé	1909	Coquet 69131	Malnommée 89982
Jeckette	83587	gris-foncé	1909	Lafayette 67798	Linotte 66318
Jeckette	83776	noire	1909	Syndicat 65169	Bichette 65253
Jeconde	84101	noire	1909	Epinal 65631	Pélagie 58644
Jeconde	84105	gris-clair	1909	Paulus 58125	Polka 73340
Jeconde	84767	grise	1909	Ixopo 68619	Margot 50732
Jeconde	85028	noire	1909	Lafayette 67798	Gastralgie 69876
Jeconde	85740	noire	1909	Guillaume 65112	Victorieuse 52273
Jeconde	86014	bai-brun	1909	Pépin 66724	Moulette 54468
Jeconde	86043	grise	1909	Triolet 66843	Conquête 55947
Jeconde	86636	grise	1909	Donib-et-Monib 58945	Petite 31546
Jeconde	86669	grise	1909	Bambocheur 62018	Nizam 67590
Jeconde	86691	noire	1909	Médaillon 48940	Mascotte 68742
Jeconde	86752	noire	1909	Major 60014	Messsagère 51776
Jeconde	87156	noir-zain	1909	Canadien 58355	Mouvette 49611
Jeconde	87440	gris-bleu	1909	Laerte 68302	Calcédoine 41150
Jeconde	88116	gris-noir	1909	Salvator 62673	Malvina 24197
Jeconde	88536	gris-foncé	1909	Cyclone 67659	Bleue 26583
Jecrisse	88033	noire	1909	Taupier 63548	Coquette 67573
Jecrisserie	84645	noire	1909	Fanfaron 66860	Tulipine 66238
Jedelle	84019	noire	1909	Paulus 58125	Légende 57655
Jedelle	85739	noire	1909	Paulus 58125	Biche 50552
Jedelle	87443	gris-foncé	1909	Cloriadec 64615	Tapageuse 39504
Jedelle	89231	grise	1909	Anticosto 67745	Armandine 57031
Jedelle	89653	gris-foncé	1909	Cassan 66064	Vesta 19952
Joée	83876	noire	1909	Boileau 59048	Pâquerette 42958
Joée	86571	noire	1909	Fanfaron 66860	Duc d'Anjou 42308
Joël	85304	noire	1909	Coco 46855	Vinette 56779
Johanne	83962	grise	1909	Paulus 58125	Margoton 47943
Johannite	86292	gris foncé	1909	Olivier 58082	Gazeuse 71263
Johannite	88265	noir-zain	1909	Canadien 58355	Pelote 54309
John-Bull	84577	grise	1909	Etudiant 59291	Préfète 61773
Joie	83747	gris-fer	1909	Laricot 68469	Favorie 61408
Joie	83942	gris-clair	1909	Berlocheur 65107	Gabier 52102
Joie	85901	noire	1909	Méritant 65126	Castille 48113
Joie	86138	noire	1909	Glucose 62232	Poulotte 48166
Joie	86291	noire	1909	Olivier 58082	Coquette 53642
Joie	86819	noire	1909	Madère 58886	Grivette 72982
Joie	88115	noire	1909	Salvator 62673	Décidée 60768
Joie	88267	noire	1909	Canadien 58355	Basilie 59785
Joie	89135	noire	1909	Vol-an-Vent 64112	Ursule 59590
Joie	89272	grise	1909	Avocat 66303	Mouvette 60174
Joie	89613	noire	1909	Rolland 60321	Grave 84312
Joignante	86290	grise	1909	Olivier 58082	Chanteuse 67386
Jeinette	89343	noire	1909	Vaillant 62401	Louise 50266

NOM	N°	ROBE	Naissance	PÈRE	MÈRE
Galatée	83755	bai-brun	1909	Abdéram 66381	Joliette 63646
Galatée	83884	noire	1909	Boileau 59048	Castille 49518
Galatée	85566	gris-foncé	1909	Buffon 66472	Bénédite 61718
Galatée	86289	noire	1909	Général 66386	Coquille 30211
Galatée	88269	gris-foncé	1909	Canadien 58355	Gazette 72943
Galatée	89138	grise	1909	Anticosto 67745	Margot 51112
Galatée	89324	noire	1909	Siphon 60328	Girouette 71641
Relative	83850	bai-zain	1909	Giacomo 66264	Rosette 65542
Relative	83944	noire	1909	Agathon 65668	Glaise 69423
Relative	85338	grise	1909	Fernand 65262	Amourette 66568
Relative	87258	gris-foncé	1909	Rataplan 66742	Fleurette 49251
Relative	88271	noire	1909	Rataplan 66742	Mignonne 54308
[illegible]lature	84235	gris-vin.	1909	Agathon 65668	Politesse 53951
[illegible]lature	85272	noire	1909	Glucose 62232	Aiguille 63743
[illegible]lature	86288	noire	1909	Général 66386	Pluie 65394
[illegible]lature	87259	gris-foncé	1909	Rataplan 66742	Charlotte 64551
Joinville	85516	gris-foncé	1909	Lafayette 67798	Cévenne 58655
Joinville	87445	gris-bleu	1909	Vésuve 67514	Flandrie 20821
Joinville	87550	noire	1909	Alcazar 64710	Cocotte 57528
Joinville	87864	noire	1909	Macaron 67982	Bichette 75214
Joinville	89232	grise	1909	Anticosto 67745	Lisette 31134
Demoiselle	87867	noire	1909	Accessit 64700	Boulangère 20955
Demoiselle	88580	gris t. f.	1909	Orgeval 59039	Vitesse 64963
Delzette	85816	alezan	1909	Buffon 66472	Noisette 52963
Mokais	84950	noire	1909	Syndicat 65169	Coquette 47975
Jolie	83647	noire	1909	Jolibois 66958	Olga 67562
Jolie	83882	noire	1909	Rupin 65256	Marquise 49919
Jolie	83945	gris t. f.	1909	Agathon 65668	Nicolette 57603
Jolie	84063	noire	1909	Villers 61613	Avisée 58464
Jolie	84954	alezan	1909	Bellâtre 62312	Reine 54890
Jolie	85030	noire	1909	Marathon 66841	Plaisanterie 61770
Jolie	85321	noire	1909	Dollar 62383	Cocotte 64321
Jolie	85787	noir-rub.	1909	Buffon 66472	Peste 54397
Jolie	85838	grise	1909	Trompeur 67881	Rustique 28527
Jolie	86184	noire	1909	Clair-de-Lune 67183	Cocotte 52285
Jolie	86285	noire	1909	Olivier 58082	Marmotte 50752
Jolie	86595	noire	1909	Trompeur 67881	Blanchette 49369
Jolie	86692	noire	1909	Médaillon 48940	Allida 32302
Jolie	87159	noir-zain	1909	Canadien 58355	Palmyre 56299
Jolie	87446	noir-m.-t.	1909	Ludovic 47308	Turlurette 50289
Jolie	88025	grise	1909	Oscar 45901	Boulotte III 50685
Jolie	88098	gris-fer-f.	1909	Taupier 63548	Carambole 59774
Jolie	88276	gris-fer	1909	Coquet 69131	Charmante 50627
Jolie	88764	gris-foncé	1909	Kalydor 64213	Gentille 56817
Jolie	88835	noire	1909	Blésois 65917	Redowa 40518

NOM	N°	ROBE	Naissance	PÈRE	MÈRE
Jolie	89008	noire	1909	Kado 68413	Bijou 49246
Jolie	89152	noire	1909	Décime 60587	Trompeuse 49810
Jolie	89223	grise	1909	Ermite 44360	Demoiselle de-Bonnet 51711
Jolie	89233	grise	1909	Avocat 66303	Fauvette 60173
Jolie	89576	bai-cerise	1909	Aspirant 65078	Grillon 49426
Joliette	83813	noire	1909	Rupin 65256	Yvanna 61513
Joliette	83887	noire	1909	Dollar 62383	Marguerite 43944
Joliette	84055	gris-foncé	1909	Fernand 65262	Mouvette 47331
Joliette	84210	grise	1909	Ambassadeur 68700	Eglantine 64071
Joliette	84254	noire	1909	Guillaume 65112	Goyette 60627
Joliette	84870	gris-clair	1909	Ixopo 68619	Anguille 52926
Joliette	85160	gris-foncé	1909	Anticosto 67745	Diane 50833
Joliette	85342	noire	1909	Cyclone 65280	Esbrouffe 54340
Joliette	85331	grise	1909	Jolibois 66958	Griffe 71488
Joliette	85655	noire	1909	Epinal 65631	Margot 84393
Joliette	86284	noire	1909	Berlucheur 65107	Fossette 66608
Joliette	86325	noire	1909	Lafrime 67501	Sans-Malice 38004
Joliette	86604	noire	1909	Souak II 46965	Jeannette 17608
Joliette	86653	gris-noir	1909	Benouville-ex-Sarthois 80531	Marie 24601
Joliette	88111	noire	1909	Salvator 62673	Figaro 63084
Joliette	88128	noire	1909	Montaigu 67695	Rosette 55199
Joliette	88278	gris-foncé	1909	Pelletan 69096	Bichette 56302
Joliette	88671	noire	1909	Ermite 44360	Galande 70281
Joliette	88881	noire	1909	Ludovic 47508	Giroflée 72865
Joliette	89598	noire	1909	Olivier 58082	Rose 50555
Joliette	89631	gris-vin.	1909	Blésois 65917	Docile 35823
Jolifia	85963	noire	1909	Furibond 68662	Pâquerette 45115
Joliveté	84661	noire	1909	Fier-à-Bras 65250	Mouvette 55093
Joliveté	85331	gris-f.v.	1909	Trompeur 67881	Eldorado 63995
Joliveté	86283	noire	1909	Berlucheur 65107	Zélie 54395
Jolivette	84852	alezan	1909	Lafrime 67501	Pâquerette 43031
Jolle	86576	noire	1909	Pépin 66724	Carmette 63656
Jonage	87868	gris-foncé	1909	Accessit 64700	Glorieuse 69198
Joncacées	84237	grise	1909	Aiguillon 66903	Bijou 61453
Joncacées	87264	noire	1909	Rataplan 66742	Gilberte 70886
Joncacées	89143	grise	1909	Anticosto 67745	Diva 59375
Jonchaie	86280	grise	1909	Villers 61613	Brillante 62195
Jonchaie	86693	grise	1909	Castillan 45009	Fridoline 47882
Jonchaie	88145	noire	1909	Taupier 63548	Cybèle 54463
Jonchaie	88279	noire	1909	Pelletan 69096	Poule 50310
Jonchée	86056	noire	1909	Coquet 69131	Pelotte 57465
Jonchée	86276	grise	1909	Olivier 58082	Rustique 44837
Jonchée	86843	noire	1909	Castillan 45009	Glorieuse 72002
Jonchée	87263	gris-clair	1909	Christian 67392	Cabrèra 41146
Jonchée	88970	noire	1909	Forbonet-ex-Orateur 65548	Fatma 40094

NOM	N°	ROBE	Naissance	PÈRE	MÈRE
Jachée	89144	grise	1909	Ambassadeur 68700	Brillante 51088
Jachère	84247	gris-clair	1909	Ixopo 68619	Garcette 69292
Jachère	87551	noir-zain	1909	Alcazar 64710	Pâquerette 42354
Jachère	87869	gris-fer	1909	Blésois 65917	Fédora 51952
Jachère	88582	noire	1909	Rataplan 66742	Rapide 34475
Jachère	89262	noire	1909	Kalydor 64213	Glisseuse 36280
Jachères	85526	noire	1909	Conscrit 62063	Castille 64199
Jachères	86314	noire	1909	Olivier 58082	Aigrette 33623
Jaclère	84072	gris-foncé	1909	Buffon 66472	Clarinette 42739
Jaclère	85746	grise	1909	Aiguillon 66905	Souris 53979
Jaclère	86275	grise	1909	Olivier 58082	Garnison 71249
Jaclère	87455	gris-clair	1909	Alcazar 64710	Olga 43195
Jacinelle	84691	noire	1909	Waterloo 64589	Gazette 70644
Jacquerette	87872	noire	1909	Vésuve 67514	Lisette 50035
Jacquerettes	84136	noire	1909	Olivier 58082	Pauline 17670
Jacquerettes	84154	noire	1909	Conscrit 62063	Surprise 53613
Jacquerettes	88583	gris-cend.	1909	Campigny-ex-Roblon 56073	Nantaise 36811
Jonction	83722	gris-foncé	1909	Laricot 68469	Fannie 65641
Jonction	83948	noir m.-t.	1909	Ixopo 68619	Placière 58598
Jonction	87266	gris-noir	1909	Rataplan 66742	Docile 43323
Jonction	88282	noir-zain	1909	Aviso 52116	Extra 60844
Jonction	89147	grise	1909	Anticosto 67745	Sultane 81571
Jane	87272	grise	1909	Campigny-ex-Roblon 56073	Victorieuse 48022
Jonellie	85957	grise	1909	Véga 68230	Genèse 69739
Jongleuse	85122	grise	1909	Fier-à-Bras 65250	Doucette 66199
Jonglerie	84240	noire	1909	Jolibois 66958	Léa II 59857
Jonglerie	84894	baie	1909	Rupin 65256	Isabeau 62257
Jonglerie	86273	grise	1909	Villers 61643	Dora 60803
Jonglerie	86564	grise	1909	Fier-à-Bras 65150	Matelotte 65043
Jonglerie	87268	grise	1909	Vésuve 67514	Mignonne 50033
Jonglerie	89559	noire	1909	Aviso 52116	Bigarade 37090
Jongleuse	83595	alezan	1909	Directeur 66448	Grisette 41802
Jongleuse	83780	grise	1909	Calicot 66928	Saussière 54645
Jongleuse	84869	gris-foncé	1909	Ixopo 68619	Biche 59483
Jongleuse	86789	alezan	1909	Vazy 53265	Césarine 20659
Jongleuse	88677	alezan f. r.	1909	Octavo 60856	Garance 72692
Jongleuse	88956	gris-foncé	1909	Tigris 68463	Vaillante 54240
Jongleuse	89016	noir-m.-t.	1909	Emir 68872	Barbelotte 54447
Jennaibeth	86486	noire	1909	Biberon 67515	Fauvette 32344
Jenne	87939	gris-noir	1909	Jolibois 66958	Pelote 73402
Jenore	89514	noire	1909	Castor 62398	Robine 66171
Jonque	83614	grise	1909	Glaneur 68839	Chasse 58677
Jonque	85759	grise	1909	Fernand 65262	Greffe 70352
Jonque	86373	noire	1909	Olivier 58082	Coquille 56511
Jonque	87270	noire	1909	Rataplan 66742	Lisette 75054

NOM	N°	ROBE	Naissance	PÈRE	MÈRE
Jonque	88745	gris-vin.	1909	Zéphir 57402	Elisabeth 38834
Jonque	88969	noire	1909	Duneau-ex Palmier 59475	Eglantine 63650
Jonque	89148	noire	1909	Ambassadeur 68700	Gabrielle 73256
Jonque	89606	gris-vin.	1909	Accessit 64700	Polka 57484
Jonquière	87876	noire	1909	Directeur 68274	Mignonne 68285
Jonquières	88585	gris-foncé	1909	Orgeval 59039	Charlotte 49512
Jonquille	83575	grise	1909	Trompeur 67881	Chique 54308
Jonquille	83702	noire	1909	Calicot 66928	Castille 61288
Jonquille	83723	grise	1909	Agathon 65668	Guédiste 69297
Jonquille	85974	noir-m.-t.	1909	Etudiant 59291	Gigolette 53922
Jonquille	86650	gris-r.	1909	Glein 67468	Gaillarde 72814
Jonquille	86754	noire	1909	Médaillon 48940	Forgetmenot 59882
Jonquille	86765	baie	1909	Tamerlan 46369	Grande-Rosière 42290
Jonquille	86788	noire	1909	Vazy 53265	Paulinaire 33902
Jonquille	86879	alezan	1909	Taupier 63548	Pâquerette 40421
Jonquille	87102	noire	1909	Marindas 62414	Biche 54117
Jonquille	87271	gris-noir	1909	Rataplan 66742	Margot 6013
Jonquille	87942	noire	1909	Amilly 66447	Charmante 54001
Jonquille	88110	noire	1909	Salvator 62673	Frisette 63503
Jonquille	88288	bai-foncé	1909	Pelletan 69086	Gavroche 72014
Jonquille	88919	grise	1909	Laërte 68302	Saucisse 49729
Jonquille	89014	bai-b.-f.	1909	Directeur 68271	Rosette 50636
Jonquille	89151	grise	1909	Anticosto 67745	Joviale 56070
Jonvelle	84818	noire	1909	Guillaume 65112	Cocarde 47357
Jonvelle	85067	bai-brun	1909	Fier-à-Bras 65250	Farceuse 63934
Jonvelle	87877	gris-foncé	1909	Directeur 68271	Ida 60646
Jenville	85301	gris-vin.	1909	Taupier 63548	Bichette 64506
Jonville	87884	gris-foncé	1909	Hidalgo 68111	Docile 41458
Jonzieuse	85128	gris-foncé	1909	Ixopo 68619	Poule 49815
Jopère	86484	noire	1909	Triolet 66843	Giboulée 70930
Joppe	84752	grise	1909	Buffalo 65614	Adige 66189
Joppe	85048	grise	1909	Epinal 65631	Carpette 73444
Joppe	85701	gris-foncé	1909	Folichon 67442	Rigolette 49793
Joppe	87456	noir-zain	1909	Alcazar 64710	Céline 61279
Joppe	88537	noire	1909	Acrobate 68416	Coquette 48247
Joppée	88154	noire	1909	Taupier 63548	Polka 59717
Jorante	89648	grise	1909	Siphon 60328	Grammaire 47977
Jorat	84039	gris-foncé	1909	Fanfaron 66860	Bichette 67635
Jordone	84123	gris-bleu	1909	Olivier 58082	Eveillée 81803
Jordonne	83878	noire	1909	Boileau 59048	Glanneuse 70218
Jordonne	86573	grise	1909	Buffalo 65614	Vivante 63066
Jorgette	84969	noire	1909	Cornil 65315	Vinette 42412
Joriante	85913	bai-brun	1909	Directeur 66448	Castille 50488
Jorne	86396	gris-foncé	1909	Sarthor 67232	Sadie 39520
Josabeth	84042	noire	1909	Berlucheur 65107	Odette 66645

NOM	N°	ROBE	Naissance	PÈRE	MÈRE
Josabeth	85747	grise	1909	Paulus 58125	Lisette 61347
Josabeth	85982	noire	1909	Etudiant 59291	Coquette 57426
Josabeth	86543	noir-zain	1909	Cyclone 65280	Trompette 49669
Josabeth	87458	gris-foncé	1909	Rataplan 66742	Brillante 39534
Josabeth	88151	noire	1909	Taupier 63548	Folette 49670
Josabeth	88722	noir-m.-t.	1909	Vaudemont 60507	Ecaille 73320
Joséphe	85699	grise	1909	Buffon 66472	Rêveuse 57943
Joséphe	87460	gris-clair	1909	Cloriadec 64615	L'Amie 43403
Joséphine	83959	grise	1909	Paulus 58125	Poésie 58661
Joséphine	84821	noire	1909	Etudiant 59291	Tricheuse 53546
Joséphine	86191	baie	1909	Berlucheur 65107	Bichonne 51300
Joséphine	86600	noire	1909	Souak II 46965	Goulette 70208
Joséphine	87463	gris-noir	1909	Fructueuse 64723	Poule 43404
Joséphine	88539	gris-foncé	1909	Cyclone 67659	Glorieuse 71994
Joséphine	88723	grise	1909	Facteur 53509	Pelote 29339
Joséphine	89531	noire	1909	Siphon 60328	Marquise 49944
Josette	84251	noire	1909	Agathon 65668	Lisette 62820
Josette	85020	gris-foncé	1909	Glucose 62232	Généralité 69892
Josette	85992	noire	1909	Buffalo 65614	Jeannette 54469
Josette	86516	noire	1909	Carnot 66666	Galère 70320
Josette	86602	noire	1909	Souak II 46965	Rosalba 61616
Josette	89031	noire	1909	Rivoli 58502	Brillante 46668
Josette	89482	alezan	1909	Bataclan 67152	Minute 58910
Josiette	89557	noire	1909	Canrobert 63005	Zilda 55844
Josne	87886	gris-noir	1909	Doris 67974	Docile 49400
Josse	84825	noire	1909	Laricot 68469	Bijou 65483
Josse	87466	gris-foncé	1909	Rataplan 66742	Flore 67163
Josse	87887	gris-foncé	1909	Doris 67974	Mouvette 26764
Josse	88587	gris-fer	1909	Douvreur-ex-Couvreur 58335	Tempête 64587
Josseline	85801	noire	1909	Buffon 66472	Rustique 54329
Josseline	85969	noire	1909	Furibond 68662	Friquette 67775
Josseline	85117	gris vin.	1909	Buffalo 65614	Rigolette 53619
Josseline	87511	noire	1909	Marathon 66841	Frivole 49847
Josseline	87888	noire	1909	Hidalgo 68111	Discipline 38757
Jossette	86003	gris-foncé	1909	Pépin 66724	Fossette 63747
Jossiante	84584	noire	1909	Carnot 66666	Judith 57995
Jossye	85214	gris-foncé	1909	Etudiant 59291	Postiche 53564
Jouaigne	87891	gris-noir	1909	Stentor 65378	Javotte 38089
Jouaillerie	85792	noire	1909	Etudiant 59291	Margot 49203
Jouanne	85968	noire	1909	Complaisant 68761	Mézidon 59297
Jouannette	84827	noire	1909	Fanfaron 66860	Perse 67033
Jouannette	87892	gris-foncé	1909	Alcazar 64710	Bertine 56085
Jouannette	88588	noire	1909	Ducat 68923	Charmante 49252
Jouarre	85541	noire	1909	Guillaume 65112	Sultane 78445
Jouarre	87894	noire	1909	Blésois 65917	Violette 54485

NOM	N°	ROBE	Naissance	PÈRE	MÈRE
Jouarre	88590	noire	1909	Ducat 68923	Vagabonde 69047
Jouaville	87896	gris-bleu	1909	Alcazar 64710	Lisa 56084
Jouaville	88596	noire	1909	Pirus 59613	Finette 34608
Joubarbe	83872	noire	1909	Vainqueur 62112	Lilie 68351
Joubarbe	84133	noir-zain	1909	Etudiant 59291	Vavite 53144
Joubarbe	88290	noire	1909	Ronchon 68123	Sierra 40659
Joubarbe	88949	gris-noir	1909	Verdun 41665	Dulcinée 41462
Joubarbe	88971	gris-foncé	1909	Forbonet-ex-Orateur 65548	Précieuse 43814
Joubarbe	89155	grise	1909	Anticosto 67745	Dragonne 37876
Joubarde	85115	grise	1909	Buffalo 65614	Grisonnette 52495
Joubarde	85336	gris-foncé	1909	Salvator 62673	Mirabelle 44474
Joubée	86415	gris-foncé	1909	Carnot 66666	Poupée 52634
Jouberte	87465	gris-foncé	1909	Rataplan 66742	Cocotte 26784
Joudreville	87899	gris-foncé	1909	Blésois 65917	Judith 38951
Joudreville	88597	bai-cerise	1909	Français 61885	Marida 56151
Joue	85939	gris-fer	1909	Cyclone 65280	Génie 70994
Joue	88291	noire	1909	Pelletan 69096	Julie 26879
Jouée	85457	noire	1909	Coco 46855	Mouvette 81815
Jouée	86549	grise	1909	Guillaume 65112	Duchesse 66647
Jouée	87274	noire	1909	Alcazar 64710	Tyrolienne 47366
Jouée	89156	grise	1909	Décime 60587	Platine 41561
Joueuse	83909	noire	1909	Vainqueur 62112	Clisona 61518
Joueuse	84200	noire	1909	Salvator 62673	Fringale 60450
Joueuse	85049	baie	1909	Epinal 65631	Charmante 61311
Joueuse	85314	baie	1909	Epinal 65631	Anisette 67551
Joueuse	85698	noire	1909	Fanfaron 66860	Spolette 60963
Joueuse	85750	gris-clair	1909	Guillaume 65112	Vénus 58338
Joueuse	85867	gris-foncé	1909	Etudiant 59291	Papillonne 47750
Joueuse	86587	baie	1909	Sistori 66964	Biche 54524
Joueuse	86696	noire	1909	Madère 58886	Tourterelle 50471
Joueuse	86833	noire	1909	Madère 58886	Coralie 68683
Joueuse	86904	noire	1909	Taupier 63548	Biche 73397
Joueuse	87276	noire	1909	Alcazar 64710	Brillante 39531
Joueuse	87464	grise	1909	Cloriadec 64615	Sultane 43405
Joueuse	88292	noire	1909	Pelletan 69096	Charmante 26880
Joueuse	88746	gris-foncé	1909	Facteur 53509	Mireille 36662
Joueuse	88974	noire	1909	Enjoleur 63649	Péniche 52222
Joueuse	89020	gris-foncé	1909	Eclair 63280	Glèbe 73157
Joueuse	89224	grise	1909	Ambassadeur 68700	Blanchette 51576
Joufflue	86951	grise	1909	Faisan 68627	Margot 50319
Joufflue	87277	gris-foncé	1909	Rataplan 66742	Aklarine 57159
Joufflue	88293	noire	1909	Pelletan 69096	Lisette 74996
Joufflue	88920	grise	1909	Anticosto 67745	Perlette 41559
Jouflue	85926	noire	1909	Méritant 65126	Pâquerette 78465
Jougne	85298	noir-zain	1909	Jolibois 66958	Biche 61240

NOM	N°	ROBE	Naissance	PÈRE	MÈRE
Jougne	87900	gris-foncé	1909	Vésuve 67514	Bijou 84471
Jougne	88599	noire	1909	Exploit 67202	Coquette 47254
Jouhe	88601	noire	1909	Taupier 63548	Sophie 47664
Jouissance	83793	bai-m.	1909	Labrador 66840	Bijou 54196
Jouissance	84921	alezan	1909	Boileau 59048	Divette 42806
Jouissance	85861	grise	1909	Fernand 65262	Mignonnette 64062
Jouissance	86269	gris-foncé	1909	Général 66386	Colline 59336
Jouissance	87281	grise	1909	Gréviste 68719	Marquise 64590
Jouissance	88294	gris-foncé	1909	Conquérant 65975	Polka 64771
Jouissance	88948	gris-r.	1909	Facteur 53509	Ellora 24536
Jouisseuse	86268	noire	1909	Général 66386	Rigolette 57499
Jouisseuse	86947	gris-f.-f.	1909	Faisan 68627	Lisette 49205
Jouiza	85925	noire	1909	Méritant 65126	Louisa 36301
Joule	84923	noire	1909	Bellâtre 62312	Cocotte 54218
Joule	86267	grise	1909	Général 66386	Frivole 67884
Joule	87279	noire	1909	Fanchon 68253	Lancette 64605
Joule	89165	alezan-r.	1909	Ambassadeur 68700	Mirza 36942
Joupinette	83600	noire	1909	Vainqueur 62112	Lisette 61041
Jouque	87901	gris-bleu	1909	Pasteur 68686	Cocotte 60226
Jouques	88604	noir-zain	1909	Casino 65452	Pirouette 56418
Jourdine	85315	grise	1909	Batelier 58094	Karapatte 52503
Journade	83724	noire	1909	Labrador 66840	Rigolette 55526
Journade	84656	grise	1909	Laricot 68469	Ragote 43888
Journade	85455	gris-foncé	1909	Coco 46855	Coquette 61241
Journade	87282	noire	1909	Gréviste 68719	Eglantine 55871
Journade	88300	gris-fer	1909	Pelletan 69096	Michelle 57383
Journade	89166	grise	1909	Ambassadeur 68700	Mignonne 50542
Journade	89619	noire	1909	Conscrit 62063	Girondelle 54545
Journalière	83577	noire	1909	Boileau 59048	Castille 67043
Journalière	84158	alezan-b.	1909	Pandore 68677	Margot 61087
Journalière	85832	gris-foncé	1909	Batelier 58094	Bouteille 63895
Journalière	87284	noire	1909	Marathon 66841	Docile 45948
Journalière	87510	gris-noir	1909	Pasteur 68686	Lisette 69193
Journalière	88678	gris-foncé	1909	Brick 63206	Galène 72040
Journalière	89167	grise	1909	Ambassadeur 68700	Trève 67707
Journalisme	88303	gris-foncé	1909	Acrobate 68416	Biche 75222
Journée	83726	gris-noir	1909	Labrador 66840	Coquette 43792
Journée	84653	noire	1909	Avocat 66303	Devine 61573
Journée	84924	noire	1909	Syndicat 65169	Galée 57441
Journée	85047	gris-noir	1909	Albertus 65317	Fabia 65530
Journée	85853	noire	1909	Buffalo 65614	Sabine 41186
Journée	86263	noire	1909	Olivier 58082	Cocotte 53565
Journée	86334	noire	1909	Montaigu 67695	Pelote 50747
Journée	86362	grise	1909	Lama 68543	Irminie 51880
Journée	87285	gris-foncé	1909	Rataplan 66742	Naïda 84466

NOM	N°	ROBE	NAISSANCE	PÈRE	MÈRE
Journée	87472	noire	1909	Hidalgo 68111	Souris 44024
Journée	88304	noire	1909	Pelletan 69096	Castille 57536
Journée	89171	noire	1909	Ermite 44360	Souriquette 30308
Journée	89325	noire	1909	Martin 46912	Garou 71590
Journée	89632	noire	1909	Rolland 60321	Cérès 50222
Jeute	83728	noire	1909	Agathon 65668	Cocotte 58723
Jeute	83853	noire	1909	Abderam 66381	Caroline 47072
Jeute	84654	grise	1909	Laricot 68469	Désirée 40674
Jeute	84920	noire	1909	Boileau 59048	Brillante 49909
Jeute	85157	noire	1909	Villers 61613	Pâquerette 81811
Jeute	86262	noire	1909	Olivier 58082	Margot 60080
Jeute	87286	gris-foncé	1909	Rataplan 66742	Lisette 81696
Jeute	88085	bai-brun	1909	Taupier 63548	Rosette 73454
Jeute	88306	noire	1909	Acrobate 68416	Lisette 54378
Jeute	89327	baie	1909	Martin 46912	Belzina 50235
Jeute	89602	noire	1909	Riqulès 63697	Poule 39529
Jeute	89621	noire	1909	Fanfaron 66860	Lisette 58393
Jeuteuse	83997	noire	1909	Directeur 66448	Levrette 52237
Jeuteuse	84736	noire	1909	Paulus 58125	Brunette 55891
Jeuteuse	86530	gris foncé	1909	Véga 68250	Couturière 52847
Jeuteuse	86844	noire	1909	Madère 58886	Plewna 51418
Jeuteuse	89029	noire	1909	Erasme 60444	Galante 73163
Jeutière	85618	noire	1909	Olivier 58082	Rustique 78490
Jeuve	87509	gris-clair	1909	Pasteur 68686	Bienvenue 67477
Jeuvelle	88586	noire	1909	Fanchon 68253	Couronne 33723
Jouvence	83635	grise	1909	Paulus 58125	Opérette 57332
Jouvence	84008	gris-foncé	1909	Eclair 63280	Coquette 60181
Jouvence	84364	bai-brun	1904	Monjarret 47526	Genillotte 39488
Jouvence	84592	noir-m.-t.	1909	Fier-à-Bras 65250	Alcinette 65638
Jouvence	84918	noire	1909	Boileau 59048	Réunion 65165
Jouvence	85031	noire	1909	Fier-à-Bras 65150	La Noire 59327
Jouvence	85441	noire	1909	Guillaume 65112	Pelage 55462
Jouvence	85491	noire	1909	Trocadéro 66310	Favorite 69134
Jouvence	85752	noire	1909	Guillaume 65112	Médaille 47336
Jouvence	86006	noire	1909	Batelier 58094	Charlotte 47211
Jouvence	86257	noire	1909	Coco 46855	Glissade 70570
Jouvence	86433	grise	1909	Coquet 69131	Dépêche 59543
Jouvence	86649	noire	1909	Fandango 67590	Adruise 64670
Jouvence	86689	noire	1909	Madère 58886	Merise 52954
Jouvence	86707	grise	1909	Sistori 66964	Gamelle 54660
Jouvence	86774	grise	1909	Vazy 53265	Glorieuse 84505
Jouvence	86776	noire	1909	Crampon 62324	Bichette 41844
Jouvence	86854	rouan	1909	Médaillon 48940	Poule 49594
Jouvence	86919	noire	1909	Mahkarof 63877	Coquette 49786
Jouvence	86930	noire	1909	Salvator 62673	Margot 50674

NOM	N°	ROBE	Naissance	PÈRE	MÈRE
Jouvence	87069	noire	1909	Marindas 62414	Anita 36502
Jouvence	87287	gris-fer	1909	Rataplan 66742	Libertine 41145
Jouvence	87468	gris-clair	1909	Vésuve 67514	Anarchiste 60751
Jouvence	88307	gris-foncé	1909	Pelletan 69096	Bamboche 23416
Jouvence	88540	noire	1909	Acrobate 68416	Lisette 56918
Jouvence	88556	noire	1909	Aviso 52116	Rosière 44274
Jouvence	88921	gris t. f.	1909	Ludovic 47508	Camélia 49728
Jouvence	89172	noire	1909	Vol-au-Vent 64112	Statuette 64073
Jouvence	89451	noire	1909	Cratère 69004	Coquette 32681
Jouvence	89509	noire	1909	Rolland 60321	Boulotte 45909
Jouvencelle	84197	noire	1909	Salvator 62673	Valentine 34979
Jouvencelle	84605	gris-f.-z.	1909	Directeur 68271	Daphné 61017
Jouvencelle	85549	gris-noir	1909	Coco 46855	Karbine 67421
Jouvencelle	86434	noire	1909	Cyclone 65280	Truquette 68393
Jouvencelle	86448	alezan	1909	Ducat 68923	Glorieuse 70243
Jouvencelle	86642	grise	1909	Bizot 67779	Risette 58165
Jouvencelle	87512	gris-foncé	1909	Truc 67197	Diva 40807
Jouvencelle	87996	noire	1909	Domino 57067	Aubade 59858
Jouvencelle	88310	noire	1909	Macaron 67982	Charmante 57541
Jouvencelle	88704	n.-m.-t.-z.	1909	Camail 67771	Docile 49980
Jouvencelle	88837	noire	1909	Télémaque 68172	Renée 40541
Jouvencelle	88898	grise	1909	Barnac 51162	Sologne 44177
Jouvencelle	88999	gris-fer-f.	1909	Enjoleur 63649	Cocotte 54373
Jouvencelle	89175	grise	1909	Tigris 68463	Fanchon 67711
Jouvencelle	89326	gris-foncé	1909	Martin 46912	Giroflée 72486
Jouvencia	88826	gris-clair	1909	François 68332	Musette 36099
Jeux	88607	bai-foncé	1909	Canadien 58355	Rosamonde 44209
Jouxte	85915	noire	1909	Méritant 65126	Docile 34282
Jouxte	86949	grise	1909	Salvator 62673	Charmante 49534
Jove	86497	noire	1909	Etudiant 59291	Frisette 59290
Jove	87066	grise	1909	Denonville-ex-Sarthois 60531	Chopine 65341
Jove	87474	gris-vin.	1909	Rataplan 66742	Gérard 41418
Jove	88054	noire	1909	Pistil 66076	Margot 54453
Joviale	85259	noire	1909	Salvator 62673	Aurore 56566
Joviale	86251	noire	1909	Clair-de-Lune 67183	Roulette 37418
Joviale	86753	noire	1909	Madère 58886	Lisette 48215
Joviale	87116	noire	1909	Colon 65462	Grisette 72372
Joviale	88101	noire	1909	Abraham 66389	Lisette 78464
Joviale	88308	gris-foncé	1909	Pelletan 69096	Gisèle 72892
Joviale	88748	noire	1909	Vaudemont 60307	Gentille 81378
Joviale	89174	noire	1909	Anticosto 67745	Coquette 34636
Joviale	89301	grise	1909	Marcuil 53313	La Brunellière 54479
Joviale	89328	noir-zain	1909	Castor 62398	Poule 49550
Joviale	89508	grise	1909	Rolland 60321	Souris 55729
Joviale	89554	noire	1909	Siphon 60328	Capucine 66091

NOM	N°	ROBE	Naissance	PÈRE	MÈRE
Jovialette	83910	noire	1909	Bellâtre 62312	Flamberge 61965
Jovialette	86577	noire	1909	Cousin 69050	Géline 69709
Jovialité	85154	noire	1909	Folichon 67442	Judith 44046
Jovialité	86495	grise	1909	Fernand 65262	Écosse 67052
Jovienne	84917	noire	1909	Boileau 59048	Vilna 61331
Jovienne	85152	grise	1909	Conscrit 66063	Segrette 50375
Jovienne	85448	noire	1909	Canrobert 63005	Coquette 75134
Jovienne	85757	grise	1909	Guillaume 65112	Poulette 25063 ·
Jovienne	87476	noire	1909	Blésois 65917	Claudine 39028
Jovienne	88311	gris-vin.	1909	Cassan 66064	Rustique 50372
Jovienne	89176	grise	1909	Ambassadeur 68700	Michaude 57120
Jovienne	89329	noire	1909	Castor 62398	L'Amie 49872
Joviette	89458	grise	1909	Castor 62398	Paquerette 49690
Jovine	87992	noire	1909	Pandore 68677	Margot 54077
Jovinette	89300	grise	1909	Téméraire 62465	Sophie 47130
Joyeuse	83533	noire	1909	Acrobate 68416	Charlotte 81653
Joyeuse	83668	grise	1909	Paulus 58125	Chaton 78427
Joyeuse	83748	gris-foncé	1909	Agathon 65668	Sylvanie 61107
Joyeuse	84004	noire	1909	Jolibois 66958	Margot 49196
Joyeuse	85032	noir-zain	1909	Fier-à-Bras 65150	Guimauve 68140
Joyeuse	85081	noire	1909	Villers 61613	Mouette 47773
Joyeuse	85091	grise	1909	Conscrit 62063	Courtille 58572
Joyeuse	85155	bai-foncé	1909	Folichon 67442	Coquette 43940
Joyeuse	85249	noire	1909	Laricot 68469	Lisette 57417
Joyeuse	85327	grise	1909	Furibond 68662	Chimère 47465
Joyeuse	85449	noire	1909	Guillaume 65112	Pigeonnette 64497
Joyeuse	85490	noire	1909	Furibond 68662	Bijou 58970
Joyeuse	85809	noire	1909	Rupin 65256	Frégate 61694
Joyeuse	86011	bai-cerise	1909	Étudiant 59291	Mouvette 50767
Joyeuse	86247	noire	1909	Jolibois 66958	Gogotte 70589
Joyeuse	86422	gris-foncé	1909	Biberon 67515	Pulchérie 50794
Joyeuse	86538	noire	1909	Batelier 58004	Pinsonnette 68411
Joyeuse	86617	gris-fer	1909	Lilas 67751	Négresse 75144
Joyeuse	86620	gris-fer	1909	Lilas 67751	Grivette 72637
Joyeuse	86729	grise	1909	Médaillon 48940	Gentille 74538
Joyeuse	86751	gris-foncé	1909	Major 60014	Lili 60894
Joyeuse	86806	alezan	1909	Condé 59486	Fauvette 75255
Joyeuse	86853	noir-m.-t.	1909	Bambocheur 62018	Gentille 54220
Joyeuse	86855	noire	1909	Médaillon 48940	Coquette 57470
Joyeuse	86873	noir-zain	1909	Taupier 63548	Fauvette 56119
Joyeuse	86903	noire	1909	Taupier 63548	Chartreuse 84523
Joyeuse	86926	grise	1909	Bambocheur 62018	Gentille 31535
Joyeuse	86946	gris-fer	1909	Faisan 68627	Mirabelle 49260
Joyeuse	87157	gris-noir	1909	Canadien 58355	Coquette 60200
Joyeuse	87479	noire	1909	Cloriadec 64615	Capucine 28712

NOM	N°	ROBE	Naissance	PÈRE	MÈRE
Joyeuse	87904	gris-foncé	1909	Accessit 64700	Carabie 31186
Joyeuse	88061	gris-f.-f.	1909	Faisan 68627	Coquette 78440
Joyeuse	88314	noire	1909	Cyclone 65280	Clara 36391
Joyeuse	88609	noire	1909	Canadien 58355	Menthe 47466
Joyeuse	88649	noire	1909	Coquet 69131	Manège 34448
Joyeuse	88687	grise	1909	Ermite 44360	Titania 45252
Joyeuse	88756	grise	1909	Guillaume 65112	Malice 49446
Joyeuse	88952	alezan	1909	Rivoli 58502	Farceuse 67738
Joyeuse	88976	gris-foncé	1909	Duneau-ex-Palmier 59475	Coquille 48056
Joyeuse	88996	gris-foncé	1909	Enjoleur 63649	Coquette 81576
Joyeuse	89059	noire	1909	Bellâtre 62312	Paysanne 47786
Joyeuse	89060	grise	1909	Ermite 44360	Normande 19970
Joyeuse	89169	grise	1909	Anticosto 67745	Soumise 33084
Joyeuse	89263	noire	1909	Avocat 66303	Chaloupe 53008
Joyeuse	89330	grise	1909	Castor 62398	Gentille 72502
Joyeuse	89443	noir-zain	1909	Cratère 69004	Polka 50706
Joyeuse	89546	noire	1909	Bataclan 67152	Sophie 45911
Joyeuse	89573	gris-clair	1909	Bizot 67779	Gontesse 72668
Joyeuse	89605	grise	1909	Riqulès 63697	Coquette 57570
Joyeuseté	84667	noire	1909	Célibat 64968	Coquette 73446
Joyeuseté	85877	grise	1909	Pépin 66724	Grisette 62865
Joyeuseté	86260	noire	1909	Mortier 67879	Coquette 57037
Jeze	85291	noir-zain	1909	Jolibois 66958	Orgine 57918
Jeze	86503	gris-foncé	1909	Triolet 66843	Glissade 62146
Jeze	88614	noire	1909	Ronchon 68123	Gavotte 63623
Fracture	85815	gris-foncé	1909	Etudiant 59291	Biche 25390
Juanita	87140	noire	1909	Aspirant 65078	Bormida 33469
Juaye	88618	gris-foncé	1909	Doguet 69142	Soumise 50326
Juba	86541	gris-foncé	1909	Véga 68250	Mercédès 32534
Jubaudière	84164	noire	1909	Epinal 65631	Pascaline 52253
Jubaudière	87905	gris-foncé	1909	Directeur 68271	Fulgurante 66981
Jube	85881	noire	1909	Andrinople 65226	Princesse 50764
Jubeline	84747	gris-foncé	1909	Méritant 65126	Galante 42746
Jubeline	89642	noire	1909	Buffon 66472	Fanchette 43036
Jubette	89298	noire	1909	Castor 62398	Deule 38410
Jubette	89419	grise	1909	Florentin II 67155	Crevasse 59224
Jubilaire	85966	noire	1909	Croquis 68451	Mireille 59253
Jubilaire	88316	noire	1909	Oscar 45901	Lisa 75006
Jubilante	84919	grise	1909	Boileau 59048	Rosette 61332
Jubilante	86945	noir-zain	1909	Salvator 62673	Auto 66443
Jubilante	87949	gris-bleu	1909	Faisan 68627	Élmire 59986
Jubilation	86242	grise	1909	Mortier 67879	Brebis 56838
Jubilation	86505	gris-foncé	1909	Carnot 66666	Dérision 64265
Jubilation	87296	gris-clair	1909	Truc 67197	Catherine 29198
Jubilation	88072	bai t. b.	1909	Michelet 65179	Charmante 61474

NOM	N°	ROBE	Naissance	PÈRE	MÈRE
Jubilation	88321	noire	1909	Piqueur 68432	Mignonne 49505
Jubile	83585	noire	1909	Fanfaron 66860	Fanchette 43708
Jubile	83773	noire	1909	Célibat 64968	Rustique 49208
Jubile	86480	gris-foncé	1909	Complaisant 68761	Castille 49238
Jubile	88079	noire	1909	Castillan 45009	Charmante 61439
Jubine	81804	bai chat.	1905	Coco 52279	Canette 28224
Jubine	83534	noir-m.-t.	1909	Acrobate 68416	Maraude 81657
Jubine	83863	noire	1909	Dégel 45100	Sépia 61628
Jubine	83936	alezan-b.	1909	Directeur 66448	Mouvette 73443
Jubine	84015	noire	1909	Waterloo 64589	Duchesse 45004
Jubine	84141	noir-zain	1909	Étudiant 59291	Gertrude 73368
Jubine	84198	noire	1909	Michelet 65179	Jubine II 54236
Jubine	85050	gris-foncé	1909	Dégel 45100	Volage 50162
Jubine	85082	noir-zain	1909	Conscrit 62063	Rigolette 49368
Jubine	85110	noire	1909	Villers 61613	Brillante 81808
Jubine	85260	noire	1909	Guillaume 65112	Pampine 50525 bis
Jubine	85605	grise	1909	Général 66386	Pelotte 49735
Jubine	86852	noire	1909	Bambocheur 62018	Charmante 54227
Jubine	86893	noire	1909	Mahkarof 63877	Bichette 48243
Jubine	86995	noire	1909	Deauville-ex-Sarthois 60531	Titine 62541
Jubine	87859	gris-bleu	1909	Michelet 65179	Colline 46652
Jubine	87950	noire	1909	Waterloo 64589	Margot 54198
Jubine	87982	noire	1909	Amilly 66447	Grassette 87563
Jubine	88113	gris t. n.	1909	Salvator 62673	Cortège 67258
Jubine	89168	grise	1909	Ambassadeur 68700	Suzanne 43026
Jubine	89374	grise	1909	Castor 62398	Cocotte 40903
Jubine	89440	noire	1909	Martin 46912	Lupine 62360
Jubine	89517	noire	1909	Siphon 60328	Lisa 65845
Jucette	89399	noire	1909	Mareuil 53313	Chicane 50710
Juchée	83729	noir-zain	1909	Fier-à-Bras 65250	Rosette 66055
Juchée	84913	noire	1909	Bellâtre 62312	Sansonnette 49389
Juchée	85269	noire	1909	Paulus 58125	Lisette 49866
Juchée	85454	gris-foncé	1909	Coco 46855	Coquette 49198
Juchée	86241	baie	1909	Clair-de-Lune 67183	Margot 53634
Juchée	86332	noire	1909	Clair-de-Lune 67183	Bijou 50749
Juchée	87298	gris-noir	1909	Campigny-ex-Roblon 56073	Mireille 64643
Juchée	88142	noire	1909	Madère 58886	Beppina 59943
Juchée	88327	noire	1909	Campigny-ex-Roblon 56073	Brillante 69177
Juchée	89551	noire	1909	Florentin II 67455	Olga 34328
Juchette	85052	noire	1909	Bellâtre 62312	Julie 46582
Jucrète	89279	gris ord.	1909	Montargis 62402	Margot 50234
Jucrète	89614	grise	1909	Rolland 60321	Bleue 31365
Judaïque	84619	grise	1909	Buffalo 65614	Anita 66944
Judaïque	84823	noire	1909	Buffon 66472	Fanchette 61249
Judaïque	86646	gris ord.	1909	Victorien-dit-Valançan 52005	Lisette 29465

NOM	N°	ROBE	Naissance	PÈRE	MÈRE
Judaïque	87299	gris-vin.	1909	Truc 67197	Fumée 60491
Judaïsme	86239	grise	1909	Clair-de-Lune 67183	Cocotte 57089
Judaïsme	87307	gris-foncé	1909	Sambetta 69149	Gamelle 73010
Jude	85222	noir-zain	1909	Méritant 65126	Vareuse 59303
Jude	87480	gris-fer	1909	Cloriadec 64615	Lisa 28116
Judée	83813	gris-foncé	1909	Epinal 65631	Julie 59131
Judée	83907	gris-foncé	1909	Guillaume 65112	Lisette 54148
Judée	84030	gris foncé	1909	Pasteur 63046	Civette 61854
Judée	84118	gris-clair	1909	Epinal 65631	Forestière 47829
Judée	84647	grise	1909	Fernand 65262	Allumette 53476
Judée	85695	noire	1909	Buffalo 65614	Bijou 48252
Judée	86728	grise	1909	Labrador 66840	Cavalière 52905
Judée	87481	noire	1909	Cric 66716	Hildegarde 51484
Judée	87924	gris-bleu	1909	Pandore 68677	Souris 57392
Judée	88522	gris t. f.	1909	Sultan 68896	Poulette 36779
Judée	88542	noir-zain	1909	Acrobate 68416	Marquisette 59870
Judée	88726	noire	1909	Calibre 68952	Gazelle 15197
Judée	88784	gris-r.	1909	Télémaque 68172	Margot 54224
Judée	88897	grise	1909	Barnac 51162	Gambade 72994
Judée	88990	noir-m.-t.	1909	Rivoli 58502	Coquetterie 50533
Judée	89061	grise	1909	Ermite 44360	Néva 39481
Judée	89229	grise	1909	Anticosto 67745	Flamande 68009
Judée	89338	noire	1909	Castor 62398	Gripette 71576
Judée	89450	noire	1909	Cratère 69004	Pélagie 30504
Judéenne	84594	noire	1909	Aiguillon 66905	Rose 81855
Judéenne	87124	alezan	1909	Denonville-ex-Sarthois 60531	Taciturne 67397
Judelle	83839	noire	1909	Dégel 45100	Maricette 67031
Judelle	85762	grise	1909	Pépin 66724	Brillante 67545
Judelle	89015	gris-foncé	1909	Directeur 68271	Estelle 45988
Judelle	89521	noire	1909	Vaillant 62401	Bijou 49647
Juderie	85068	gris-foncé	1909	Conscrit 62063	Girole 53113
Juderie	85543	noire	1909	Pandore 68677	Rose 68698
Juderie	87907	gris-vin.	1909	Eclair 63280	Amanda 49321
Juderie	89264	grise	1909	Avocat 66303	Grisette 59080
Judette	88788	gris t. f.	1909	Télémaque 68172	Loulou 40974
Judette	89331	grise	1909	Castor 62398	Biche 67225
Judicature	84595	gris-bleu	1909	Faisan 68627	Coquette 73323
Judicature	84618	noire	1909	Buffalo 65614	Java 66943
Judicature	84912	noire	1909	Bellâtre 62312	Faisante 49388
Judicature	86236	grise	1909	Mortier 67879	Lili 61788
Judicature	86558	noire	1909	Waterloo 64589	Pelotte 49707
Judicature	87301	gris-bleu	1909	Truc 67197	Iéna 28595
Judicature	88330	gris-foncé	1909	Douvreur-ex-Couvreur 58335	Joliette 64547
Judicature	89180	grise	1909	Ambassadeur 68700	Ira 40956
Judiciaire	87304	noire	1909	Marathon 66841	Pastourelle 49853

NOM	N°	ROBE	Naissance	PÈRE	MÈRE
Judiciaire	88324	noire	1909	Marathon 66841	Coquette 49411
Judicieuse	83150	gris-clair	1909	Lama 68543	Mouvette 45972
Judicieuse	85919	noire	1909	Méritant 65126	Tricheuse 63162
Judicieuse	86644	noire	1909	Loustic 67333	Docile 26948
Judicieuse	87312	noire	1909	Lablache 68289	Précieuse 68100
Judicieuse	87994	noire	1909	Faisan 68627	Sophie 63306
Judicieuse	88331	gris-foncé	1909	Rataplan 66742	Gauloise 70155
Judicieuse	88749	noire	1909	Benjoin 62927	Caravane 68958
Judicieuse	89182	grise	1909	Ambassadeur 68700	Arménie 61045
Judie	86460	noire	1909	Cassau 66064	Cabine 67038
Judith	83556	gris-clair	1909	Guillaume 65112	Rosette 52251
Judith	83634	grise	1909	Paulus 58125	Cybèle 56472
Judith	83736	grise	1909	Agathon 65668	Nanna 61506
Judith	83750	noire	1909	Labrador 66840	Lisette 58370
Judith	83758	noire	1909	Labrador 66840	Salambo 47251
Judith	83890	grise	1909	Paulus 58125	Tulipe 57754
Judith	84054	gris-foncé	1909	Buffon 66472	Cantine 62882
Judith	84679	gris-foncé	1909	Rivoli 58502	Zéline 81822
Judith	84726	noire	1909	Cyclone 65280	Orpheline 46657
Judith	85035	bai-mar.	1909	Fier-à-Bras 65150	Germaine 44452
Judith	85696	noire	1909	Buffalo 65614	Raquette 55330
Judith	85836	noir-zain	1909	Méritant 65126	Crécelle 59049
Judith	85956	noire	1909	Biberon 67515	Consigne 62749
Judith	85972	noire	1909	Étudiant 59291	Jubine 54221
Judith	86596	noire	1909	Marceau 67910	Félicie 34680
Judith	86660	grise	1909	Mahkarof 63877	Coquette 50065
Judith	86805	grise	1909	Madère 58886	Évangéline 50844
Judith	86822	noire	1909	Médaillon 48940	Pelote 27209
Judith	86861	gris-foncé	1909	Madère 58886	Généreuse 70255
Judith	86887	noire	1909	Taupier 63548	Rêveuse 56599
Judith	86896	noire	1909	Taupier 63548	Courlande 65976
Judith	86973	noire	1909	Desnorville-ex-Sarthois 60531	Lisette 62546
Judith	87007	grise	1909	Donald-ex-Monald 58945	Bichette 50264
Judith	87486	bai b. t. f.	1909	Éclair 63280	Recette 66802
Judith	87930	noire	1909	Coco 46855	Fauvette 35647
Judith	87995	noire	1909	Domino 57067	Charmante 39363
Judith	88543	noire	1909	Macaron 67982	Finesse 56323
Judith	88662	alezan-f.	1909	Zéphir 57402	Alouette 60305
Judith	88833	noire	1909	François 68332	Cocotte 26352
Judith	88845	noire	1909	Télémaque 68172	Mouchette 50644
Judith	88903	gris-foncé	1909	Ambassadeur 68700	Verveine 64110
Judith	88985	noire	1909	Rivoli 58502	Lolotte 65030
Judith	89107	noire	1909	Désiré 60162	Almée 60208
Judith	89225	grise	1909	Ermite 44360	Docile 23191
Judith	89434	grise	1909	Bataclan 67152	Cendrine 45910

NOM	N°	ROBE	Naissance	PÈRE	MÈRE
[illegible]	89577	noire	1909	Avocat 66303	Grillade 70885
[illegible]	84911	noire	1909	Rupin 65256	Fauvette 47767
[illegible]	85148	noir-zain	1909	Andrinople 65226	Biche 54343
[illegible]	86229	grise	1909	Général 66386	Abdone 66382
[illegible]	86333	gris-foncé	1909	Olivier 58082	Pelotte 50565
[illegible]	86524	noire	1909	Véga 68250	Pimpante 50790
[illegible]	86881	grise	1909	Mahkarof 63877	Amourette 57976
[illegible]	87311	noire	1909	Hidalgo 68411	Coquette 73437
[illegible]	88325	noire	1909	Piqueur 68432	Poule 68066
[illegible]	88333	gris-vin.	1909	Coquet 69131	Mignonne II 43340
[illegible]	89179	grise	1909	Victorieux 64124	Bijou 19744
[illegible]lette	84202	gris-bleu	1909	Salvator 62673	Charmante 49814
[illegible]able	87309	gris-foncé	1909	Campigny-ex-Roblon 56073	Faisante 43754
[illegible]able	87320	gris-foncé	1909	Truc 67197	Trompette 38859
[illegible]able	88332	gris-vin.	1909	Rataplan 66742	Varsoviana 55875
[illegible]able	86228	noire	1909	Olivier 58082	Soumise 60539
[illegible]	86403	noir-zain	1909	Moulinet 68017	Pelote 54010
[illegible]este	85144	gris-foncé	1909	Andrinople 65226	Arabelle 57007
[illegible]este	87321	noire	1909	Marathon 66841	Passerelle 34592
[illegible]este	88064	noire	1909	Amilly 66447	Charlotte 50530
[illegible]este	88334	gris-foncé	1909	Pelletan 69096	Voltige 50067
[illegible]este	88465	noir m.-t.	1909	Cyclone 67659	Gréviste 71810
[illegible]este	89181	grise	1909	Anticosto 67745	Jubine 47684
[illegible]este	89589	noire	1909	Cornil 65315	Chopine 53566
[illegible]gette	84905	alezan	1909	Labrador 66840	Bichette 61425
[illegible]gette	88459	bai-b.-f.	1909	Duneau-ex-Palmier 59475	Giberne 57751
[illegible]gette	88987	noire	1909	Forbonet-ex-Orateur 65548	Joyeuse 60755
[illegible]père	85914	gris-foncé	1909	Méritant 65126	Biche 48077
[illegible]gette	83590	gris-foncé	1909	Trompeur 67881	Pelote 53627
[illegible]gette	83779	baie	1909	Calicot 66928	Catherine 48149
[illegible]gette	89430	noire	1909	Martin 46912	Pelote 50239
[illegible]euse	84904	noire	1909	Boileau 59048	Cocotte 50465
[illegible]euse	85145	gris-clair	1909	Andrinople 65226	L'Amie 50093
[illegible]euse	88336	gris-foncé	1909	Pelletan 69096	Tybériade 50309
[illegible]lande	85239	noir-rub.	1909	Album 65329	Pelouse 62949
[illegible]ulaire	85267	noire	1909	Réaumur 65499	Martinette 54763
[illegible]ulaire	86506	gris-fer	1909	Carnot 66666	Serpentine 41975
[illegible]ulaire	87322	gris-foncé	1909	Marathon 66841	Avarie 57294
[illegible]ulaire	88337	gris-vin.	1909	Pelletan 69096	Erinne 59682
[illegible]ulaire	88461	noire	1909	Taupier 63548	Percé-Neige 63407
[illegible]ulaire	88469	gris-f.-f.	1909	Montaigu 67695	Gaza 41526
[illegible]ulaire	88750	grise	1909	Facteur 53509	Laura 41871
[illegible]ulaire	88812	grise	1909	Vésuve 67514	Castille 60566
[illegible]ulaire	89184	grise	1909	Ambassadeur 68700	Civette 68892
[illegible]ulaire	89446	baie	1909	Rolland 60321	Victoire 38286

NOM	N°	ROBE	Naissance	PÈRE	MÈRE
Jugule	86302	grise	1909	Carnot 66606	Bisbille 56783
Jugurtha	85036	noire	1909	Dollar 62383	Gaëtane 66243
Jugurtha	86956	noire	1909	Salvator 62673	Lisette 65024
Jugurtha	88544	gris-clair	1909	Acrobate 68416	Thibériade 49934
Juignette	85288	noire	1909	Général 66386	Biche 68862
Juignette	87909	gris-clair	1909	Stentor 65378	Colette 42215
Juignettes	84152	grise	1909	Conscrit 62063	Mélie 54465
Juignettes	85544	gris-clair	1909	Pandore 68677	Frisquette 25903
Juignettes	88621	noire	1909	Coquet 69131	Suson 54334
Juille	88622	gris-foncé	1909	Pelletan 69096	Pâquerette 68324
Juilles	85299	noire	1909	Oscar 45901	Sophie 49941
Juillette	85069	gris-foncé	1909	Conscrit 62063	Milarde 62683
Juillette	85343	grise	1909	Fernand 65262	Aigrette 47350
Juilly	84737	noire	1909	Paulus 58125	Lisette 73347
Juine	83879	grise	1909	Boileau 59048	Pouloche 43957
Juine	86575	bai-c.-f.	1909	Pépin 66724	Biche 25400
Juive	83818	noire	1909	Boileau 59048	Récompense 47092
Juive	83826	noire	1909	Vainqueur 62112	Conseillère 68587
Juive	83903	noire	1909	Séducteur 64316	Margot 61225
Juive	84604	gris-fer	1909	Eclair 63280	Etoile 63279
Juive	84739	noire	1909	Paulus 58125	Fanchette 48143
Juive	84903	noire	1909	Labrador 66840	Amoureuse 65299
Juive	84960	noire	1909	Cornil 65315	Rosette 50487
Juive	85389	grise	1909	Buffon 66472	Coquette 49607
Juive	85459	noire	1909	Buffon 66472	Poulotte 44858
Juive	88957	gris-foncé	1909	Rivoli 58502	Vaillante 15942
Juive	89066	grise	1909	Pépin 66724	Girafe 71345
Juive	89334	noire	1909	Florentin II 67155	Gustine 50267
Juiverie	85295	grise	1909	Fernand 65262	Chimère 52378
Juiverie	86246	gris-fer	1909	Clair-de-Lune 67183	Hortense 64828
Jujube	85575	grise	1909	Trompeur 67881	Pâquerette 43355
Jujube	86719	noire	1909	Amilly 66447	Faveur 50311
Jujube	87323	noire	1909	Christian 67392	Gaudriette 71036
Jujube	89333	noire	1909	Castor 62398	Charlotte 50247
Jujube	89354	noire	1909	Martin 46912	Valentine 49874
Jujube	89604	noire	1909	Riqulès 63697	Minette 61446
Julep	84615	noire	1909	Villers 61613	Brillante 57941
Julia	83568	noire	1909	Agathon 65668	Gagerie 69287
Julia	83769	noire	1909	Célibat 64968	Gibelotte 47980
Julia	84620	gris-fer	1909	Douvreur-ex-Couvreur 58335	Robine 84344
Julia	84668	noire	1909	Civil-ex-Amateur 56125	Pomone 43821
Julia	84762	noire	1909	Biberon 67315	Boudeuse 52373
Julia	85180	noire	1909	Faisan 68627	Polka 54188
Julia	85368	grise	1909	Glein 67468	Brillante 51007
Julia	86659	noire	1909	Mahkarof 63877	Jubine 50004

NOM	N°	ROBE	Naissance	PÈRE	MÈRE
[illegible]	86742	noire	1909	Vazy 53265	Adjugée 59024
[illegible]	86859	noire	1909	Madère 58886	Coquette 78506
[illegible]	86872	noire	1909	Taupier 63548	Gauloise II 72781
[illegible]	86976	noire	1909	Rolland 60321	Ellora 73459
[illegible]	87487	gris-foncé	1909	Hidalgo 68111	Muscade 66800
[illegible]	87739	grise	1909	Bellâtre 62312	Mouvette 49276
[illegible]	88153	noire	1909	Taupier 63548	Bichette 78549
[illegible]	88547	noire	1909	Acrobate 68416	Lumière 67678
[illegible]	88800	grise	1909	Ludovic 47508	Négresse 49570
[illegible]	88889	noire	1909	Franc-Maçon 67900	Dora 38753
[illegible]	88982	gris-foncé	1909	Duneau-ex-Palmier 59475	Crême 81579
[illegible]	89123	grise	1909	Ambassadeur 68700	Rosette 42258
[illegible]	89507	noir-zain	1909	Florentin II 67155	Robine 67158
[illegible] ana	85844	noire	1909	Fanfaron 66860	Alma 46007
[illegible] ana	88730	noire	1909	Glein 67468	Immortel 37555
[illegible] ane	88951	gris-foncé	1909	Tigris 68463	Bamboche II 43322
[illegible] ange	87910	gris-f.-v.	1909	Directeur 68271	Conquérante 81592
[illegible]	83548	noire	1909	Faisan 68627	Bien-à-Moi 81722
[illegible]	83603	noire	1909	Aspirant 65078	Diva 56699
[illegible]	83642	grise	1909	Boileau 59048	Favorie 50608
[illegible]	83655	noire	1909	Canrobert 63005	Amusante 55461
[illegible]	84002	noire	1909	Waterloo 64589	Lisette 54383
[illegible]	84248	grise	1909	Ixopo 68619	Rustique 59174
[illegible]	84674	noire	1909	Jolibois 66958	Pelotte 54268
[illegible]	84748	grise	1909	Méritant 65126	Civette 56222
[illegible]	85037	noire	1909	Dollar 62383	Fanfare 47776
[illegible]	85325	gris-foncé	1909	Furibond 68662	Chypre 53104
[illegible] lle	85951	noire	1909	Complaisant 68761	Fracture 60353
[illegible] lle	86033	gris-foncé	1909	Sistori 66964	Fanchette 52455
[illegible] lle	86611	grise	1909	Rolland 60321	Guittonnière 71767
[illegible] lle	86718	gris-vin.	1909	Alcazar 64710	Pelote 66560
[illegible] lle	86738	grise	1909	Crampon 62324	Vadrouille 54857
[illegible] lle	87490	gris-vin.	1909	Romancier 64606	Tantine 84482
[illegible] lle	87858	noire	1909	Michelet 65179	Doucette 60982
[illegible] lle	88076	noire	1909	Domino 57067	Biche 44221
[illegible] lle	88468	noire	1909	Faisan 68627	Mélie 67579
[illegible] lle	88550	gris-foncé	1909	Acrobate 68416	Brigitte 59753
[illegible] lle	88664	baie	1909	Zéphir 57402	Annette 60306
[illegible] lle	88844	gris-foncé	1909	Néron 68346	Mignonne 50639
[illegible] lle	89297	noire	1909	Castor 62398	Castille 50230
[illegible] lie	89386	grise	1909	Téméraire 62465	Cocotte 61268
[illegible] lie	89436	gris-foncé	1909	Téméraire 62465	Couleuvre 35892
[illegible] lie	89645	noire	1909	Truc 67197	Colette 89970
[illegible] lienne	84670	noire	1909	Acajou 66587	Lisette 81838
[illegible] lienne	85013	noire	1909	Etudiant 59291	Champagne 54384

NOM	N°	ROBE		PÈRE	MÈRE
Julienne	85038	noire	1909	Abdéram 66381	Rosine 57796
Julienne	85142	noir-zain	1909	Fier-à-Bras 65250	Paulette 65143
Julienne	85258	grise	1909	Mortier 67879	Rosine 61050
Julienne	85286	grise	1909	Aiguillon 66905	Dita 54139
Julienne	85401	grise	1909	Epinal 65631	Ragotte 54175
Julienne	85437	noire	1909	Pandore 68677	Négresse 55125
Julienne	85528	alezan-r.	1909	Epinal 65631	Boulotte 54281
Julienne	85572	aubère	1909	Buffon 66472	Rustique 50457
Julienne	85693	grise	1909	Buffon 66472	Palmyre 59474
Julienne	85796	grise	1909	Buffon 66472	Vinaigrette 34249
Julienne	85890	noire	1909	Glucose 62232	Charmante 57454
Julienne	85905	noire	1909	Glucose 62232	Gale 69899
Julienne	86233	noire	1909	Canrobert 63005	Charmante 84569
Julienne	86641	grise	1909	Bizot 67779	Indiana 36183
Julienne	86708	gris-foncé	1909	Marathon 66841	Cassette 60053
Julienne	86727	gris-clair	1909	Labrador 66840	Cornaline 41260
Julienne	87325	noir-zain	1909	Christian 67392	Rosette 84477
Julienne	87488	gris-foncé	1909	Pruneau 68069	Paquita 30135
Julienne	87917	noire	1909	Vésuve 67514	Javotte 51714
Julienne	88069	noire	1909	Amilly 66447	Devine 75072
Julienne	88340	noire	1909	Triolet 66843	Exilée 60083
Julienne	88551	gris-foncé	1909	Acrobate 68416	Grisette 56353
Julienne	88627	baie	1909	Marathon 66841	Spatule 60139
Julienne	88712	gris-vin.	1909	Facteur 53509	Gabelle 72682
Julienne	88809	gris-foncé	1909	Néron 68346	Galère 72870
Julienne	89044	grise	1909	Directeur 68271	Minette 40955
Julienne	89177	grise	1909	Victorieuse 64124	Mouvette 30069
Julienne	89265	noire	1909	Kalydor 64213	Galiléenne 72187
Julienne	89398	noire	1909	Mareuil 53313	Paquerette 59065
Julienne	89448	grise	1909	Montargis 62402	Rosa 50257
Juliette	83551	noir-zain	1909	Fier-à-Bras 65250	Germaine 54342
Juliette	83735	grise	1909	Agathon 65668	Risette 52740
Juliette	84007	noire	1909	Coco 46853	Charmante 61442
Juliette	84170	grise	1909	Paulus 58125	Alzina 44428
Juliette	84209	noire	1909	Marathon 66841	Kermesse 46750
Juliette	84579	noir-zain	1909	Boileau 59048	Baguette 54437
Juliette	84630	gris-noir	1909	Guillaume 65112	Chevrette 58311
Juliette	85928	noire	1909	Méritant 65126	Risette 60560
Juliette	86189	grise	1909	Laricot 68469	Balbine 59103
Juliette	86699	grise	1909	Fernand 65262	Gitana 71003
Juliette	86726	noire	1909	Carnot 66666	Suzon 66839
Juliette	87491	noire	1909	Romancier 64606	Céline 29162
Juliette	88141	gris-noir	1909	Madère 58886	Grêle 72823
Juliette	88555	noire	1909	Espiègle 64024	Frosine 33910
Juliette	88735	noire	1909	Ermite 44360	Cérès 33060

NOM	N°	ROBE	Naissance	PÈRE	MÈRE
Juliette	88903	noire	1909	Alcazar 64710	Vestale 40516
Juliette	89064	gris-foncé	1909	Calicot 66928	Grisette 52948
Juliette	89105	noire	1909	Désiré 60162	Rosa 51824
Juliette	89288	grise	1909	Cratère 69004	Capucine 62397
Juliette	89389	noire	1909	Cratère 69004	Poule 78544
Juliette	89558	grise	1909	Vaillant 62401	Coupeuse 60011
Juliette	89646	noire	1909	Paulus 58125	Juliette 43216
Juliette	89655	gris-foncé	1909	Sistori 66964	Ombrelle 60359
Juline	83873	noire	1909	Boileau 59148	Suzette 61734
Juline	85231	bai-chat.	1909	Pépin 66724	Soubrette 54953
Jutchena	88073	gris-noir	1909	Michelet 65179	Grisette 71906
Juliette	89447	noir-zain	1909	Rolland 60321	Finette 49884
Julitte	83827	gris-foncé	1909	Vainqueur 62112	Néva 54392
Julitte	85320	gris-foncé	1909	Fernand 65262	Gondole 51993
Julleuville	87921	noire	1909	Blésois 65917	Cornaline 68957
Juliette	89641	grise	1909	Andrinople 65226	Rigolade 53921
Jypèthe	86465	noire	1909	Sistori 66964	Poule 54509
Jumège	87489	gris-vin.	1909	Vésuve 67514	Marquise 41488
Jumelée	85141	gris-clair	1909	Albertus 65317	Coquette 54183
Jumelée	87326	noire	1909	Marathon 66841	Rosette 64611
Jumelée	89187	grise	1909	Décime 60587	Dora II 61113
Jumelle	83792	grise	1909	Labrador 66840	Serpolette 63377
Jumelle	84901	grise	1909	Dégel 45100	Gentille 47805
Jumelle	85073	gris-foncé	1909	Laricot 68469	Mouvette 49316
Jumelle	85438	gris-clair	1909	Paulus 58125	Margot 61314
Jumelle	86358	gris-vin.	1909	Aiguillon 66905	Charmante 54355
Jumelle	86580	noire	1909	Carnot 66666	Glume 71124
Jumelle	88066	noire	1909	Michelet 65179	Patouillarde 33389
Jumelle	88347	noire	1909	Oscar 45901	Génératrice 59638
Jumelle	88811	noire	1909	Ambassadeur 68700	Vannette 50388
Jumelle	88989	gris-foncé	1909	Erasme 60444	Dragonne 50532
Jumelle	89266	gris-clair	1909	Kalydor 64213	Gentille 47329
Jumelle	89280	noire	1909	Mareuil 53313	Semelé 40631
Jumelles	84830	grise	1909	Conscrit 62063	Chaton 54326
Jumelles	86226	alezan	1909	Réaumur 65499	Grisette 27352
Jumelles	86330	noire	1909	Coco 46855	Margot 49490
Jumelles	87327	gris-fer	1909	Truc 67197	Odessa 55976
Jumellière	88628	noire	1909	Marathon 66841	Fauvette 69100
Jumentaire	88348	baie	1909	Oscar 45901	Gribiche 69170
Jumenterie	85133	gris-clair	1909	Ixopo 68619	Fatma 58386
Jumenterie	85432	alezan-br.	1909	Villers 61613	Bichonne 50610
Jumenterie	87340	noire	1909	Truc 67197	Pelote 84480
Jumenterie	88349	noire	1909	Casino 65452	Nacelle 73411
Jumenteuse	84700	grise	1909	Lafayette 67798	Bijou 49660
Jumenteuse	85132	noir-zain	1909	Fier-à-Bras 65250	Fauvette 52472

NOM	N°	ROBE	Naissance	PÈRE	MÈRE
Jumenteuse	86225	alezan	1909	Réaumur 65499	Rosette 50085
Jumenteuse	88041	noir-rub.	1909	Aiguillon 66905	Rose 61244
Jumentine	83581	gris-foncé	1909	Lafayette 67798	Margueritte 58719
Jumentine	83772	noir-zain	1909	Labrador 66840	Genaise 69069
Jumet	84033	noire	1909	Abdéram 66381	Brillante 54174
Jumet	84744	grise	1909	Ixopo 68619	Alise 58430
Jumièges	84031	noire	1909	Fier-à-Bras 65250	Rigolette 49960
Jumièges	84743	grise	1909	Ixopo 68619	Isabeau 66236
Jumilia	87087	noire	1909	Bexonville-ex-Sarthois 60531	Biche 26803
Jumilia	88035	noire	1909	Salvator 62673	Stella 63419
Jumeise	83961	grise	1909	Paulus 58125	Pelotte 54501
Junette	86546	gris-foncé	1909	Pépin 66724	Junón 58542
Junette	89512	noire	1909	Vaillant 62401	Palète 60062
Jungle	83730	noire	1909	Fier-à-Bras 65250	France 60834
Jungle	84622	gris-noir	1909	Coco 46855	Brunette 68936
Jungle	84701	grise	1909	Lafayette 67798	Marinette 68564
Jungle	85261	noire	1909	Guillaume 65112	Linotte 58561
Jungle	85429	noire	1909	Villers 61613	Gerbette 69618
Jungle	85504	alezan-br.	1909	Folichon 67442	Chaton 49712
Jungle	85930	noire-r.	1909	Véga 68250	Carnette 66375
Jungle	86232	noire	1909	Clair-de-Lune 67183	Serpette 50694
Jungle	87331	noire	1909	Christian 67392	Coquette 39473
Jungle	88350	noire	1909	Taupier 63548	Cadrille 49356
Jungle	89188	noire	1909	Victorieux 64124	Girouette 73268
Jungle	89603	noire	1909	Riqulès 63697	Lisette 42960
Jungle	89636	noir-m.-t.	1909	Pirus 59613	Liane 68519
Junia	83619	noire	1909	Fier-à-Bras 65250	Rustique 52283
Junia	83895	noire	1909	Jolibois 66958	Florence 68131
Junia	84609	noir-zain	1909	Buffalo 65614	Mongolie 58275
Junia	85692	noire	1909	Etudiant 59291	Vinette 58470
Junia	85967	noir-rub.	1909	Fernand 65262	Vitesse 63136
Junia	86036	gris-foncé	1909	Coquet 69131	Chicane 58394
Junia	86371	gris-noir	1909	Glucose 62232	Alise 64846
Junia	86725	grise	1909	Carnot 66666	Libertine 68406
Junia	86909	gris-foncé	1909	Mahkarof 63877	Biche 73416
Junia	86941	noire	1909	Médaillon 48940	Spera 60432
Junia	88754	gris-foncé	1909	Vaudemont 60507	Pelote 26631
Junia	89654	noire	1909	Olivier 58082	Aggée 66178
Junice	88558	noire	1909	Oscar 45901	Lisette 23038
Junie	85551	grise	1909	Guillaume 65112	Lisette 57078
Juniore	89065	gris-foncé	1909	Etudiant 59291	Stella 44817
Juniville	85400	gris-foncé	1909	Epinal 65631	Fernande 54338
Juniville	85857	grise	1909	Complaisant 68761	Coulisse 63098
Juniville	86724	grise	1909	Carnot 66666	Linote 46061
Juniville	87492	noir-zain	1909	Romancier 64606	Polka 84492

NOM	N°	ROBE	Naissance	PÈRE	MÈRE
Junon	83633	grise	1909	Buffon 66472	Vitesse 45181
Junon	83751	grise	1909	Labrador 66840	Badine 47849
Junon	83899	noire	1909	Paulus 58125	Frésine 54359
Junon	84006	noire	1909	Paulus 58125	Sultana 35947
Junon	84167	grise	1909	Facteur 53509	Valentine 53380
Junon	84246	noire	1909	Souak II 46965	Rapide 57498
Junon	84625	gris-foncé	1909	Accessit 64700	Lisette 27016
Junon	84725	grise	1909	Cyclone 65280	Toinette 66514
Junon	85119	grise	1909	Laricot 68469	Castille 47900
Junon	85296	noire	1909	Faisan 68627	Coquette 59800
Junon	85580	gris-foncé	1909	Sistori 66964	Visière 63997
Junon	86022	noire	1909	Triolet 66843	Dragée 69130
Junon	86367	grise	1909	Bellâtre 62312	Manille 64187
Junon	86672	noire	1909	Asope ex Esope 46687	Charmante 29696
Junon	86732	bai-brun	1909	Madère 58886	Coquette 78511
Junon	86764	noire	1909	Castillan 45009	Gentille 78458
Junon	86766	noire	1909	Tamerlan 46369	Chartreuse 59719
Junon	86767	grise	1909	Tamerlan 46369	Gagette 72512
Junon	86802	noire	1909	Vazy 53265	Pistache 54632
Junon	86811	noir-m.-t.	1909	Madère 58886	Mironne 68685
Junon	86838	grise	1909	Madère 58886	Georgette 70251
Junon	86923	noire	1909	Mahkarof 63877	Gaudriole 73108
Junon	86942	noir-m.-t.	1909	Madère 58886	Fouineuse 64144
Junon	86953	noire	1909	Salvator 62673	Fauvette 27165
Junon	87099	noire	1909	Colon 65462	Gimblette 72330
Junon	87495	noire	1909	Pruneau 68069	Lisette 42171
Junon	87966	noire	1909	Waterloo 64589	Juliette 49438
Junon	88562	noire	1909	Aviso 52116	Pélagie 42651
Junon	88666	gris-vin.	1909	Zéphir 57402	Cora 65471
Junon	88843	gris-foncé	1909	Néron 68346	Perlette 49903
Junon	88991	gris-foncé	1909	Erasme 60444	Vétille 87606
Junon	89102	noire	1909	Kado 68413	Margot 73442
Junon	89111	baie	1909	Dentiste 64398	Croquette 52089
Junon	89452	noire	1909	Canrobert 63005	Berthine 24320
Junon	89456	gris-foncé	1909	Mareuil 53313	Paquerette 49642
Junon	89620	grise	1909	Fier-à-Bras 65250	Cocotte 61351
Junon	89638	grise	1909	Carnot 66666	Micheline 73348
Junonnica	88146	grise	1909	Taupier 63548	Généreuse 87558
Junte	83732	noire	1909	Agathon 65668	Galurette 70746
Junte	83823	noire	1909	Vainqueur 62112	Castillonne 42957
Junte	83898	noire	1909	Paulus 58125	Lisette 78424
Junte	84895	grise	1909	Albertus 65317	Marinette 61761
Junte	85257	noire	1909	Mortier 67879	Pelotte 50204
Junte	85766	noir-zain	1909	Andrinople 65226	Pelote 54663
Junte	86369	baie	1909	Fanfaron 66860	Voisine 64462

NOM	N°	ROBE	Naissance	PÈRE	MÈRE
Junte	86342	noire	1909	Cyclone 65280	Giberne 72069
Junte	86717	noir zain	1909	Vésuve 67514	Badine 52859
Junte	86952	noire	1909	Folichon 67442	Rosière 57711
Junte	87496	noire	1909	Guguste 64730	Gerace 84493
Junte	88353	gris-clair	1909	Fendlair 62699	Coquette 61182
Junte	88563	gris-foncé	1909	Quinquina 68945	Gambade 64911
Junte	88754	noire	1909	Facteur 53509	Vigoureuse 9229
Junte	89271	noire	1909	Kalydor 64213	Calédonie 47909
Junte	89319	noire	1909	Rolland 60321	Croisette 75102
Junte	89629	grise	1909	Boileau 59048	Barbe 68586
Junte	89640	noire	1909	Fier-à-Bras 65250	Biche 73356
Jupe	83731	noire	1909	Agathon 65668	Caissière 53687
Jupe	84226	noire	1909	Paulus 58125	Etoile 64242
Jupe	84702	gris-vin.	1909	Courbet 63077	Mominette 63056
Jupe	84893	grise	1909	Albertus 65317	Alcinette 65400
Jupe	85215	gris-f.-v.	1909	Méritant 65126	L'Amie 48172
Jupe	85430	grise	1909	Guillaume 65112	Rosette 68822
Jupe	86224	noire	1909	Réaumur 65499	Garotte 27351
Jupe	86786	grise	1909	Perdrix 34949	Berthe 78515
Jupe	87333	gris-fer	1909	Chartres n Coco 56130	Volga 55236
Jupe	88355	gris-foncé	1909	Fendlair 62699	Juliette 64426
Jupe	88473	noire	1909	Pandore 68677	Tisonne 61825
Jupe	89502	grise	1909	Vaillant 62401	Rita 55597
Jupéta	85936	grise	1909	Coquet 69131	Sansonnette 38854
Jupille	87118	grise	1909	Marindas 62414	Gavotte 72373
Jupille	88147	gris bleu	1909	Taupier 63548	Galante 87557
Jupille	88636	gris-foncé	1909	Piqueur 68432	Sultane 56300
Jupilles	84829	noire	1909	Conscrit 62063	Doucette 65205
Jupine	85297	noir-zain	1909	Séducteur 64316	Charmante 54033
Juponne	85989	gris-foncé	1909	Pépin 66724	Coquette 54559
Juponnette	88038	noire	1909	Salvator 62673	Didine 56859
Juppe	89441	noire	1909	Castor 62398	Biche 49493
Jura	89021	gris t. f.	1909	Recenseur 68887	Mouvette 50037
Jurable	85588	noire	1909	Canadien 58355	Cocotte 64600
Jurable	87335	noire	1909	Lablache 68289	Thérésa 64760
Jurable	88357	noire	1909	Oscar 45901	Blanche 56364
Jurande	84733	noire	1909	Jolibois 66958	Giroflée 70483
Jurande	85434	gris-foncé	1909	Ixopo 68619	Charmante 54031
Jurande	85250	gris-foncé	1909	Fernand 65262	Goguette 70943
Jurande	85263	noire	1909	Général 66386	Rousse 61876
Jurande	85282	noire	1909	Fandango 67590	Charlotte 60179
Jurande	85399	gris t. c.	1909	Paulus 58125	Lisette 58308
Jurande	85431	alezan-b.	1909	Epinal 65031	Postière 36422
Jurande	85463	grise	1909	Pepin 66724	Grenadille 70720
Jurande	86231	noire	1909	Général 66386	Mouvette 78443

NOM	N°	ROBE	Naissance	PÈRE	MÈRE
Jurande	86430	noire	1909	Coquet 69131	Brillante 43747
Jurande	86910	noire	1909	Taupier 63548	Guillerette 71925
Jurande	87334	gris-fer	1909	Douvreur ex-Couvreur 58336	Brillante 35874
Jurande	87505	noire	1909	Marathon 66841	Margot 49494
Jurande	87926	noire	1909	Montaigu 67695	Cigale 68706
Jurande	88358	noire	1909	Oscar 45901	Rosa 43883
Jurande	88565	gris-foncé	1909	Quinquina 68945	Giletière 71801
Jurande	88819	noire	1909	Ludovic 47508	Castille 31729
Jurande	89501	grise	1909	Vaillant 62401	Minette 58931
Juranienne	84116	noir-zain	1909	Espiègle 64024	Fabrice 61883
Juranville	88645	noire	1909	Cyclone 65280	Turbine 63515
Jurassienne	84888	grise	1909	Etudiant 59291	Pelotte 47069
Jurassienne	85135	noire	1909	Fier-à-Bras 65250	L'Amie 61250
Jurassienne	87336	gris-vin.	1909	Lablache 68289	Coquetta 44373
Jurateire	86222	noire	1909	Général 66386	Gaudaine 71556
Jurateire	88037	noire	1909	Salvator 62673	Clotilde 58735
Jurateire	88361	noire	1909	Sambetta 69149	Cocotte 50515
Juratte	84728	noire	1909	Jolibois 66958	Mascotte 61366
Jure	85830	noire	1909	Croquis 68451	Rosette 49230
Jurée	83580	gris-foncé	1909	Trompeur 67881	Valseuse 52894
Jurée	83771	alezane	1909	Labrador 66840	Biche 54530
Jurée	84707	noire	1909	Rupin 65256	Mouvette 65589
Jurée	84887	gris-foncé	1909	Myrte 66768	Bijou 53985
Jurée	85140	noire	1909	Lama 68543	Ramette 58530
Jurée	85256	grise	1909	Mortier 67879	Réjouie 53779
Jurée	86220	noire	1909	Général 66386	Pelotte 50436
Jurée	87927	gris-bleu	1909	Coco 46855	Gitana 87566
Jurette	89296	noire	1909	Castor 62398	Margot 49363
Jurette	89303	noire	1909	Mareuil 53313	Désirée 30257
Jurette	89483	noire	1909	Rolland 60321	Louisa 59435
Jurette	89649	noire	1909	Siphon 60328	Mouton 50452
Jureuse	85465	noire	1909	Etudiant 59291	Bastille 58726
Jurgura	86461	grise	1909	Pépin 66724	Coquette 66618
Juridiction	84109	noire	1909	Epinal 65631	Coquette 54448
Juridiction	85218	grise	1909	Lafayette 67798	Bijou 54460
Juridiction	87344	gris-noir	1909	Marathon 66841	Gentille 72088
Juridiction	88363	noire	1909	Orgeval 59039	Mignonne 75009
Juridique	84886	grise	1909	Myrte 66768	Mirabelle 52928
Juridique	85220	grise	1909	Etudiant 59291	Gaspille 70723
Juridique	86216	grise	1909	Général 66386	Trompette 49619
Juridique	88365	gris-vin.	1909	Doguet 69142	Barbe 63958
Jurieuse	85055	gris-clair	1909	Villers 61613	Coquette 54180
Jurisette	89349	noire	1909	Rolland 60321	Poule 50270
Jurisprudence	86223	noire	1909	Général 66386	Margot 53556
Jurisprudence	87506	gris-bleu	1909	Stentor 65378	Frivole 61054

NOM	N°	ROBE		PÈRE	MÈRE
Jurisprudence	88566	noire	1909	Conquérant 65975	Civette 56286
Juristie	88094	gris-bleu	1909	Pistil 66076	Baleine 55202
Jurjura	84105	grise	1909	Général 66386	Fanchon 43764
Jurjura	87497	noire	1909	Pruneau 68069	Mignonne 42276
Jurjura	87936	noire	1909	Faisan 68627	Arlésienne 60935
Juronne	83574	alezan	1909	Agathon 65668	Floride 66254
Juraterie	86507	noir-zain	1909	Makaroff 63245	Sucrine 55915
Jurrassique	88359	noire	1909	Tamarin 66451	Brebis 60158
Jurvielle	85554	gris-foncé	1909	Réaumur 65499	Coquette 54544
Jurvielle	88653	gris-foncé	1909	Cyclone 65280	Sabine II 52404
Jusée	83913	noire	1909	Bellâtre 62312	Stéphanie 52490
Jusée	84120	noire	1909	Clair-de-Lune 67183	Bijou 49304
Jusée	84617	noire	1909	Villers 61613	Rustique 54282
Jusée	84879	grise	1909	Albertus 65317	Lizette 64252
Jusée	85427	noire	1909	Villers 61613	Pâquerette 61049
Jusée	85590	grise	1909	Epinal 65631	Truste 64928
Jusée	85885	noire	1909	Etudiant 59291	Castille 49842
Jusée	86214	noire	1909	Général 66386	Roulette 41843
Jusée	86329	grise	1909	Coco 46855	Scarabée 61816
Jusée	87342	noire	1909	Marathon 66841	Palmette 61090
Jusée	88367	gris-foncé	1909	Rataplan 66742	Castille 49439
Jusée	89183	grise	1909	Anticosto 67745	Radieuse 64816
Jusée	89269	noire	1909	Kalydor 64213	Rosie 30203
Jusque	86215	grise	1909	Général 66386	Facile 18357
Jusque	87343	noire	1909	Marathon 66841	Histoire 44005
Jusque	88372	noire	1909	Conquérant 65975	Biche 49435
Jusquiame	83638	noire	1909	Paulus 58125	Serpette 52457
Jusquiame	83868	noire	1909	Dégel 45100	Colette 47318
Jusquiame	84878	grise	1909	Boileau 59048	Coquette 54063
Jusquiame	85129	grise	1909	Ixopo 68619	Castille 61209
Jusquiame	85227	gris t. f.	1909	Pépin 66724	Rose 53500
Jusquiame	85237	grise	1909	Pépin 66724	Hussarde 63244
Jusquiame	85425	gris-clair	1909	Paulus 58125	Lisette 50228
Jusquiame	86213	grise	1909	Villers 61613	Irma 54909
Jusquiame	87346	gris-fer	1909	Campigny-et-Robion 56073	Artémise 47188
Jusquiame	88024	noire	1909	Oscar 45901	Verveine 65000
Jusquiame	88058	noir-zain	1909	Pistil 66076	Pâquerette 66275
Jusquiame	88374	gris-foncé	1909	Acrobate 68416	Séduisante 49616
Jusquiame	89009	noire	1909	Enjoleur 63649	Elvire 87614
Jusquiame	89318	noire	1909	Rolland 60321	Elvétia 64960
Jusquiame	89594	gris-foncé	1909	Vésuve 67514	Rosette 29708
Jussienne	85075	noire	1909	Ixopo 68619	Gabrielle 59529
Jussion	83754	noire	1909	Myrthe 66768	Glisseuse 69396
Jussion	84698	grise	1909	Courbet 63077	Bichette 64205
Jussion	85123	grise	1909	Laricot 68469	Béatrix 37207

NOM	N°	ROBE	Naissance	PÈRE	MÈRE
Jussien	85422	gris-foncé	1909	Aiguillon 66905	Toquette 63633
Jussien	86328	noire	1909	Coco 46855	Brebis 75094
Jussien	88375	gris-foncé	1909	Cousin 69050	La Fleur 67752
Juste	85813	noire	1909	Marathon 66841	Statistique 64799
Juste	85900	gris-foncé	1909	Moulinet 68017	Globuline 69486
Juste	87929	gris-bleu	1909	Coco 46855	Mitaine 35648
Justelle	87498	noire	1909	Cloriadec 64615	Mouvette 39408
Justelle	88377	noire	1909	Casino 65452	Gironde 67727
Justesse	84613	grise	1909	Paulus 58125	Amarante 62037
Justesse	84880	grise	1909	Complaisant 68761	Docile 56819
Justesse	85594	gris-clair	1909	Epinal 65631	Chicane 53528
Justesse	86009	noire	1909	Etudiant 59291	Chipette 34562
Justesse	86207	alezan	1909	Général 66386	Mazurke 63875
Justesse	86323	noire	1909	Montaigu 67695	Brebis 54410
Justesse	87347	alezan-d.	1909	Christian 67392	Muscade 73329
Justesse	88135	noire	1909	Domino 57067	Thérésa 56607
Justesse	89270	grise	1909	Kalydor 64213	Gamine 71059
Justice	85971	noire	1909	Etudiant 59291	Bavette 64769
Justice	83529	baie	1909	Boileau 59048	Welfare 57972
Justice	83550	grise	1909	Villers 61613	Depêche 58114
Justice	83558	noire	1909	Paulus 58125	Coquette 61450
Justice	83627	gris-foncé	1909	Trompeur 67881	Fabia 53178
Justice	84225	noire	1909	Paulus 58125	Pomponne 63301
Justice	84884	noire	1909	Boileau 59048	Giboulée 71469
Justice	85076	gris-clair	1909	Ixopo 68619	Sansonnet 54090
Justice	85410	noire	1909	Molière 65270	Cocotte 50591
Justice	85593	grise	1909	Berlucheur 65107	Mireille 59981
Justice	85981	grise	1909	Complaisant 68761	Mandoline 55935
Justice	85986	gris-foncé	1909	Pépin 66724	Gombette 70965
Justice	86211	noire	1909	Général 66386	Grivette 69521
Justice	86643	grise	1909	Vagabond 68854	Olga 63479
Justice	86723	noire	1909	Salvator 62673	Frosine 84496
Justice	86763	grise	1909	Madère 58886	Cascade 78500
Justice	86937	noire	1909	Taupin 65637	Coquette 57505
Justice	87089	grise	1909	Actionnaire 64675	Gosseline 72414
Justice	87352	noire	1909	Truc 67197	Margot 64575
Justice	87500	noire	1909	Fauchon 68253	Girouette 72089
Justice	88095	noire	1909	Lutteur 65208	Serpette 54848
Justice	88379	noire	1909	Casino 65452	Genize 69686
Justice	88464	noire	1909	Faisan 68627	Fanchon 40143
Justice	88567	noire	1909	Taupier 63548	Croquette 52660
Justice	88656	gris-clair	1909	Ronchon 68123	Frisette 60402
Justice	88731	gris-foncé	1909	Vaudemont 60507	Rosette 29928
Justice	88968	gris-foncé	1909	Erasme 60444	Justine 69118
Justice	89268	grise	1909	Kalydor 64213	Fernande 81602

NOM	N°	ROBE		PÈRE	MÈRE
Justice	89335	baie	1909	Florentin II 67155	Biche 49995
Justice	89402	noire	1909	Marcuil 53313	Gribiche 38428
Justice	89495	noire	1905	Rolland 60321	Souris 49560
Justicia	85803	noire	1909	Fanfaron 66860	Bamboche 48122
Justiciable	87353	noire	1909	Gréviste 68710	Gastourelle 72172
Justiciable	88381	gris-foncé	1909	Acrobate 68416	Coquette 49429
Justicière	85876	bai-f.-m.	1909	Pépin 66724	Brillante 53628
Justicière	86442	gris-fer	1909	Sistori 66964	Mandoline 52969
Justicière	88047	noire	1909	Pandore 68677	Surprise 63554
Justicière	88829	bai-brun	1909	Franc-Maçon 67900	Cascade 51047
Justicière	88950	noire	1909	Vaudemont 60507	Balance 63100
Justière	85290	noire	1909	Jolibois 66958	Coquette 49294
Justifiable	87355	gris-fer	1909	Marathon 66841	Déserte 45988
Justifiante	85130	noir-zain	1909	Fier-à-Bras 65250	Margot 54389
Justifiante	85854	noire	1909	Buffalo 65614	Liane 66561
Justification	84113	noire	1909	Fanfaron 66860	Pélagie 57705
Justificative	88018	gris-bleu	1909	Pandore 68677	Marquise 57098
Justificative	88042	gris-noir	1909	Olivier 58082	Mouvette 57642
Justine	83531	gris-foncé	1909	Acrobate 68416	Charmante 81667
Justine	83588	noire	1909	Lafayette 67798	Bijou 48140
Justine	83753	noire	1909	Myrte 66768	Trotteuse 52764
Justine	83765	alezane	1909	Bellâtre 62312	Opérette 58168
Justine	83777	noire	1909	Calicot 66928	Coquette 50445
Justine	83929	noir-zain	1909	Buffalo 65614	Biche 49243
Justine	83957	grise	1909	Paulus 58125	Marinette 46681
Justine	84032	noire	1909	Abdéram 66381	Rosette 53572
Justine	84648	gris-foncé	1909	Etudiant 59291	Héroïne 59315
Justine	85040	noire	1909	Fanfaron 66860	Cabotin 52104
Justine	85236	grise	1909	Pépin 66724	Estelle 64239
Justine	85273	gris-foncé	1909	Français 61885	Coquette 54369
Justine	86357	noire	1909	Dollar 62383	Devise 62043
Justine	86363	gris-noir	1909	Directeur 66448	Flore 55247
Justine	86390	noire	1909	Faisan 68627	Mélina 73429
Justine	86491	gris-foncé	1909	Biberon 67515	Camisole 52369
Justine	86513	noire	1909	Canadien 58355	Belladone 44035
Justine	86713	noire	1909	Ducat 68923	Charmante 61402
Justine	86913	noir-m.-t.	1909	Mahkarof 63877	Mascotte 54244
Justine	87501	noire	1909	Marathon 66841	Ida 49846
Justine	88568	noire	1909	Oscar 45901	Mota 59839
Justine	88657	noir-zain	1909	Ronchon 68123	Charmante 57530
Justine	88705	baie	1909	Facteur 53509	Castille 64484
Justine	88732	grise	1909	Vaudemont 60507	Marinette 52704
Justine	88767	grise	1909	Blésois 65917	Lucillia 38995
Justine	88820	grise	1909	Primeur 68044	Beauvaise 13625
Justine	89030	noire	1909	Rivoli 58502	Carabie 30605

NOM	N°	ROBE	Naissance	PÈRE	MÈRE
Justine	89034	grise	1909	Guguste 64730	Elise 64171
Justine	89317	grise	1909	Castor 62398	Pelote 57502
Justine	89537	noire	1909	Cratère 69004	Boulot 49873
Justine	89550	noir-zain	1909	Florentin II 67155	Sydonne 36670
Justine	89553	noire	1909	Siphon 60328	Carmen 66092
Justine	89615	noir-zain	1909	Rolland 60321	Favorite 30874
Justiniana	86705	noir-zain	1909	Amilly 66447	Gambie 71670
Justinie	85761	grise	1909	Andrinople 65226	Cozette 68482
Justinienne	87503	noire	1909	Marathon 66841	Iris 50037
Justinienne	87946	gris-fer	1909	Cousin 69050	Charmante 54477
Jute	84875	grise	1909	Albertus 65317	Rustique 49664
Jute	87359	gris-noir	1909	Gréviste 68719	Valentine 33899
Jute	88014	noire	1909	Amilcar 68213	Marmotte 45604
Juteuse	85123	noire	1909	Fier-à-Bras 65250	Coquette 54278
Juteuse	86445	gris ard.	1909	Canadien 58355	Perthuisine 30484
Juteuse	86464	grise	1909	Sistori 66964	Motricine 63118
Juteuse	86481	noir-zain	1909	Complaisant 68761	Rustique 54131
Juteuse	87360	gris-noir	1909	Gréviste 68719	Castille 68259
Juteuse	87365	noire	1909	Christian 67392	Gélatine 73015
Juteuse	89336	baie	1909	Florentin II 67155	Laponie 46663
Jutine	86053	bai-brun	1909	Canadien 58355	Rigolette 73418
Jutland	88570	grise	1909	Taupier 63548	Palatine 61641
Jutune	88001	noire	1909	Domino 57067	Manille 47282
Juva	86034	grise	1909	Coquet 69131	Nerveuse 64461
Juvelinia	84601	noire	1909	Folichon 67442	Léocadie 64449
Juvénale	86459	noire	1909	Sistori 66964	Rigolette 54069
Juvenibilité	88752	grise	1909	Glein 67468	Escapade 73319
Juvenie	85168	gris-foncé	1909	Français 61885	Astrie 41051
Juvenie	85553	gris-clair	1909	Guillaume 65112	Princesse 52907
Juvenie	88658	noire	1909	Canadien 58355	Trompeuse 68027
Juvenie	89267	grise	1909	Kalydor 64213	Poule 54366
Juvénile	84824	noire	1909	Buffon 66472	Ginette 70407
Juvénile	85407	grise	1909	Paulus 58125	Margot 41824
Juvénile	85811	gris-foncé	1909	Lafayette 67798	Soubrette 40795
Juvénile	86882	noire	1909	Mahkarof 63877	Brebis 84521
Juvénile	87362	noir-m.-t.	1909	Truc 67197	Galante 72171
Juvénile	87997	gris-bleu	1909	Pirus 59613	Biche 50295
Juvénile	88131	noir-rub.	1909	Taupier 63548	Fauvette 44126
Juvénile	88979	noire	1909	Enjoleur 63649	Babelette 42989
Juvenilia	85045	grise	1909	Buffon 66472	Sauvons-Nous 66998
Juvenilia	85203	noire	1909	Faisan 68627	Minette 60541
Juvénilia	85598	gris-foncé	1909	Casino 65452	Déesse 57295
Juvenilia	86209	baie	1909	Général 66386	Colombine 53459
Juvenilia	86622	gris-foncé	1909	Lilas 67751	Roulette 60825
Juvenilia	87363	gris-foncé	1909	Truc 67197	Orange 49924

NOM	N°	ROBE		PÈRE	MÈRE
Juvenilia	87502	noire	1909	Marathon 66841	Docile 25222
Juvenilia	89617	noire	1909	Ixopo 68019	Madelon 47090
Juvénilité	84114	noire	1909	Paulus 58125	Pelotte 49347
Juventa	83589	bai-chat.	1909	Clair-de-Lune 67183	Brésilienne 54925
Juventa	83778	noire	1909	Calicot 66928	Gigoteuse 70924
Juvente	87925	noire	1909	Coco 46855	Mandoline 58095
Juxue	85071	noire	1909	Conscrit 62063	L'Amie 74961
Juxue	85347	grise	1909	Jolibois 66958	Mulot 61219
Juze	86529	grise	1909	Véga 68250	Gitana 70028
Jyne	84183	grise	1909	Moulinet 68017	Coquette 81769
Jyp	89528	noire	1909	Castor 62398	Caline 58220
Jyre	85319	grise	1909	Lafayette 67798	Soubrette 58656
Lamie	87640	gris-f.-p.	1904	Gargantua 33912	Julie 11871
Lapinette	87721	gris-clair	1898	Volcan 30056	Fleurette 42381
Laura	84545	noire	1903	Stradéra 24281	Pastorale 36875
Lisa	87583	noire	1905	Biribi 46368	Biche 75019
Lisette	81777	baie	1905	Beaudolé 34055	Rigolette 53649
Lisette	81838	noire	1905	Oscar 45901	Archipel 25936
Lisette	84268	gris-foncé	1905	Ermite 44360	Rosette 54328
Lisette	84365	baie	1904	Phœbus 45092	Armida 47837
Lisette	84514	noire	1904	Perdrix 34949	Allida 32302
Lisette	87580	gris-pom.	1905	Mack 51432	Mignonne 54308
Lisette	87800	noir m. t.	1905	Froné 51539	Frosine 49749
Lisette II	84380	noire	1903	Domfront 45296	Lisette 27884
Leuvette	87587	noire	1903	Amilcar 19079	Biche 24667
Marget	81781	noir m. t.	1904	Coco 46855	Fleurine 51327
Marget	84393	gris-foncé	1904	Casino 46875	Coquette 53660
Marget	87651	g. cl. l. m.	1901	Bésigue 19602	Coquette 41829
Marget	87711	gris cl. m.	1901	Bésigue 19602	Cocotte 5388
Marguerite	81715	gris-foncé	1905	Macdonald 51876	Zibeline 50318
Marienne	81800	noire	1904	Rayon-d'Or 44266	Biche 75019
Marquise	81833	noir-zain	1905	Sangrado 22990	Charmante 28469
Mayenne	87699	gris m.	1900	Sangrado 22990	Charmante 39485
Médine	81839	noir-zain	1905	Sangrado 22990	Pauline 22209
Mignonne	81704	noir l. r.	1904	Glorieux 47436	Colonna 43094
Mignonne	84485	gris-bl. p.	1905	Malakoff 53115	Pelotte 22196
Mignonne	84510	noire	1902	Stradéra 24281	Charmante 21631
Mignonne	84525	noire	1905	Perdrix 34949	Talmette 35566
Mignonne	87565	n. m. t. r.	1903	Bésigue 19602	Patouillarde 33389
Moustache	87588	noir-zain	1905	Amilcar 19079	Déesse 57295
Moutonne	87647	bai-chat.	1903	Moka 44425	Jeanne 38992
Mouvette	81815	noire	1905	Coco 52279	Coquette 61241
Mouvette	84359	grise	1905	Coco 52279	Poule 75198
Mouvette	84469	noire	1903	Kadour 45167	Lisette 23236
Naïda	84466	gris-cl. t.	1902	Beaudolé 34055	Pelote 27763

NOM	N°	ROBE	Naissance	PÈRE	MÈRE
Paquerette	81811	noire	1904	Rossignol 46102	Marquise 37630
Pâquerette	81813	noire	1903	Cronstadt 44910	Poule 29365
Pâquerette	84511	noire	1902	Stradéra 24281	Charmante 25607
Pâquerette	84512	noire	1904	Castillan 45009	Charmante 25607
Paquerette	87582	gris-p.	1905	Biribi 46568	Charmante 75220
Paquerette	87642	gris-f.-p.	1902	Voltigeur 44388	Julie 11871
Pauline	87643	noire	1903	Sangrado 22990	Charmante 21767
Pélagie	84530	noire	1903	Perdrix 34949	Préférence 32431
Pelote	81717	blanche	1896	Bésigue 19602	Marceline 15533
Pelote	84480	gris-p.	1904	Muscle 46359	Urbaine 39196
Pelote	87720	gris-foncé	1905	Amilcar 19979	Charmante 21767
Pelette	81776	noire	1905	Beaudolé 34055	Rustique 21321
Pelette	81778	gris-r.	1905	Forbin 52299	Coquette 27921
Petite-Chance	87849	gris-vin.	1905	Triton 53493	Chanteuse 32451
Polka	84451	noire	1905	Castillan 45009	Pastorale 36875
Polka	84461	grise	1904	Marquis 46709	Coquette 61384
Polka	84492	noire	1903	Carton 45997	Lucrèce 34468
Polka	87829	noire	1905	Oscar 45901	Eglantine 57104
Poule	84476	noire	1902	Glorieux 43719	Mignonne 19742
Poulette	84484	gris-vin.	1905	Robuste 48591	Bichette 61280
Poulette	81837	noire	1905	Amilcar 19979	Lisette 29049
Printanière	84376	alezane	1903	Domfront 45296	Turlurette 43010
Quimpolaise	84347	gris-clair	1905	Triton 53493	Bijou 49532
Révérence	87836	grise	1905	Bazar 48777	Elysée 36753
Rigolette	84403	gris-foncé	1905	Coco 52279	Odette 34124
Rigolette	84542	grise	1903	Perdrix 34949	Fanchonnette 47864
Rigolette	87568	bai-foncé	1903	Bésigue 19602	Biche II 31434 bis
Robine	84344	noire	1905	Triton 53493	Mignonne 31100
Rosa	81823	gris-p.	1905	Rosier 53159	Stora 18297 bis
Rosa	84280	grise	1904	Beaudolé 34055	Rose 81855
Rose	81719	grise	1905	Surveillé 44776	Coquette 56203
Rose	81761	grise	1905	Merlin 51189	Perrette 54044
Rose	81855	gris-p.	1900	Boule-d'Or 19129	Rêveuse 22951
Rose	84269	gris-p.	1904	Chanzy 46553	Mignonne 61378
Rosette	81703	noire	1905	Mandarin 51850	Sélimie 43547
Rosette	81754	grise	1903	Coco 46855	Lisette 61347
Rosette	84266	gris-p.	1904	Chanzy 46553	Brillante 39534
Rosette	84467	gris-fer	1905	Descartes 46058	Coquette 81576
Rosette	84473	gris-p.-t.	1901	Ardent 44625	Célina 34108
Rosette	84477	gris-p.	1902	Glorieux 43719	Coquette 48216
Rosette	84487	gris-p.	1903	Kadour 45167	Vénus 27236
Rosette	87564	noire	1901	Bésigue 19602	Patouillarde 33389
Solide	84474	noir-m.-t.	1902	Matador 43400	Agate 39093
Sophie	84283	noire	1905	Ignacio 51753	Rose 75096
Sucrette	84491	gris-p.	1904	Robuste 48591	Docile 34466

NOM	N°	ROBE	NAISSANCE	PÈRE	MÈRE
Tantine	84482	gris-vin.	1904	Robuste 48591	Tantine 26507
Vétille	87606	gris clair	1896	Damala 2947	Junon 31612
Vigoureuse	84547	gris-pom.	1904	Castillan 45009	Bamboche 47344
Violette	81756	noire	1902	Chambellan 46787	Caline 36503
Violette	81816	baie	1905	Fringant 52256	Margot 53529
Zéline	81822	gris-p.-cl.	1899	Damala 2947	Mascotte 24504
Zézette	81826	gris-cl. l. t.	1899	Damala 2947	Coquette 29700

ERRATA

NOM	N°	ROBE	NAISSANCE	PÈRE	MÈRE
Agrafe	64646	gris-vin.	1904	Muscle 46359	Herminé 32466
Biche	12707	gris-pom.	1880	Mouton	Mouvette
Biche	31300	gris-blanc	1882	Madère	Pelotte
Biche	32963	gris-pom.	1880	La Douceur	Pelote
Biche	50755	noire	1893	Boule-d'Or 19129	Margot 23847
Bichette	4814	blanche	1875	Rustique	Poule
Bijou	49929	gris-blanc	1894	Blandé 36577	Favorite 29480
Boulette	23301	bai-brun	1880	Batrasas	Margot
Briante	39346	gris-bl.-p.	1886	Childebert 451	Franconie 4190
Brigitte	32257	noire	1889	Farceur 6426	Margot 25091
Brillante	23143	gris-fer	1885	Hercule 14238	Mignonne 9916
Cassette	54734	grise	1902	Emoi 43650	Gloria 36828
Céline	11459	gris-clair	1885	Champeaux 2248	Cocotte 5967
Céline	33923	gris-foncé	1889	Achille 10115	Rosette 18140
Charmante	39324	noire	1887	King-of-Perche 6738	Rose 5457
Cocotte	32974	gris-pom.	1885	Florent II 5950	Bleue 28157
Coquette	33936	noire	1889	Miramar 10596	Rosette 25454
Coquette	37110	gris-clair	1894	Boutor 19590	Fatma 33664
Coquette	39350	gris-bleue	1888	Grévin 6892	Cocotte
Domptable	60981	noire	1903	Giron 42519	Jubine II 54236
Fabette	62884	noire	1904	Pantin 46478	Poule 50094
Falaise	49515	bai-brun	1897	Blandé 36577	Margot 12734
Fifine	40810	grise	1892	Ornement 25610	Mignonne 23159
Flora	60893	noire	1903	Harpiste 19815	Docile 49980
Irminie	51880	grise	1901	Fernando 34038	Fanny 47718
Julie	61236	gris-vin.	1899	Assuérus 40366	Bichette 22620
Lacette	59010	n. m. t. z.	1903	Xavier 45953	Poule 48089
Manille	52302	noire	1901	Régulateur 43441	Coquette 5745
Marquise	5962	grise	1884	Picador III 5399	Rosette 4326
Maussade	40692	aubert-f.	1892	Visconti 20491	Rosette 25515

NOM	N°	ROBE	Naissance	PÈRE	MÈRE
Minable	30299	gris-clair	1889	Séducteur 7057	Lisette 21822
Mienne	62866	grise	1904	Baby 47650	Junon 50664
Mirabelle	37125	gris-foncé	1894	Miron 34000	Coquetta 9812
Mouchette	10079	gris-noir	1885	Supérieur 2188	Rosette 10078
Mouvette	17474	noire	1880	Vermouth 787	Bijou
Miniche	40501	noire	1892	Prisonnier 29985	Cocotte 4169
Pauline	39331	gris p. l. t.	1885	Picador II 5606	Lisette 31207
Pauline	39333	gris-n.-z.	1888	Radjah 11335	Mouchette 10045
Pelotteuse	54486	noire	1902	Monaco 45630	Pelotte 49171
Rillette	48259	noir-zain	1898	Coco 46855	Rosalie 25587
Robine	32944	noire	1882	Vidocq 4743	Mouvette
Rosalie	29293	gris-arg.	1873	Vigoureux 6198	Cocotte
Rustique	17720	grise	1875	Supérior 730	Cocotte
Rustique	21923	gris-fer	1885	Brillant 4737	Mouvette
Sandie	26711	gris-pom.	1885	Producteur 68	Marcot
Théodora	62662	noir-zain	1904	Marcel 4867	Cocotte 43268

IMPRIMERIE L. HAMARD, NOGENT LE ROTROU